说真话讲科学

凭良心为孩子

邢小敏书

甄岳来
李忠忱 著

孤独症
社会融合教育
操作指导

中国妇女出版社

版权所有·侵权必究

图书在版编目（CIP）数据

孤独症社会融合教育操作指导 / 甄岳来，李忠忱著
. ―― 北京：中国妇女出版社，2022.8
ISBN 978-7-5127-2109-8

Ⅰ.①孤… Ⅱ.①甄… ②李… Ⅲ.①孤独症－儿童教育－社会教育 Ⅳ.①G766

中国版本图书馆CIP数据核字（2022）第008451号

责任编辑： 李一之
封面设计： 李　甦
封面供图： 视觉中国
责任印制： 李志国

出版发行： 中国妇女出版社
地　　址： 北京市东城区史家胡同甲24号　　邮政编码：100010
电　　话：（010）65133160（发行部）　　65133161（邮购）
网　　址： www.womenbooks.cn
邮　　箱： zgfncbs@womenbooks.cn
法律顾问： 北京市道可特律师事务所
经　　销： 各地新华书店
印　　刷： 北京通州皇家印刷厂

开　　本： 165mm×235mm　1/16
印　　张： 16.5
字　　数： 260千字
版　　次： 2022年8月第1版　2022年8月第1次印刷
定　　价： 59.80元

如有印装错误，请与发行部联系

前言

治人生的"病",还是"治"生病的"人"

读者朋友:

大家好!

《孤独症儿童社会性教育指南》与《孤独症社会融合教育》由中国妇女出版社分别于2008年、2010年出版,读者数量一直以来在同类书籍中位居前列。那么,2022年为什么要对这两本书进行修订呢?本次修订对原书做了哪些重要的修改、调整和补充呢?修订后的新书,有哪些特点呢?

一、修订本书的原因

孤独症的诊断与康复已经跨越了两个世纪,它对人类生命质量的威胁恐怕不是短时间能够终结的。孤独症康复的真相到底在哪里?我们一直以来的思维惯性就是满世界去寻找方法,渴望用"灵丹妙法"去治孩子生的"病",特别是确诊之初的几年,更是如此。抱着急功近利的心态,在"治病"这条路上,多少家长越走越远,甚至梦想着"6岁痊愈"的人造神话……

然而，总结几十年来中国几代家长前赴后继、不屈不挠地与孤独症抗争的经验与教训，无论过去还是现在，已经有越来越多的家长最终明白了一个真相——孤独症康复的出路，不在于竭尽全力、倾家荡产地去治人生的"病"，而在于以人为本、实事求是地教生病的"人"、救不幸的家！"方法"重在针对孩子患的"孤独症"，而"社会性教育"则重在拯救患孤独症的"孩子"，拯救承载着孤独症灾难的家庭！

在"幻想—破碎—再幻想—再破碎"的轮回中，日渐觉醒的孤独症康复行业，已经有越来越多的家长和教师看清了康复的真相，进而扭转了孤独症康复的思考方向。修订本书正是为了满足更多的家长、教师从中获得社会性康复教育指导的需要。

近十年来，社会性教育自身也在不断地填补着一个个空白。例如：在历史基础上，社会性康复教育完成了从目标、内容、途径、场所到方法的体系构建；经过"社会性教育实验基地"的研究探索，社会性教育创建了"机构社会融合教育操作"的课程模式；十年间的个案积累，家庭社会性康复教育线上、线下一对一入户评估、方案制订及操作指导日臻成熟；为机构社会性教育课程构建、课程改革服务，"现场／网络一对一社会性教育课程执行督导"试验成功；极具挑战的适应大龄孤独症学生的生活功能课程及社会融合课程的教学已经初具规模……通过修订，补充社会性教育研究与实践的新进展，将更有助于读者学习、实践社会性教育的落地操作。

继第一代、第二代家长之后，近十年来，第三代孤独症家长几乎都曾热衷追随孤独症康复的"国际化时尚"，幻想用外来的方法治好自己孩子生的"病"。他们多方尝试之后，最终与社会性教育结缘，学会了用社会性去教生病的"孩子"，这才让更多家庭的孤独症康复之路越走越亮、越走越宽。越来越多的家长从此扭转了康复的思考方向，他们中每个家长、每个家庭的历程与收获无不感人至深，对后来者启迪深刻。修订本书，只为启发更多的家长，如果您跟着"方法"走到山穷水尽之时，不要忘记"社会性教育"会让您转向柳暗花明之路。

又十年过去了，作者本人也在平凡中续写着自己不平凡的人生故事。年过花甲，与十年前相比，沉淀下来的孤独症康复思想更为丰富、更为深厚、更为精准、更为凝重。修订本书是为了让读者在孤独症康复的"江湖"之中，再度确认"说真话，讲科学，凭良心，为孩子"的社会性康复教育的价值观。其实，何止如此，这一价值观更应该被中国孤独症康复行业确认！

二、本书做出的重要调整和补充

原书出版至今，参考读者应用该书反馈的问题，为了让新老读者都能从再版书中大获裨益，本次修订，作者对原书的结构进行了大幅度的调整，另外，增加了全新的完整章节，并对整书的内容逐字逐句进行了全面审读，补充、修正之处不计其数。我们力争让本书内容既科学、严谨，又通俗、易懂，目的是让该书更好地起到指导家长、教师实施社会性教育操作的作用。

第一，重要的结构调整："理论顶天，操作立地"，自上而下，为读者呈现结构化、系列化的社会性教育操作体系。

为了更准确地体现原《孤独症儿童社会性教育指南》与《孤独症社会融合教育》两本书内容间的内在逻辑，为了使读者能够更完整、更精准地理解社会性教育的理念与操作之间的关系，也为了更方便读者阅读使用，本次修订将原来的两本书进行了结构重组，分为《孤独症儿童社会性教育指南》《孤独症社会融合教育》《孤独症社会融合教育操作指导》。修订还将原书中有些重复的内容进行了整合，例如，对原两本书中都有的学校融合的章节进行了合并、重组，内容更充实，结构更合理。调整后，每本书的主要问题更加集中，且每本书都为社会性教育不可或缺的重要组成部分。

第二，最新的成果补充：机构应该教什么？家长应该如何为孩子选择机构？为读者开阔眼界，拓展思路。

康复之初，每个孩子都要经历"选机构—上机构—换机构"的周折，甚至为此还要离开故土，远走他乡。机构承载着家庭的如此重托，那么，为了孤独症孩子的康复，机构到底应该教什么、让孩子练什么呢？我们在《孤独症社会融合教育操作指导》中新增了"机构康复篇"一章内容，用墨近5万字，向读者呈现了"社会性教育实验基地"经十年探索而构建的"机构社会融合教育操作"的课程体系，详解了机构社会融合教育课程的结构、内容、特点、操作方法等，一方面为家长选择机构开阔了思路，另一方面也为新生机构的社会性教育课程构建、为传统机构的社会性教育课程改革提供了参考和借鉴。这是对原书的一个重要补充。

第三，重要内容再充实：自我意识是什么？自我意识在哪里？自我意识怎么教？教读者知难而进，迎难而上。

虽然还有很多执迷形式训练、沉醉"求法治病"的家长和教师对于自我意识的教育还处在空白点、零起点上，但大部分家长、教师已经意识到解决孤独症孩子"内在自我意识滞后的问题"才是康复的致命点、关键点。然而，大部分家长、教师还找不准自我意识教育的切入点、着眼点，更不会调节自我意识教育的提升点、开阔点，在教育教学中，又苦于看不到教育操作的着陆点、把握点……鉴于此，本次修订着力充实了与自我意识培养相关的内容，不仅如此，修订后，在《孤独症儿童社会性教育指南》与《孤独症社会融合教育》两本书中，都有自我意识教育的专门章节，其深度、宽度、角度又各有不同。在国内孤独症康复教育的专业书籍中，本书是涉及自我意识教育思路、教学操作最多的，其深刻性、逻辑性、专业性、实用性更是独一无二。

第四，全书内容再提炼：概念更加精准，论述更加深刻，举例更加实用，操作更加具体，行文更加简练，让读者读得懂。

心中装着孩子，眼睛看着家长，脑子想着老师——怎样让本书真正成为中国家长、中国特教老师的"康复指南"和"操作指导"，作者在修订本书时，给自己定下了"简练但不失精准，深刻但不失实用，理性但不失具体，严谨但不失通俗"的原则，全书中文书写，读者老少皆懂。

三、本书的与众不同之处

由国内外康复训练专家、特教老师、孤独症家长等出版的有关孤独症康复训练的书籍，其数量数不胜数，再加上网络媒体的各类专业文章，真可谓浩如烟海。那么，本书与众不同之处在哪里呢？

第一，中国的家长、中国的老师，书写中国孤独症康复教育的大文章。

20 世纪 80 年代，当时"孤独症"无论在中国医疗领域还是教育领域，都鲜为人知。在没有任何资讯、任何前人经验和现成理论、方法可以参照的情况下，作者就开始应用社会性教育，帮助一代又一代的中国孤独症儿童完成了普校义务教育、高中职业教育，还有的孩子大学毕业后成功就业，甚至拥有了为人妻、为人母的人生体验。在社会性教育下取得成功的孩子，其社会性康复效果不仅在中国，在世界上也位于前列。一个又一个社会性康复教育经典个案被几代家长、特教老师们誉为康复传奇，而缔造这一传奇的不是别人，正是中国的家长，正是中国的社会性康复教育！

本书中奉献给读者的机构社会融合教育操作课程并非舶来，也非模仿，它是生在中国、长在中国的孤独症康复机构的教师们在追随主流、崇尚方法、大做形式训练，但看到孩子的社会融合之路却依然步履维艰的现实落差之后，开始独立思考、勇敢批判、实事求是、大胆尝试、率先创新与改革机构康复训练的结果。

他们立足机构教学，面向社会融合，清醒地定位了孤独症康复机构的目标——帮助孩子减少社会融合困难。为此，他们以支持孩子融入社会必需的社会功能培养为最重要的教学内容，终于让机构走出了机械刻板、脱离生活功能、远离社会融合的形式训练的泥潭。机构社会融合教育操作课程终于理顺了训练方法、教学内容、教学途径、康复目标之间的逻辑关系，是距离解决孤独症的核心障碍最近的机构康复教育课程，因而，没有什么比"社会融合教育"更加不负"孤独症康复机构"之名。而创建机构社会融合教育操作课程的，不是别人，正是中国的孤独症康复教师，是中国特教老师们书写了机构社会融合教育的大文章！他们是：

李蕊与北京市展望儿童关爱中心全体教师；

杜华容与四川广元小海龟特殊教育培训中心全体教师；

罗丽英与厦门市星宝贝儿童启智中心全体教师；

朱雪萍与淮安与光同行自闭症儿童康复中心全体教师；

朱莉与天津市助梦关爱中心全体教师。

第二，治不好人生的"病"，就"治"生病的"人"，社会性教育回归辩证逻辑大思维。

孤独症是一种病，"有了病，就得治病，病治好了，才能救孩子，才算救孩子"。自古以来,治病救人天经地义,这个逻辑主导了孤独症康复的思路长达几十年,直到今天,寻治病的妙药、找治病的方法,在一些家长心中仍然根深蒂固。多少家长、多少家庭,虽然表面上看似乎也在做着"教育训练",但在潜意识中总是压不住"治病"的急切与冲动。说到教育训练,很多家长之所以热衷于"操作方法",那是因为在潜意识里仍然以为、仍然期待着它有神奇的"疗效",这就是多少年来孤独症康复"以方法为中心"的思维基础。但不幸的是,一个又一个的家庭,就是在这条"治病"的路上,半途而废,折戟沉沙……

社会性康复教育与众不同在哪里呢?

如果当下治人生的"病"这条路走不通,那么,我们该做什么、我们能做什么、我们又做了什么,对孤独症的康复才是最为有效的付出呢?正是在回归辩证法的大逻辑中,社会性教育突破了业内习以为常的惯性思维,将大多数人以为的"先治好了病,然后孩子就什么都会了"转变为"社会功能教会了,孩子的病也就好了"。社会性教育这一康复方向的调整,"以目标为中心,让方法为目标服务"这一康复思路的确立,其基础就是辩证法的大逻辑。

值得欣慰的是,"治"生病的"人",其实,这已经不仅仅是社会性教育的主张,中国南北方孤独症诊断著名医疗机构的知名专家们、一线医生们,在孤独症康复的第一道战线上,就已经给出了"依靠社会环境支持,开发家庭教育资源,提升机构康复质量"的多维度合力的康复构架。同时,他们更是一针见血地提出了"从促进孤独症孩子社会融合效果的角度,来确立康复质量的评价标准"这一宝贵观点。由此可见,医生们为孤独症儿童开出的康复"处方",与社会性——社会融合教育殊途同归、异曲同工。

"治"生病的"人",除了方法和技术,更要靠教育,还要重文化,这就是我们开发《孤独症儿童社会性教育指南》《孤独症社会融合教育》及《孤独症社会融合教育操作指导》系列指导书的原因。

四、特别致谢

本次再版,得到了甄老师工作室高级培训师韦玉翠、李蕊、杜华容三位老师的大力支持，他们参与并承担了如下重要章节的写作、修订、编审工作。

韦玉翠老师：《孤独症社会融合教育操作指导》的"家庭教育篇""机构康复篇""普幼融合篇"。

李蕊老师：《孤独症社会融合教育操作指导》的"机构康复篇""普校就读篇"。

杜华容老师：《孤独症社会融合教育操作指导》的"家庭教育篇""机构康复篇"。

五、再过十年……

再过十年，假如孤独症孩子依然层出不穷，那么，我们希望，每个家长、每个家庭都能在第一时间知晓孤独症的真相。

再过十年，假如孤独症之病依然无药可治，那么，我们希望，每个家长、每个家庭都能在第一时间了解孤独症康复的真相。

再过十年，假如机构依然可以帮助孤独症孩子康复，那么，我们希望，每个机构、每个老师都能知道只有社会性、社会功能的培养，才能给孩子融入社会、与世相处的力量。

再过十年，假如越来越多的孤独症孩子走进特殊学校，那么，我们希望，每个学校、每个老师都能让校园里的每个角落成为孤独症学生社会性教育的课堂。

再过十年，假如更多的普通学校接纳了孤独症学生，那么，我们希望，每个孩子在每个教室里、每张课桌上，都能被社会性教育的阳光照亮。

当然，我们更希望，再过十年，医学能够破解孤独症之谜，运用相应技术与方法治愈孤独症，还给孩子永远的健康！

愿疾病的错误密码都能被修正，让人间再无孤独症，为此，我们祈祷着！

甄岳来
2022年4月

目录
CONTENTS

第一章 家庭教育篇

家庭教育在孩子社会性康复中的决定性作用 / 002
家是孩子康复的"根据地" / 002
家是没有围墙的康复学校 / 004
家是一所永久的康复学校 / 007

家庭生活中的"孤独症社会融合教育"怎样操作 / 009
"给我希望让我忧"的家庭教育 / 009
家庭"孤独症社会融合教育"的操作思路 / 011
　　操作目标 / 011
　　操作内容 / 012
　　操作空间 / 013
　　操作设计 / 013
　　操作途径 / 014

家庭"孤独症社会融合教育"中的生活主题训练 / 015
生活主题训练的操作设计 / 015
生活主题训练的操作步骤 / 018
　　生活主题训练活动载体 / 018

"生活主题训练教案"的参考范式 / 019
　　　主题活动设计与操作注意事项 / 020
　生活主题训练操作举例 / 021
　　　商店购物 / 021
　　　去游泳 / 023
　　　学会转述 / 026
　　　自己回家 / 027

家庭"孤独症社会融合教育"中的课堂桌面训练 / 030

　什么是家庭中的课堂桌面训练 / 030
　课堂桌面训练的操作要求 / 031
　课堂桌面训练的操作步骤 / 032
　　　确定课堂训练目标 / 032
　　　做好课堂训练准备 / 033
　　　选择课堂训练内容 / 033
　　　展开课堂训练过程 / 033
　课堂桌面训练操作提示 / 034
　课堂桌面训练操作举例 / 034
　　　生活功能桌面训练举例 / 034
　　　数学教育桌面训练举例 / 036
　　　思维能力桌面训练举例之一 / 039
　　　思维能力桌面训练举例之二 / 042

家庭"孤独症社会融合教育"中的随机教育训练 / 044

　家庭中为什么需要随机教育训练 / 044
　　　什么是随机教育训练 / 044
　　　为什么要进行随机教育训练 / 044
　随机教育训练的操作指导 / 045
　　　随时发现教育机会的眼睛 / 046
　　　随时抓住教育机会的能力 / 046
　　　随时寻找教育机会的态度 / 046

第二章
机构康复篇

机构实施"孤独症社会融合教育"操作的必然逻辑 / 050

训练机构：康复之梦开始的地方 / 050
梦想的破碎：形式训练的遗憾 / 052
当仁不让：机构操作的必然逻辑 / 053

机构实施"孤独症社会融合教育"操作的可行性探索 / 055

什么是机构"孤独症社会融合教育"操作 / 055
机构实施"孤独症社会融合教育"操作的羁绊与纠结 / 056
  以"教师的能力"为中心，还是以"孩子的需要"为中心 / 056
  家长以"主观预期"导向机构，还是机构以"康复真相"
    引领家长 / 057
  因"机构条件受限"去回避"社会性"，还是创造条件迎接
    "社会性" / 057
机构"孤独症社会融合教育"操作的开创与探索 / 058
  李蕊与北京市展望儿童关爱中心 / 058
  杜华容与四川广元小海龟特殊教育培训中心 / 059
  罗丽英与厦门市星宝贝儿童启智中心 / 060
  朱雪萍与淮安与光同行自闭症儿童康复中心 / 060
  朱莉与天津市助梦关爱中心 / 061
  甄老师工作室"社会性教育实验基地" / 062

机构实施"孤独症社会融合教育"操作的突破与进展 / 065

机构操作系统的构成 / 065
机构操作的教学突破 / 067
  机构设计向组织职能、康复目标、功能效果上统一 / 067
  教学内容向自主选择、灵活调节、造血开源上升级 / 068
  教学形式向桌面训练、主题教学、随机教育上拓展 / 070
  康复方法向海纳百川、取长补短、融会贯通上迈进 / 070

机构"孤独症社会融合教育"操作的课程构建 / 072

社会性教育在机构课程中的悄然渗透 / 072

机构课程构建的依据 / 074

　课程设置的指南针：孤独症孩子社会融合的需求 / 074
　课程设置的起始线：孤独症孩子认知理解的特点 / 075
　课程设置的考量点：机构引领家长的职责所在 / 075

机构的课程设置 / 076

　社会性教育基础课程：生活功能课程 / 077
　社会性教育特色课程：社会融合课程 / 079
　社会融合支持课程：学科教育课程 / 081

实施"孤独症社会融合教育"操作的其他重要问题 / 086

课程关系问题 / 086

教学评估问题 / 087

家长配合问题 / 089

　"社会融合教育"才是对接普校融合的必修课程 / 089
　"有地方去，有事情做，有人教"才是孤独症孩子的终身大事 / 090
　"社会融合教育"才是家长培训的首要课程 / 092

萃取中西文化的精华，做出中国自信的康复 / 094

"社会性，让我始料未及" / 094

　去美国求"道"，还是学社会性 / 094
　不管黑猫白猫，抓到老鼠就是好猫 / 095
　生活是艘"航空母舰" / 096
　只有坚持才有希望 / 097

"上学，拼的就是社会性" / 097

　孤立无援、进退两难的融合 / 097
　融合，你困在了哪里 / 098
　上学，拼的就是家长和孩子的社会性 / 099
　融合与社会性教育的对接 / 103

萃取中西文化的精华，做出中国自信的康复 / 103

　记忆中的名字 / 103

来自国家、政府与社会的关爱、关怀与关注 / 104

链接：甄老师工作室 / 109

第三章
普幼融合篇

幼儿园"孤独症社会融合教育"操作的要领探究 / 114

操作卡点 / 114

操作逻辑 / 116

　　操作要领 / 116

　　操作逻辑 / 116

幼儿园"孤独症社会融合教育"操作的可行模式 / 121

"随班保教＋特殊机构训练"模式 / 121

"随班保教＋幼儿园内个别训练"模式 / 122

"全程随班保教"模式 / 123

融合比例 / 124

幼儿园"孤独症社会融合教育"操作的实验效果 / 126

提高孩子的环境适应能力和生活自理能力 / 126

提升孩子的社会角色认知能力 / 127

促进孤独症儿童自我意识的发展 / 128

发展孤独症儿童的社会参照和社会模仿能力 / 128

提高孤独症儿童的语言交往能力 / 129

幼儿园"孤独症社会融合教育"操作方案的构成 / 130

操作的层次划分 / 130

幼儿园三大融合的操作定义 / 131

　　"幼儿园生活融合"的操作定义 / 131

　　"幼儿园活动融合"的操作定义 / 131

"幼儿园教学融合"的操作定义 / 132

幼儿园三大融合的关系 / 133

操作方案的构成 / 133

幼儿园"孤独症社会融合教育"起始性评价的操作方法 / 136

起始性评价的操作解析 / 136

"幼儿园生活融合方案"起始性评价操作参考 / 137

"幼儿园活动融合方案"起始性评价操作参考 / 138

"幼儿园教学融合方案"起始性评价操作参考 / 139

幼儿园"孤独症社会融合教育"个别辅助的操作方法 / 142

个别辅助计划制订的操作流程 / 142

个别辅助的操作计划 / 143

幼儿园"孤独症社会融合教育"执行记录的操作方法 / 147

执行记录的操作意义 / 147

执行记录的操作方法 / 147

幼儿园"孤独症社会融合教育"操作的质量溯源 / 150

家长对社会融合教育质量的影响 / 150

幼儿园教师对社会融合教育质量的影响 / 151

康复机构对社会融合教育质量的影响 / 153

辅助教师对社会融合教育质量的影响 / 154

链接：青岛市"幸福之家"幼儿园融合教育探索 / 155

第四章
普校就读篇

孤独症学生"普校社会融合教育"实况聚焦 / 160

心惊胆战说上学 / 160

义无反顾上普校 / 162

孤独症学生"普校社会融合教育"的操作依据 / 164

　　上学的压力可增强孩子与环境相互作用的力度 / 164

　　高结构化生活能缩小孩子的自闭时空 / 165

　　学校是孩子学习社会规则的最佳途径 / 166

　　就读有利于孩子学习社会交往 / 166

　　同学示范为孩子提供社会模仿的学习平台 / 167

孤独症学生"普校社会融合教育"时代的到来 / 169

　　孤独症康复需要教育救助 / 169

　　"普校社会融合教育"时代的到来 / 170

孤独症学生"普校社会融合教育"操作的第一步 / 172

　　孤独症孩子的第一次"社会分化" / 172

　　选择学校的思路 / 174

　　　　支撑上学的"三角形" / 174

　　　　不可忽略孤独症孩子的潜能 / 174

　　　　给孩子一个机会 / 175

孤独症学生"普校社会融合教育"中的分化与就读方式选择 / 176

　　普校与特校，两种就读环境的比较 / 176

　　普校孤独症学生的大致分类 / 177

　　不一样的孩子，不一样的问题 / 178

　　　　问题行为较轻，学业较好的孤独症学生 / 178

　　　　问题行为较轻，学业困难较大的孤独症学生 / 180

　　　　问题行为较重，学业尚可的孤独症学生 / 181

　　　　双重困难的孤独症学生 / 183

　　随班就读还是正常就读 / 184

　　　　随班就读与正常就读 / 184

　　　　孤独症学生是否需要随班就读 / 185

孤独症学生"普校社会融合教育"阶段的目标 / 187

常抓生活能力,积累社会经验 / 187
踩准思维能力主线,构建社会思维方式 / 189
学业、交往与逻辑思维能力 / 189
思维方式社会化 / 190
突破自我认知,升级行为自控 / 191
课业量力而行,成绩尽力而为 / 192
功课的价值 / 192
课业的取舍 / 193

孤独症学生"普校社会融合教育"挫折的原因 / 195

就读挫折,与家长的上学辅助失误有关 / 195
就读挫折,与上学时遭遇突发事件有关 / 197
就读挫折,与孩子的"性表现"不当有关 / 198
就读挫折,与环境排斥有关 / 198
这时候可以退出普校就读 / 199

孤独症学生"普校社会融合教育"对教师的期待 / 200

从接纳开始 / 200
接纳,会提升教师自身的职业成就感和快乐体验 / 201
教师的接纳,是"治愈"孤独症学生的最好良方 / 202
接纳特殊学生,是对普通学生人文精神的最好教育 / 203
给他们个别化的教育 / 204
孤独症学生上学目标的个别化 / 204
孤独症学生教育方法的个别化 / 205
让家长走进教室 / 207
必要的陪读 / 208
当陪读人员走进教室 / 209
资源教师 / 210
正常就读宽容接纳,随班就读名副其实 / 211

孤独症学生"普校社会融合教育"操作给家长的建议 / 214

  入学 / 214
    学前准备 / 214
    入学年龄 / 215
    选择学校和选择教师 / 216
  陪读 / 216
    普校融合对陪读人员的要求 / 216
    陪读的目的 / 217
    陪读的形式和消退 / 218
    延长孩子普校就读时间 / 218
  与老师的沟通 / 218
    一致的教育理念 / 219
    解决老师的后顾之忧 / 219
    与老师沟通的技巧 / 219
  孤独症学生就读中的安全保护 / 220
    人身伤害危险 / 220
    人身安全的被动保护 / 221
    人身安全的自我保护 / 222
    心理安全的被动保护 / 224
    心理安全的自我保护 / 225
  课业辅导 / 226
    社会性第一,课业第二 / 227
    愉快强化学习 / 228
    理解"学习的意义" / 228
    让孩子"成功" / 229
    课业辅导人员 / 230
    抓主要矛盾 / 230
    因特殊的"材"施特殊的"教" / 231
  如何辅导语文 / 232
    语文的"可贵" / 232
    辅导阅读的逻辑 / 233
    作文辅导思路 / 234

怎样辅导数学 / 236
    数学教育的误区 / 236
    这样辅导数学 / 237

孤独症学生的职业教育 / 240
    适当延长普校就读总时长 / 240
    衔接职业教育 / 240
    孤独症学生职业教育的含义 / 241

第一章

家庭教育篇

家庭教育在孩子社会性康复中的决定性作用

一个正常孩子的社会性发展,其家庭教育能起多大的作用呢?就普通孩子而言,家庭因素的重要性,几乎倍于学校和社会的总和。家庭教育对于一个普通孩子社会化的影响尚且如此重要,那么,家庭教育对于孤独症孩子社会功能的康复作用,几乎就是决定性的了。我们应该从基础性、根基性、广阔性和永久性的多重视角,来反思和总结家庭教育在孤独症孩子康复过程中的特殊作用。

家是孩子康复的"根据地"

孤独症康复的含义是改善孩子的社会功能,赋予他们越来越多的社会性,通俗地说,康复就是使孩子越来越能够"通人情,达事理",越来越具有"人味儿"。而且,我们也是根据孤独症孩子社会功能改善的状况、根据孩子脱离辅助的程度来判定其康复程度的。

社会功能改善的三个目标分别为"家庭生活自理""社会生活自理"和"社会生活自立",这是一个由低到高的阶梯,孤独症孩子的康复程度按照这个层次顺序,依次攀升。其中,"家庭生活自理"是"社会生活自理"的基础,更是"社会生活自立"的先决条件。不能实现家庭生活自理的孩子,可以说,无法实现更高层次的康复目标。从这个意义上可以说,家庭生活自理目标的实现,是孩子实现更高级、更复杂的社会功能的基石。

家庭生活自理包含在家庭生活范围内孩子对家庭成员之间关系的正确认

知。他要知道每个家庭成员，更要知道自己在家庭中的角色；他要能够和自己的家庭成员正确相处；他要具有对家庭生活一般规则的理解能力和执行能力，并能够动手满足自己基本的生理需要；他要学会独自安全居家，脱离家人的全时段陪护。家庭生活自理是一个人最基本的社会功能，而要培养一个孤独症孩子获得这些社会功能，恰恰就是通过家庭教育。

毫无疑问，缩短孤独症孩子与社会之间的距离，是我们所有努力的目标，我们追求的是让他们不但能够在家庭中与家人和谐相处，还能够被社会接纳。什么是社会呢？社会是由各种不同利益关系的个人组合而成的团体，被"社会接纳"，就是被自己所属的群体接纳，与自己所属的群体之间形成相融的关系。那么，社会又在哪里呢？

人出生以后，所归属的第一个社会群体不是别的，恰好是家庭。社会学家称家庭是社会的细胞，意思是说"家"是构成"社会"的最小单元。在家庭中，有夫妻关系、母子（女）关系、父子（女）关系、兄弟姐妹关系、祖孙关系等人与人之间的关系。本质上，家就是一个小型社会单位，不过这个社会单位是以血缘和亲情为纽带而构建的特殊人际环境。家虽然小，却包含了社会的基本元素——人与人之间的关系。家里每个成员都有其在家庭中的角色，而有家庭角色，必然就要有与家庭角色对应的家庭角色行为规范。孩子本身也是家庭中的一员，处于与不同的家人之间的不同关系之中，在这种联系中，孩子也有自己的角色，这就意味着孩子也必须有自己的角色行为。

我们期待着孤独症孩子学会人际交往，首先就要教会孩子理解和处理自己与父母、兄弟姐妹之间的关系，理解父母之间、祖父母之间的关系，理解父母与祖父母之间的关系，理解自己与祖父母之间的关系，理解父母双方兄弟姐妹之间的关系，等等。孩子对家庭人际关系的认知是否正确，与家庭成员之间的互动是否正常，这是他们理解家门之外的社会关系的基础，这是他们实现家庭之外社会融合的第一步。

当孩子走出家门，走向各种公共场所，使用各种社会公共服务时，就要与各种社会场所中的社会成员形成特定的人际交往关系。例如：购物时，就形成了顾客与售货员的关系；乘车时，就形成了乘客和司乘人员的关系。当孩子上幼儿园、小学、中学后，就要归属于一个个团体，这又形成了孩子与老师之间的交往关系，孩子与同伴、同学之间的交往关系。如何让孩子理解这些人际关系呢？如何培养孩子学会这方方面面的人际沟通呢？毫无疑问，孩子对家庭人际关系的理解能力、孩子与家人之间的沟通能力正是基础与根基。

孤独症孩子与"社会"的排斥、冲突，首先就体现在他们与家庭成员的排斥、冲突中。如果一个孤独症孩子没有建立自己与家人之间关系的正确认知，没学会与家人之间的正确沟通，那么，我们期待孩子能够很好地融入其他社会环境，这显然是不太可能的。有些父母，不管孩子在家庭生活中多么没有规范，不管孩子对家庭成员之间关系的认知有多少空白，却期待着孩子能够融入幼儿园、学校班级中，这就等于不经过第一层楼，而直接期待孩子迈上第二层楼，不符合客观逻辑。

事实上，在家庭人际交往中，锻炼、提高孩子的社会认知、交往规则、语言表达等，对孩子融入家门之外的社会交往环境起着重要的作用。我们要从一个孤独症孩子与家庭成员的融合程度，去看这个孩子与社会群体的融合程度，绝不能舍弃家庭教育而完全依赖训练机构、依赖幼儿园和学校来发展孩子的交往能力。从这个意义上说，家庭教育是孤独症社会融合教育的根基，家庭教育的特殊作用是任何教育机构所无法替代的。

每一位家长都期望孩子尽早融入社会，但是，家门以外的社会环境就是一片人际关系的"汪洋大海"，而家庭就像大海中的"安全岛"和"根据地"。孩子要进入社会之"海"，家庭教育既是训练孩子学会游泳的基地，也是承载孩子驶向大海的方舟。孤独症孩子如何登上公共汽车？如何走进商场购物？如何进入餐厅就餐？如何前往医院看病？如何接触各种各样的公共场所？要让孩子走向广阔的社会生活，必须首先由家长对孩子进行社会融合所需要的社会功能训练，由家长给孩子创设社会融合的条件，由家长对孩子进行社会融合的辅助。训练机构教师、幼儿园教师、中小学教师，谁都难以做到这些。

○ 家是没有围墙的康复学校

许多家长以为家庭教育就是在家门里面的教育，这是错误的。家庭教育的空间场所不仅仅是在家门里面，它更主要的空间场所是家门之外。家庭教育可以在各种各样的社会场所展开。比如，父母带着孩子去菜市场买菜时，训练孩子怎样挑选蔬菜、怎样付钱，这就把家庭教育放到了菜市场里。当父母带着孩子去理发店理发时，教孩子学会等待、学会与理发师交流、学会对照自己理发前后的变化"欣赏"自己的发型，这就把家庭教育放到了理发店里。当父母带孩子去风景区游玩，在游玩中教育孩子认识景区中的各种植物、动物，训练孩子做事要符合景区游人的行为规范，这就把家庭教育放到了风景区里。当父母带着孩子走亲访友时，教育孩子理解自己和亲属的关系，当好一个小客人，教育孩子在待人接物、言谈举止上礼貌得体，这就把家庭教育放到了走亲访友的活动中。

因此，家庭教育绝不是指家门里面的教育。家庭教育是指家长在各种场所的家庭活动中对孩子进行的教育，家庭教育的场所非常多样，也可以说，家庭教育是没有边界的。家是一所没有围墙的学校，这是幼儿园、学校、康复机构都无法与之相比的。

孤独症孩子需要学习的社会性教育内容，从"生活自理与安全居家"到"社会活动与行为规范"，从"应用语言与人际交往"到"情绪控制与社会情感"，从"自我意识与社会角色"到"思维水平与社会认知"，无论哪一个方面，都可以在家庭活动的不同社会场所找到教育机会。一年四季，春夏秋冬，社会功能康复的训练内容渗透在家庭生活的饮食起居、衣食住行、娱乐出游、走亲访友中。其实，孤独症孩子的社会融合教育就在每一个家庭成员每一次和孩子共同活动的过程中。

家庭教育几乎可以涉及社会功能教育训练的所有内容。因为家庭教育的实施人员是父母、是家长，实施社会功能训练的场所不受家庭居住范围的局限，可以最大程度地扩大孩子社会认知学习的领域。孩子在幼儿园、学校里，其教育场所基本上是固定的，是有围墙限制的。而家庭教育不但具有丰富多彩的教育内容、到处可达的教育场所，还有随时可用的教育机会，这就是家庭康复教育特有的灵活性和广泛性的特点。

当然，家庭教育的条件需要家长有意识地为孩子主动创设。一个孤独症孩子能不能跟随父母从走亲访友中学会理解主人和客人的关系、学会待人接物的交往规则，这需要家长的教育意识和教育能力。一个孤独症孩子有没有学会去商店购物，有没有学会独立去理发店理发，有没有尝试自己乘坐公共汽车，这需要家庭为他创造训练的环境。一个孤独症孩子能否进入幼儿园，能否进入普通学校，他们在学校里怎样就读，很大程度上还是看家长为他打造的环境条件如何。

家长带着孤独症孩子走入各种社会场所，大胆地拓展家庭教育的空间，这并非易事，对家长的心理素质和教育能力都充满了挑战。因为现实社会中人们对孤独症认知程度有限，一个社会功能有障碍的孤独症孩子与环境的冲突之严重，其父母都深有体会。

关在家里会局限孩子的社会性康复，走出家门又会遭遇别人的排斥、嘲笑。到底是迁就孩子的弱点，回避孩子与社会之间的冲突，永远让孩子在混沌中自得其乐，还是积极地为孩子创设条件，支持孩子走进社会交往场合，在碰撞的痛苦中提升孩子的社会功能呢？不知道有多少父母在徘徊中做着艰难的选择。很多父母怕麻烦、怕尴尬、怕受歧视、怕丢面子，不敢把孩子带入广阔的社会空间，尽量把孩子藏在家里，这种错误的做法其实剥夺了孩子康复的机会。家庭教育本来是没有围墙的，但是，家长却在心里筑起了一道围墙，将孩子与社会生活隔离开。我们期望家长能勇敢地推倒自己心里的围墙，勇敢地把孩子带进广阔的社会空间。

毫无疑问，家庭教育是支持孤独症孩子走进社会的依托，在"孤独症社会融合教育"的道路上，孩子能走多久、能走多远，和家庭的关系极其密切。在孩子自身程度既定的情况下，家庭给孩子创设的社会功能训练的环境条件越好，孩子的康复之路就走得越远、走得越好。这取决于父母是否有勇气、有能力带着孩子走进真实的社会生活。

从历史中走过来的孤独症孩子和他们的家庭，证明了这样一个事实：家庭教育的开放尺度，决定了孩子融入社会的半径。每一个孤独症孩子，都是从自己的家庭出发，都是以家庭教育支持的尺度为半径，去辐射他们自己融入社会的那个"圆"。正是从这个意义上说，家庭是孤独症社会性康复的一所没有围墙的学校。

○ 家是一所永久的康复学校

孤独症社会功能康复是一个长期的过程,并不是三年五载就能结束的。特殊机构的康复训练具有阶段性,幼儿园中的康复教育最多为期三四年,小学、中学教育时间稍长,但孩子也总有离开学校的一天。这其中,唯有家庭教育,从孤独症确诊那天为起点,它就开始了不间断的漫漫旅程,当所有的"阶段"一个一个到来,又都一个一个成为过去,孤独症的家庭教育训练仍然可以延续不断。更有许许多多不能进入普通幼儿园、普通学校的孩子,虽然他们的幼儿园教育、普通学校教育空缺了,但是,他们的家庭教育没有空缺,也不能空缺。而那些完成了义务教育后,能力仍然不足以胜任职业要求的孩子,也仍然要回到家庭,继续进行家庭的康复教育。因此,家庭是孤独症孩子永久的康复学校,家庭教育没有"毕业""结业",这是家庭教育的又一重要特点。

家庭教育的基础性、连续性、长期性,对孩子康复影响的深刻性、持久性、显著性,显示了它在整个康复教育中的突出地位。认识到这一点,家长就应该树立"持久战"的康复理念,就应该从长计议,制订孤独症家庭社会融合教育计划,就应该下定决心,扎扎实实地"为了孩子,再学一个专业",提高自己的教育能力。不管是否情愿,客观上看,孩子康复的效果在很大程度上取决于家庭康复教育的水平。

令人惋惜的是,许多家长还没有"持久战"的家庭康复理念,没有自身教育能力提升的计划,总是奢望短促突击,依靠医疗、依靠机构便能大功告成。在这种心理的支配下,家庭教育的作用被削弱了,家庭康复的质量自然也就无从谈起了。

正如一位杰出的母亲所说:"把你的孩子给我,我不能把他教育得如同我自己的孩子那样,因为,你的孩子和我的孩子不一样;把我的孩子给你,你教育的结果和我教育的结果也会不一样,我的孩子未必像今天这样成功,因为,你和我不一样。"这其中包含了孤独症康复内因和外因共同作用的深刻道理。

两个程度、类型相似的孩子,不同的家庭给予的社会性康复支持不同,孩子未来的康复效果会有很大的差异。长期以来，大多数家庭用在孩子训练上的时间、精力、物力、财力要远远超过家长在自我学习、自我提升上的投入。造成的结果是，因为家长教育理念的偏差和教育能力的欠缺，家庭教育不能发挥应有的作用。一位母亲在听了孤独症社会融合教育家长课程以后，感慨地说："我现在明白了，不是别人的孩子比我的孩子好。其实，我的孩子程度不错，是我自己和别的家长差距太大了。"我们要根据孩子的程度预测孩子的未来，也要根据家庭的教育能力预测孩子的未来。孤独症孩子的家庭差异、家长差异，有时候要大于孩子之间的差异。

如果我们不知道什么是孤独症家庭社会融合教育，如果我们不知道家庭社会融合教育在孤独症孩子社会功能康复中的重要作用，如果我们不懂得怎样利用家庭生活环境做孩子社会功能的开发，那么，家庭教育这一具有康复价值的宝贵资源，就等于被我们遗弃了。

家庭即学校，生活即训练，家长即教师，行动即希望。我们期望千千万万的父母行动起来，用我们的责任、用我们的勇气、用我们的智慧、用我们的心血，为孩子办好家庭这所永久的康复学校！

家庭生活中的"孤独症社会融合教育"怎样操作

○ "给我希望让我忧"的家庭教育

回顾中国的孤独症康复历史,成功的先例不为罕见,这让后来的父母们看到了康复的曙光。于是,一些父母带着急功近利的心态,把全部的希望寄托于康复机构,几乎所有的家长都做过这样的梦:只要早期训练机构训练得好,我的孩子就会好的。终于,在"终身性障碍"的真相面前,我们接受了"孤独症的康复训练是长期性的",我们也接受了"孤独症的康复必然要提高孩子的社会功能"的现实。经历一番曲折,当幻想破灭以后,我们终于要脚踏实地,回归家庭生活中的社会功能康复教育。"在生活中训练,在训练中生活",它给了很多家庭新的康复思路、新的康复希望。

但是,怎样将社会功能康复的理念贯彻于家庭生活中呢?在实际操作中,家长会出现各种问题。有一个家长说:"听了甄老师社会性教育的课程,回到家,开始做的时候挺明白的,但是,做着做着,不由自主地又回到了教知识和形式技能上去了。'在生活中训练',真是给我希望也让我忧啊!"

我们来看看,家庭教育中普遍存在的问题是什么。

第一,将"生活内容"与"训练内容"隔离开。

很多家长误以为只有在训练机构上课才叫康复训练,下课了,训练就结束了。一对母子结束了训练机构的培训准备回家,临走前,母亲一脸茫然地问教师:"回到家以后,我每天给孩子上几节课合适呢?每天训练多长时间呢？"显然，在这位母亲看来，孤独症教育训练就是"上课"，一天当中应该有确定的上课时间，教育训练和孩子的生活是没有关系的。她不懂得，丰富多彩的家庭生活才是最好的训练平台。

第二，将"康复训练"与"社会功能"隔离开。

经常让孩子练一些实际生活中根本用不上的"形式技能"，这是很多家长的误区。一对工薪夫妻带着6岁的孤独症儿子，每天下班后为了争取更多的时间给孩子上训练课，他们匆匆地买菜、做饭，顾不上理睬孩子。一边是孤独自闭的孩子，一边是手忙脚乱的父母，做好饭菜之后，为了赶快吃完，赶快训练，父母不由分说将孩子拉过来，妈妈一口接一口地喂起了孩子。吃完饭，父母用最快的速度刷锅洗碗、收拾停当，然后摆开训练的阵势，孩子被摁在桌子旁边，一支笔塞到了手里，只听得一声指令："开始连线！"——妈妈认为，这时候才能算训练开始了。这种情境对很多家长来说并不陌生，很多孩子的家庭训练看似争分夺秒，但是，这样的"形式训练"却远离了社会功能。

第三，用"亲情"代替"理性"。

家长在面对孩子的时候，往往情感大于理性，对孩子的溺爱和关心往往要多于教育和训练。而孤独症社会功能康复需要进行艰苦的训练。比如，一位母亲为了让孤独症儿子理解做事情速度太慢的后果，拒绝开车送孩子上学，那一天，她领着孩子步行5公里走到了学校，经过这一次"动作思维"的体验，总算提高了孩子早晨做事的速度。一位妈妈带着孩子去菜市场，为了训练孩子看管自己的东西，她把买好的菜交给了孩子，反复强调："这是你晚上吃的菜，一定要看好了，不能丢了。"结果孩子还是把菜丢了，那天家里的晚餐就真的只有主食，妈妈以此让孩子明白了"看管"和"丢失"的真正意义。

社会功能训练，不能让孩子随时都处于衣食无忧的状态。为了教育孩子，要故意给孩子创设问题情境，故意迫使孩子去解决问题，让孩子体验自己行为的后果。在家庭教育中，很多家长出于对孩子的疼爱，无法坚持这一原则。家长的溺爱是孤独症社会功能康复的人为障碍。

第四，许多家庭教育缺少目的性、计划性。

长期以来，家长问得最多的是"在家里教什么、怎么教"。"教什么"是内容，"怎么教"是方法，"为了什么而教"是目标。家庭教育要有目标，根据目标确定教什么内容，再根据内容决定使用什么方法教。如果我们从根本上连家庭教育的目标都不明确，那么，教育内容和教育方法自然就难免盲目。

"在家里我应该怎么教？"不知道曾有多少父母困惑过，不知道有多少家长仍在思索，不知道这还将是多少家庭的追问。没有正确的家庭教育目标，没有正确的家庭教育内容，没有正确的家庭教育方法，其结果是：

家庭教育——对于孤独症社会功能康复本来是最可靠的"根据地"，反而变得空虚了；

家庭教育——对于孤独症社会功能康复本来是最广阔的大学校，反而变得狭窄了；

家庭教育——对于孤独症社会功能康复本来是最具持久性的助推力，反而变得软弱无力了。

一方面，父母为了孩子的康复背井离乡，四处求援；另一方面，我们却将自己立足安身的宝地——"家庭教育"丢弃了。如果我们让家只成为孤独症孩子养尊处优的养护所，那么，这与父母让孩子康复的愿望是背道而驰的！

○ 家庭"孤独症社会融合教育"的操作思路

操作目标

发展孩子的社会性，提高孩子的社会功能，从而降低他人对孩子的辅助程度，提高孩子做事、处事的独立性，这是孤独症社会融合教育的总目标，当然，也是家庭教育的目标。

目前，家庭教育目标不清晰，表现为有的家长重在教孩子某些零散知识，有的重在训练孩子某个单一的技能，还有的忙于帮助孩子追赶学业成绩等。训练目标是整个康复教育的出发点，是调节康复教育过程的标尺，也是整个康复教育的归宿。如果康复训练目标不正确，不但达不到理想效果，还可能对孩子的康复产生负面的影响。所以，家庭"孤独症社会融合教育"目标是否清晰，依然是首要的问题。

发展社会性，提高社会功能，这只是家庭教育的总目标，如果没有每个阶段的分化目标，如果没有某一个康复教育领域的具体目标，如果没有在一个具体的教育活动中的微观目标，那么，总目标的实现就会落空。所以，家长要在家庭教育中牢牢地把握好总目标，同时，也要学会设计每一个教育阶段的目标，尤其要学会设计每一次具体教育活动的微观目标。

操作内容

目标明确以后，具体教什么内容呢？我们将家庭教育内容分成几个基本领域，这实际上就是"孤独症社会融合教育"的内容在家庭教育中的落实。

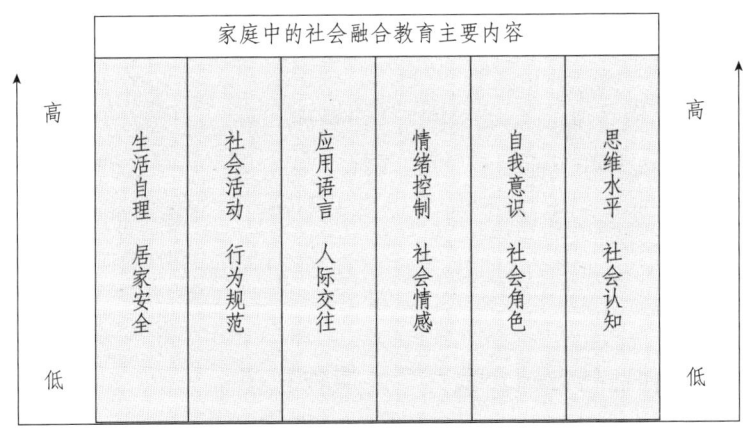

图1　家庭"孤独症社会融合教育"操作内容

图中所示几个方面的家庭教育内容，在操作中需"横向全面展开，纵向渐进提高"。

横向全面展开指几个方面的教育内容要齐头并进、整体提升。需注意的问题是：

第一，几个方面的教育并非截然分开的，它们之间存在着融会贯通的横向联系。

第二，几个方面的内容，一方面要齐头并进，另一方面也要有所侧重，某一个阶段、某一种形式的家庭教育活动内容可以以某一方面为主。

第三，在某个时期，孩子可能会有一些行为问题或者情绪问题困扰，注意力障碍也会一直伴随着孩子。在纠正孩子问题的时候，不要停止正面的教育训练。不是矫正了孩子的障碍再学习，而是在学习中矫正孩子的问题。矫正与发展要并行。

第四，可能在某段时间，孩子某些方面的发展不尽如人意，或者停滞不前，这个时候就要寻找孩子能够取得进展的其他方面继续教育，而不是就此终止教育。

纵向渐进提高指每一方面的具体训练项目都可以呈现为从低到高的不同的难度阶梯，同一个孩子、同一个教育内容，可以按照孩子的年龄渐进地提高教育难度。家长要依据孩子在每个方面的基础能力制订阶段性的训练任务。如果训练起来困难太大，孩子的挫折感很强，可能是家长设定的阶段目标不适合孩子的程度，那就要降低难度。

操作空间

如前所述，家庭教育并非关起门来的"家里教育"。家长带着孩子走出家门，走向社会的各个活动场所，只要是孩子和父母在一起的各种社会活动，都是家庭教育的重要过程。家长在家庭教育的空间维度上要打开思路，不设、少设禁区。

操作设计

家庭教育一般是在真实生活中进行的教育训练，这种生活中的训练容易散、乱、抓不着支撑点。所以家庭生活中的训练需要有目的、有计划地去主动创设、主动实施。一个特定的家庭生活教育过程需要家长进行适当设计，这种设计包含：要事先确定教育训练的具体目标；要事先设计教育训练的具体步骤；为了达到一定的教育效果，有时候要特意对一个生活过程进行加工改造；还需要家长在实施之前做一些材料准备、人员准备。我们建议家长最好事先写出教育训练方案，不打无准备之仗，不打无计划之仗。这种家庭"孤独症社会融合教育"的设计，充分体现在家庭生活主题训练和家庭课堂桌面训练的教育方式中。

操作途径

我们依据社会性教育几个领域的内容，按照有目标、有计划的原则，把家庭"孤独症社会融合教育"的实施途径，分成生活主题训练、课堂桌面训练和随机教育训练三种，如下图。

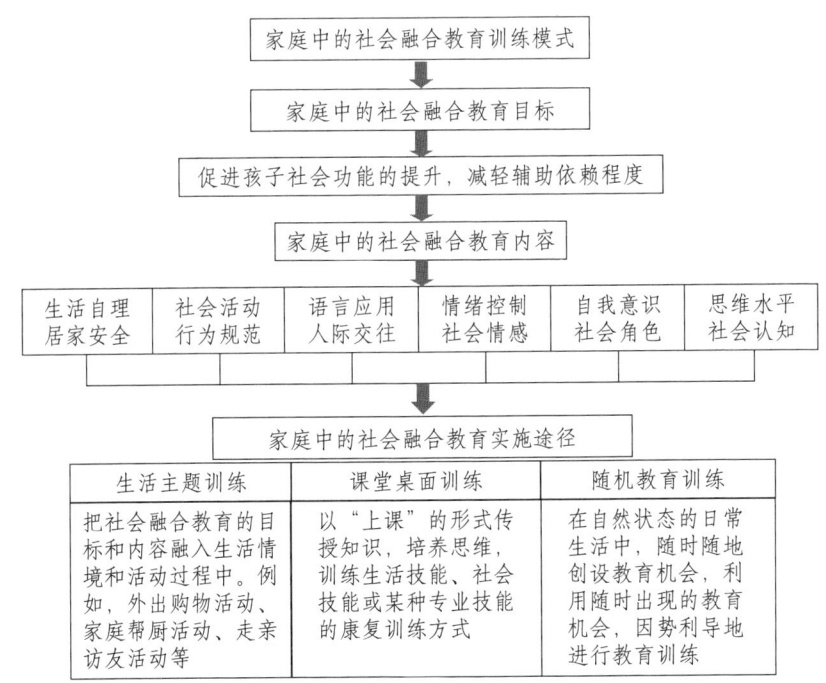

图2 家庭"孤独症社会融合教育"操作途径

生活主题训练、课堂桌面训练和随机教育训练之间相互联系、取长补短、相辅相成。生活主题训练既有生活化的特点，又有一定的结构化色彩，它与随机教育训练相比，更有可操作性。课堂桌面训练具有时间、内容集中，环境干扰较少，训练效率较高的优点。随机教育训练随时随处可以实施，不受时间、场地、内容的局限，具有方便灵活的优点。每个家庭、每个家长可以根据孩子的具体情况，根据家庭生活环境、生活内容的具体情况，根据不同的训练目标，在不同的时间、不同的场合选择适当的训练途径。

家庭"孤独症社会融合教育"中的生活主题训练

○ 生活主题训练的操作设计

什么是家庭教育中的生活主题训练呢？它指的是把"孤独症社会融合教育"几个方面的教育内容融入一个又一个生活情境和活动过程中，在生活情境和活动过程中实现预定的教育目标。例如，商店购物、帮厨做饭、走亲访友等家庭活动，都可以作为社会功能训练的过程、载体。每一个生活情境、每一个活动过程，都可以做成生活主题训练。

第一，家庭中的生活主题训练，要选取一个真实的家庭生活内容，在此基础上，家长要按照训练目标对生活情境、活动过程进行加工设计，使它转变为一个更适合的训练题材。

例如帮厨做饭活动，想想活动中可以教会孩子哪些知识、锻炼孩子哪些能力，家长要围绕这些事先制订训练计划。

帮厨做饭活动中，可以教会孩子认识冰箱、油烟机、电饭锅等各种厨房电器。可以教会孩子这些电器设备的使用常识，并让其练习亲自动手操作这些电器。在厨房里，还可以教孩子认识燃气灶、炊具、餐具等，了解这些物品的用处及动手操作它们。帮厨做饭活动可以教孩子烧开水、择菜、洗菜、切菜等，还可以培养孩子与成人互动合作，让孩子理解自己的劳动和家人的关系，让孩子体验成就感，等等。

一个主题活动，不但需要设计训练目标、活动过程，还要做好活动的准备。如果一个 6 岁孩子的帮厨做饭活动是从参与洗菜这个环节开始的，那么，根据孩子的能力，先选择比较容易洗的菜，比如西红柿、茄子，这些都要家长事先设计、准备。

再例如，我们选取"使用手机"作为一个生活主题，这一主题可以涉及以下教育内容：

● 带孩子参与手机的购买活动，让孩子感知、理解手机是从哪里来的，购买花了多少钱等。

● 最重要的是让孩子理解手机是干什么用的，使用手机的目的是什么，手机应该怎样正确使用。辅助、指导孩子完成使用手机和他人通话的过程，通过让其亲自使用手机，体验手机的沟通、付款、信息查询等主要功能。

● 还要教会孩子区分自己和别人的手机，知道自己的手机应该怎样保管等。

训练孩子使用手机，那就必须给孩子设计情境。比如，妈妈在家里辅助孩子给爸爸打电话，让孩子通过使用手机，对爸爸提出"买水果"的请求，爸爸下班回家，用"带回水果"的结果，让孩子理解手机的用处。

训练孩子接听手机，要事先安排好跟孩子通话的人，设计要和孩子说什么、怎么说，如果孩子不能完成接听，那么，家长就需要告诉对方怎样配合孩子。

总之，一个使用手机通话的训练，怎么分解步骤、怎么设定难度、需要谁给予配合、怎么辅助孩子等，都要做准备，这样才能更好地达到这个主题活动的教育效果。因此，生活主题训练活动与在自然状态下对孩子进行的随机教育是有区别的。

第二，一个生活主题下，家长准备教孩子什么知识，要训练孩子哪些能力，在开始主题活动前都要有所设计。

首先是要设计主题活动的训练目标。主题活动的训练目标一般可以分为两类：一类是知识目标，也就是说，通过一个主题活动，要丰富孩子的知识；另一类是能力目标，也可以称作功能目标。例如，在帮厨做饭、使用手机的主题活动中，可以教的知识、可以训练的能力都有很多。

以手机为例，从了解手机购买流程，到理解手机的归属，到学会手机的使用，可以辐射出方方面面的知识学习和能力训练目标。在使用手机的环节，既能训练孩子的语言能力、交流能力，又可以训练孩子操作手机的技能。一个主题，它可以按照孩子年龄的大小和能力的发展水平，分阶段地重复使用，但是，前期训练有前期训练的目标要求，后续的训练应该是在前期训练基础上的巩固和提高。虽然前后多次是同一个主题活动，但是，目标的侧重点、目标的要求和难度是有区别的，这叫"同一主题重复性使用，训练难度螺旋式提升"。

在一个主题活动中，我们教给孩子的东西可以从两条线索去提炼、去挖掘、去拓展。一条线是横向扩展知识。比如帮厨做饭，我们可以串联起很多实用知识——认识厨房电器、认识燃气灶具、认识蔬菜粮食等。这属于"是什么"的教育。另一条是纵线，这条纵线就是让孩子明白"先做什么，后做什么"，怎样从头到尾地把一个操作过程完成。比如怎么使用油烟机、怎么洗菜、怎么煮饭、怎么收拾厨房等。这属于"怎么做"的实际问题。孩子学会了怎样运用知识、怎么解决问题，社会功能也就自然提高了。所以，实施生活主题训练，要做到把"是什么"的知识学习和"怎样做"的能力训练有机地融为一体，这才是最佳的生活主题教育。

做生活主题训练时，家长最好先写出"生活主题训练教案"，通过写教案，能够使家长的目标更清晰、准备更充分。这样能让训练过程更流畅，训练效果更好。

生活主题训练除了围绕一个生活内容训练之外，还可以从另外一个角度设计主题活动，即将训练孩子某一方面的能力作为主题，然后，围绕这个特定的能力，在不同的时间、不同的地点和不同的生活环节中反复训练。这种主题以能力为基点，其他的情境、过程都是可以变化的。

例如，我们以"学会传话"的能力为主题，训练孩子把一个人的要求和想法转告另外一个人，也就是我们说的"转述"。在"转述"这个能力主题训练上，家长在一段时期内，可以多次地设计训练的具体过程。比如，家长和老师配合，让孩子把老师的话传给家长，再把家长的话传给老师。在家里，训练孩子把妈妈的话传给爸爸，把爸爸的话传给妈妈。也可以人为地创设一个生活环节，例如，经过一定的设计准备后，妈妈带孩子出门购物，走到半路上，告诉孩子："妈妈忘记带购物袋，你回家告诉爸爸，妈妈要购物袋。"让孩子将妈妈需要购物袋的信息转述给爸爸，并把购物袋取回来交给妈妈。经过多次生活情境中的训练，可以让孩子具备转述的能力。

一般情况下，围绕一个特定的生活事件开展的主题训练，家长把握起来相对容易。而以一种能力的形成做主题训练，则需要家长把某种能力和各种不同的生活现象建立联系，即能够把一个能力主题分散到各种不同的生活环节中进行重复训练，把能力主题的训练丰富化。这考验的是家长举一反三、触类旁通的迁移能力，对家长的创设水平要求比较高。

生活主题训练的操作步骤

生活主题训练要求以孩子生活中的生活事件、生活内容、生活过程作为载体，但是，家长要对这些事件、内容、过程进行一定程度的教育加工，使其更加适合作为训练题材。

家庭生活丰富多彩，哪些生活事件、生活内容、生活过程可以作为训练主题呢？我们选择了17个生活主题，提供给家长参考借鉴。

生活主题训练活动载体

- 商店购物：训练孩子购买食品和日常生活用品。
- 乘坐公共汽车：训练孩子使用公共交通工具。
- 理发：训练孩子去理发店理发。
- 去游泳：训练孩子参加场馆健身活动。
- 快乐逛街：训练孩子休闲逛街。
- 今天下馆子：训练孩子在公共餐厅就餐。
- 逛公园：训练孩子游览、参观。
- 打电话：训练孩子使用电话。
- 自己回家：训练孩子从附近独自回家。
- 洗澡：训练孩子自己洗澡。
- 学会转述：训练孩子学舌、传话。

- 帮厨做饭：训练孩子使用厨房用具制作食物。
- 客人来了：训练孩子待人接物。
- 洗漱：训练孩子独立地完成刷牙、洗脸。
- 有人敲门：训练孩子安全居家。
- 今天穿哪件：训练孩子给自己选择服装。
- 取快递：训练孩子收快递物品。

为什么选择这17个主题呢？

首先，这17个主题是大多数家庭的日常生活内容。其次，这17个主题活动涉及家庭"孤独症社会融合教育"的两类场所，一类是在家里面，比如学习洗澡、帮厨做饭等，还有一类是公共场所，比如商店购物、乘坐公共汽车等。最后，这17个主题训练覆盖了"孤独症社会融合教育"的大部分训练内容，通过这17个主题训练，可以实现对孤独症孩子生活自理与安全居家、社会活动与行为规范、应用语言与人际交往、情绪控制与社会情感、自我意识和社会角色、思维水平与社会认知等几方面的社会功能教育及智力培养。

当然，在家庭教育中的生活主题训练是开放性的，家长可以根据自己家庭生活内容的具体特点，设计更多的训练主题，不仅仅局限于这17个。比如旅游、就医等，也是可开发利用的生活主题。

"生活主题训练教案"的参考范式

生活主题训练教案一般由4部分组成，即训练目标、训练准备、训练过程和活动总结。

第一，确定训练目标。一般情况下，一个主题活动可以有多个训练目标。其中包括一个具体的社会功能的形成目标，比如"商店购物"的社会功能目标就是"让孩子学会购买食品和日常生活用品"，还要包括孩子在知识经验和智力方面的发展目标，比如通过购物培养孩子的思维能力、语言表达能力等。首先要确立社会功能形成目标，其次是知识经验和智力发展目标。功能目标是显性的，家长很好理解，也好操作，而智力发展目标很多家长理解、操作起来往往要难一些。

第二，做好训练准备。因为主题训练不是随机教育，为了满足训练目标的需要，家长往往要事先做一些准备。比如，很多训练需要进行情景准备，需要有人员配合，还有的需要材料、用品等。

第三，分解训练过程。为了更好地实现训练目标，我们通常要把一个完整的活动过程分解为若干个环节，确定每个环节要训练孩子什么能力，特别是把每个环节中的智力因素找出来。这是提高主题活动训练效果的关键。

第四，进行活动总结。在活动结束以后，要让孩子回忆整个活动过程，帮助、引导孩子把活动过程中获得的经验、体会提炼出来。例如，孩子今天在商店里动了其他顾客的东西，遭到了对方的训斥，这就是今天的购物活动要重点总结的经验教训。通过总结得出的结论就是别人的东西不能乱动。活动总结，实际上是带着孩子复习活动过程，对主题活动训练的效果具有很好的强化作用。

主题活动设计与操作注意事项

第一，一个完整的活动过程分解为多少个环节，需要根据活动的自然过程设定，也需要根据孩子的程度确定。越是社会功能差、智力损害严重的孩子，越适宜将训练的环节分解得细一些。

第二，每一次训练，应根据孩子的实际情况，将训练目标侧重在活动过程的某个环节中。比如，选取孩子最感兴趣或者最容易突破的环节开始训练，然后逐渐增加要求，提高难度。

第三，一个主题活动可以设计多个教案。例如，帮厨做饭活动可以从认识厨具、使用厨具、收拾厨具3个不同的角度创设不同的教案，也可以从煮饭活动、洗菜活动和炒菜活动等不同的角度设计不同的教案。每个教案的设计，要选择、确定两三个重点的训练目标，不提倡眉毛胡子一把抓，避免贪多嚼不烂。

第四，每个主题训练都需要重复使用，一个主题活动可以做出多个教案设计。每次在训练目标的选择上要各有侧重，前面的训练是后面的基础和准备，后面设计的训练活动是前面的巩固和提高。一个主题活动可以训练多项能力，每一种能力训练都应该由易到难、循序渐进，也就是"同一主题重复性使用，训练目标螺旋式提升"。

生活主题训练是扎根于生活土壤之上的康复教育，通过对生活过程的结构化、目标化、功能化、教育化的加工，使原本自然的生活内容产生更好的训练价值，这就是"生活训练化"的含义，这就是"家庭即学校，生活即教育"的真谛。

生活主题训练操作举例

商店购物

活动目标：

1. 训练孩子学会购买食品或日常用品。

2. 社会认知教育：认识商店的外部标识和门面特征，认识商店的内部环境和服务功能，认识售货员、顾客等社会角色。

3. 思维能力训练：了解商场里货物的类别；简单认知货币面值，按照价格支付货款。

4. 行为规范要求：做到不在商场中大声喊叫，知道不乱动商场中的物品，知道排队等候等行为规范。

5. 自我意识培养：知道物品的归属，知道自己付款以后的物品属于自己所有，知道看管自己的东西。

6. 训练语言表达：知道询问物品在何处，知道询问物品的价格等。

活动准备：

1. 创设购物需要。选择适合孩子学习购物的小型商店。

2. 事先做好认识钱币的准备。给孩子准备好相应面值的钱币。

3. 如果能与商店的售货员事先沟通，使其配合训练更好。

活动过程：

1. 创设问题情境，让孩子理解购物的需要。如妈妈打开冰箱，让孩子看到牛奶没有了。指导语："牛奶没有了，去商店才能买到牛奶，现在咱们去商店买牛奶。"

操作提示："购物的需要"可以是家庭生活中自然、真实的需要，也可以是家长创设的"需要"。"购物的需要"可以由家长提示孩子，也可以由孩子自己提出。开始训练时，最好只要求孩子购买一种东西。

2. 找到商店。妈妈带着孩子走出家门，在自家社区附近找到一家比较熟悉的小型的食品商店。指导孩子观察店门外的门匾标识、橱窗陈列等，认识商店的特点。指导语："这是食品商店，在食品商店里可以买牛奶。"

操作提示：开始训练购物时，要选择孩子最熟悉、规模小、顾客少、购物环境简单的商店。不宜选择大型综合超市或者农贸市场。最好选择离家近、步行可以到达的商店。孩子能力提高以后，可以泛化到大型超市或者大商场。

3. 进入商店，找到牛奶，询问价格。指导孩子观察认识商店里面的环境特点。指导语："商店摆放的都是吃的东西，所以，这是卖食品的商店，是食品店。"家长提醒孩子这次来商店的目的，引导孩子找到要买的牛奶。指导语："我们要买牛奶，找找牛奶在哪里？"家长可以辅助孩子找到需要购买的商品，也可以指导孩子向售货员询问"牛奶在哪里"。

操作提示：家长要指导孩子从着装、行为上区分顾客和售货员的不同。指导语："看一看，哪个人是售货员？"在商店内，要指导孩子按照类别认识商品，提高分类能力。家长还要让售货员对孩子的提问给予清晰的回答，让售货员将牛奶递给孩子，通过这个环节，训练孩子运用语言进行工具性交往的能力，让孩子体验语言交流的作用。

4. 准备付款。家长告知孩子牛奶的价格，并给孩子与商品价格相等的钱币。指导语："一块钱可以买一盒牛奶，这是一块钱，把钱交给售货员，就可以把牛奶拿回家了。"

操作提示：开始训练购物时，只要求购买"一个"，家长给孩子的钱币最好与商品价格相等。确认价格的方法有家长直接告知孩子价格，或家长指导孩子看价签，或家长指导孩子向售货员提问。

5. 付款购买。家长指导孩子完成付款。付款前，家长可以先辅助孩子观看其他顾客的付款过程。指导语："交完钱以后，才能把东西拿走，没有交钱，不能拿走。交完钱以后，牛奶就是你的，牛奶才可以拿走。"

操作提示：交钱是商品所有权转移的关键环节，开始时，只要求孩子懂得用钱换东西的规则，先训练不需要找零的付款，再提高难度，训练需要找零的付款。培养孩子的社会认知和购物的行为规范。

6. 付款完成。明确牛奶可以归属孩子所有。指导语："交完钱以后，牛奶是你的了，可以拿回家了，回家以后就可以喝了。"

操作提示：让孩子理解商店里的商品和顾客付款以后物品的区别，理解"归我所有"的含义。培养自我意识。

7. 回家。把购买的牛奶拿回家。指导语："你在前面走，带着妈妈回家。"引导孩子观察并记住回家的路，引导孩子找到自己的家门。

操作提示：如果家里有人，可以训练孩子敲门；如果家里没有人，可以训练孩子使用钥匙开门。

活动小结：

回到家，在饮用牛奶的时候，一定要和孩子回忆购买牛奶的过程，强化孩子理解购买活动和饮用牛奶的关系。指导语："这是从商店里买来的牛奶，不买就没有牛奶喝，喝完了可以再去买牛奶。"

去游泳

活动目标：

1. 培养孩子从事休闲性体育活动的社会功能。
2. 丰富孩子的社会认知：认识游泳场（馆）的服务功能，认识游泳场（馆）的顾客和服务管理人员。
3. 训练孩子游泳的动作技能和水中的自我保护能力。

4. 训练孩子遵守游泳场所的行为规范，学会等候、付费等。

5. 培养孩子自我意识：知道保管好自己的衣物，会使用场馆的物品保管设备。

6. 训练孩子从事游泳活动的自理能力：完成游泳前后的更衣、洗浴等。

活动准备：

1. 选择好可以做训练的游泳场（馆）。

2. 最好由同性家长带领孩子。

活动过程：

1. 指导孩子自己收拾行装。和孩子一起准备游泳活动的必需用品。家长指导孩子确认游泳需要的物品，将物品一一说出来。指导语："游泳都需要什么？我们一起说一说，游泳裤（衣）、毛巾、背包、钱……"然后，家长和孩子一起将物品一一找出来，让孩子装进背包内。指导语："把这些东西都放进背包里。"

操作提示：一定要让孩子参与准备物品的过程，让孩子知道从家里带出去了哪些东西，为回家以后检查物品是否带回做好铺垫。家长还可以和孩子说一说每件物品和游泳活动的关系，准备物品可以由家长语言辅助，主要让孩子完成，也可以由孩子独立完成。

2. 乘坐公交车去游泳场（馆）。家长辅助孩子走到公交车站，选择合适线路的车。公交车到站后，辅助孩子上车。在车上，家长要将钱币交给孩子，告诉孩子买车票（或者投币、刷卡等），到站下车找到游泳场（馆），让孩子辨认游泳场（馆）的外部特征。

操作提示：家长在乘车过程中，要注意训练孩子作为一个乘客的行为规范。

3. 进入游泳场（馆）。认知游泳活动的程序规范。家长辅助孩子购票（刷卡）。指导语："进门要买票（刷卡），从你的背包里拿钱（卡），买票（刷卡）。"

操作提示：钱币可以购买实物，也可以购买各种服务。孩子可能不理解，但是，使用游泳场（馆）需要付钱的过程要让孩子参与。刷卡消费和使用现金是两种主要的支付方式，任何需要付费的训练，尽可能都让孩子先使用现金。在理解了现金与卡的关系以后，再使用支付卡。

4.更换游泳衣。指导孩子找到更衣处和保管箱（柜），让孩子观察其他顾客怎样使用保管箱（柜）。家长辅助孩子更换泳装。指导语："在更衣处才可以脱去衣服。要游泳了，换上游泳穿的衣服。"辅助孩子将衣物一一放入保管箱（柜），让孩子动手锁上保管箱（柜）。让孩子记住保管箱（柜）的位置和号码。指导语："衣服放在自己的箱（柜）子里锁好，不然，别人就拿走了，没有衣服就不能回家了。检查一下，看看门锁好没有？你的箱（柜）子是几号？"

操作提示：更衣和保管衣物的过程比较复杂，但是，要让孩子参与，尤其是锁保管箱（柜）的动作，要让孩子感知，最好让孩子自己动手开、锁保管箱（柜）。即使孩子不能独立完成，由家长辅助做完，也要让孩子感知、体验这个过程。

5.训练孩子下水游泳。训练孩子的游泳技能，让孩子感知、体验游泳圈的作用。指导语："不用游泳圈，看看会怎么样？"教会孩子使用游泳圈。指导语："看看别人怎样使用游泳圈？"教会孩子在水中使用游泳圈的自我保护常识。

操作提示：游泳技能训练的同时就是在训练孩子的配合能力、注意能力与模仿能力等。

6.游泳结束。提示孩子："咱们的衣服和背包放在哪里了？咱们的箱（柜）子是几号？"让孩子找到更衣处，找到保管箱（柜）的位置，核对保管箱（柜）的号码。指导语："我们要换衣服，不能穿游泳衣回家。衣服在保管箱（柜）里，找一找，哪个是你的保管箱（柜）？"找到保管箱（柜）后，打开保管箱（柜），让孩子确认箱（柜）子里有自己的衣物。指导语："看看箱（柜）子里有你的衣服吗？把自己的衣服拿出来。"离开前，让孩子检查确认箱（柜）子里没有剩余衣物。家长指导语："看看箱（柜）子里还有我们的东西吗？没有了我们才能离开这里。"

操作提示：保管物品的环节主要让孩子理解"我的东西"和"别人的东西"的区别，知道看管属于自己的物品。培养孩子的自我意识。

活动小结：

返回的路上，或者回到家以后，和孩子一起回忆游泳的过程，帮助孩子归纳这次游泳活动的经验和体会。比如，和孩子总结保管衣物的环节，家长指导语："在游泳场里，我们要把衣服锁在柜子里，不然，别人就会拿走我们的衣服。"

学会转述

活动目标：

1. 训练孩子学会向第三人转述信息，培养孩子"学舌""传话"的工具性交往能力。
2. 训练孩子"回家取物"的任务执行能力。
3. 训练孩子对所转述信息的记忆能力。
4. 训练孩子的语言表达能力，学会正确使用"你""我""他"。
5. 训练孩子理解转述的信息内容，理解转述信息在解决问题中的作用。

活动准备：

1. 创设需要转述的问题情境，在转述完成后，让孩子能够直接感受到"转述"的结果。
2. 配合训练的家庭成员理解相关要求，知道怎样配合训练。

活动过程：

1. 创设训练情境。爸爸妈妈带孩子一起开车去公园玩，当爸爸领着孩子走到私家车前的时候，爸爸发现没拿车钥匙。指导语："爸爸下楼忘记拿车钥匙了，没有钥匙不能开车去公园，请你回家向奶奶要车钥匙。"

操作提示：在孩子不能独立完成"转述任务"、不能独立完成"回家取物任务"之前，需要大人辅助孩子完成任务。

2. 孩子返回家。妈妈带领孩子一起回家。指导语:"我们回家,找奶奶,拿车钥匙。"

操作提示:在返回的路上,妈妈要给孩子重复回家的任务,就转述的内容进行提问,让孩子回答。比如,妈妈问:"回家找谁?"孩子答:"找奶奶。"妈妈问:"干什么?"孩子答:"拿汽车钥匙。"妈妈问:"拿到钥匙交给谁?"孩子答:"给爸爸。"以此巩固孩子对转述任务的理解和记忆。

3. 敲门。妈妈带领孩子走回家,让孩子敲门、叫门,奶奶配合发问:"谁在外面敲门呀?"妈妈辅助孩子回答:"我是××。"奶奶打开门。

操作提示:训练初始阶段,家里的配合人员可以不等到孩子敲门,直接打开门,迎接孩子。

4. 完成转述。奶奶问:"你回来干什么?"孩子回答:"拿车钥匙。"奶奶将车钥匙交给孩子。指导语:"拿好钥匙,回去给爸爸。"

操作提示:当孩子不能说出转述的内容时,家中配合训练的人员要启发孩子说出回家的理由,再把钥匙交给孩子。

5. 把钥匙交给爸爸。妈妈领着孩子返回。指导语:"把钥匙给爸爸,可以开车去公园了。"妈妈辅助孩子把钥匙交给爸爸。

操作提示:提出转述要求的一方,不要与配合训练的一方互相见面,因为这样一来就违背了转述的真正意义。

活动小结:

一定要让孩子看到爸爸使用车钥匙发动汽车的过程,让孩子理解钥匙和车开动之间的关系。指导语:"××找奶奶要来了车钥匙,我们就可以开车去公园了。"

自己回家

活动目标:

1. 训练孩子从居住区附近独自步行回家的社会功能。

2．训练孩子记住自己居住小区的特征，记住自己家的门牌号，记住回家的行走路线。

3．训练孩子空间方位的辨认能力。

4．训练孩子解决问题的执行能力。

活动准备：

1．家长创设需要孩子自己回家的问题情境，领着孩子离开家门口200米内。

2．选择配合人员，告知对方做好训练配合的相关要求。

3．在离开家的路上，告诉孩子自己家居住社区的标志性建筑或其他标识特点。

4．训练活动前，让孩子反复认识自己家的楼号和门牌号码。

活动过程：

1．创设孩子自己回家的情境。妈妈带孩子走到社区附近某地点，告诉孩子现在有事，不能和孩子一起回家，要求孩子自己回家。指导语："现在妈妈还有事情，不能和你一起回家，你自己回家找爸爸，不能去别的地方玩。"

操作提示：妈妈要依据孩子的实际能力选择合适的距离，确认在此距离内孩子有可能自己走回家。

2．孩子自己回家。妈妈在原地停留，目送孩子回家。如果孩子中途停留，妈妈可以跟进一段，用语言提示孩子。指导语："快点儿走，不要停下。"

操作提示：妈妈可以多次重复指导语。如果孩子不能完成，妈妈就再走近孩子提示。

3．家里人员配合接应。在孩子离开妈妈视线以后，家里配合训练的人员要出门迎接孩子。指导语："快点儿走，马上就到家了。"

操作提示：如果孩子能力提高了，配合人员可以只在家中等候孩子敲门。

4．孩子回到家中。配合训练人员表扬孩子自己回家的行为，并让孩子给妈妈打电话。指导语："给妈妈打电话，告诉妈妈'我到家了'。"辅助孩子通过电话,把自己回到家的信息告诉妈妈。

操作提示:妈妈在电话中要夸奖孩子。过几分钟以后,妈妈再回到家中。

活动小结:

妈妈回到家以后,要夸奖孩子,并强化孩子自己回家的行为。指导语:"今天你是自己走回家的,真棒,妈妈很高兴!"

家庭"孤独症社会融合教育"中的课堂桌面训练

○ 什么是家庭中的课堂桌面训练

"孤独症社会融合教育"中的课堂桌面训练主要特征是以"上课"的形式,让孩子坐在桌面前,向孩子传授知识,培养其思维,训练生活技能、社会功能或某种专业技能的康复训练途径和方式。

实施课堂桌面训练时,家长要在课前设计每节课的训练目标、训练内容、操作步骤等,然后按照设计好的步骤和程序,一步一步地展开训练。一般来说,课堂桌面训练适合教授结构化的知识,适合做专题性的智能训练,如训练孩子的思维推理能力、数学逻辑能力、图形知觉能力、句法概括能力等。课堂桌面训练也可以用来训练孩子的生活技能,如系扣子、系鞋带、洗袜子等。课堂桌面训练同样适合某些专业技能的训练,如绘画、弹钢琴等。

课堂桌面训练是家庭康复教育的一种重要形式。课堂桌面训练与生活主题训练都是以社会性教育理念为指导的功能训练,但是,二者比较,有哪些不同呢?

第一,课堂桌面训练可以使训练脱离真实的生活情境和过程,实现在时间和空间上的跨越。而生活主题训练一旦以一个特定的生活场景和生活过程为平台,就会有时间和空间上的局限。比如,我们要教居住在内陆的孩子认识大海,就受到了空间上的局限。再比如,夏天教冬天的知识,在真实生活场景的创设上会受到时间上的局限。而课堂桌面训练可以超越自然状态的生活场景和生活过程，可以运用卡片、图书、教具、影像材料和比较容易得到的实物、仿真教具等来支持训练，这就克服了生活主题训练在时空上的局限性。

第二，生活主题训练是按照生活的自然过程展开的，它可能难以体现某种学科知识内在的逻辑关系。在具体的训练过程中，知识、技能本身的逻辑结构可能会被打散，这是生活主题训练在逻辑结构上的局限性。课堂桌面训练超越了自然状态的生活场景和生活过程，可以按照教学内容本身的逻辑结构来展开教学，知识容易呈现出结构化特点，孩子获得的知识不是零散的、无序的。

比如，教孩子学习鸟类的再分类，我们需要先把鸟类与兽类、鱼类、昆虫进行比较，在比较中概括出鸟类的共性特征，再给鸟类按照不同的特征分类，即分成游禽、鸣禽、涉禽、走禽等几大类。在一个生活主题训练的真实场景中，往往不具备这些完整的元素，这时候就需要通过课堂桌面训练实现这个教学目的。

再比如，数学思维能力训练。数学是一个形、数统一的逻辑体系，数学的教学要特别讲究数学知识间的逻辑关系。这时候，按照数学知识和数学思维本身的逻辑结构设计出一个循序渐进的程序化的课堂训练，就显得尤为重要。所以，课堂桌面训练最适合系统化知识的学习，最适合做思维能力培养。一些专项技能也适合课堂桌面训练。

第三，课堂桌面训练因为时间、地点集中，家长可以更好地控制训练环境，控制孩子的注意力。家长便于备课，也便于对训练过程的掌控，所以，课堂桌面训练的效率比较高。

○ 课堂桌面训练的操作要求

课堂桌面训练作为家庭"孤独症社会融合教育"的一种途径，有它自己独特的要求。

第一，"少吃多餐"，见好就收。

课堂桌面训练操作不好，容易走向机械化训练、强制性训练。机械地灌输知识，就会造成训练过程枯燥无味；强制性训练技能，就会造成孩子逆反抗拒。因此，课堂桌面训练要尽量做到形象化、趣味化。每堂课时间要短，一般不超过20分钟，对于注意力障碍严重的孤独症儿童，每节课就要更短些，上课次数可以多一些。

第二，避免形式化。

对课堂桌面训练的运用，"只得其术，不得其道"的家长很普遍。主要的问题是很多家长给孩子"上课"，造成训练的内容被形式化，也就是说，训练内容远离了社会功能。课堂桌面训练对孤独症康复是必要的途径，但是，将课堂训练形式化却不是必然的结果。我们说的"课堂桌面训练"，不应该是形式化的课堂桌面训练，课堂也可以是社会功能训练的课堂，桌面也可以是社会功能训练的桌面。例如，为了训练孩子的动手操作能力，提高孩子的生活自理功能，我们可以训练孩子系鞋带、叠衣服、扣扣子等生活功能，而不仅仅是让孩子单纯、大量地练习穿珠子、点连线等。

第三，避免片面化。

一些家长习惯在家里给孩子"上课"，把课堂桌面训练当成家庭教育训练的唯一方式，这是不可取的。孤独症社会融合教育中的课堂桌面训练，是和生活主题训练、随机教育训练相互搭配使用的，三种训练方式要取长补短，相辅相成。生活主题训练为课堂桌面训练提供丰富的感性经验，课堂桌面训练是对感性知识、感性经验的提升与加工——这就是课堂桌面训练的特点。

○ 课堂桌面训练的操作步骤

课堂桌面训练要求家长最好写出教案，一般情况下，教案分4部分：第一部分是目标设计，第二部分是教学准备，第三部分是训练的具体展开步骤和训练方法，第四部分可以写训练内容的延伸与迁移。

确定课堂训练目标

第一，课堂训练的主要目标，必须是训练某一种技能或者某一种社会功能。

第二，课堂训练目标要集中，主要目标就1个，次要目标最多不超过3个。

做好课堂训练准备

训练准备分为环境准备和使用的材料准备。在家中应选择干扰因素少、适宜孩子训练的时间和空间。虽然是家庭课堂桌面训练，但不等于必须让孩子刻板地坐在桌子旁，床上、地板上、沙发上都可以是孩子的上课地点。越是年龄小、程度差的孩子，越应不拘泥于固定的上课形式。

训练准备还包括孩子的知识准备和能力准备。在进行课堂桌面训练之前，家长要考虑孩子已有的知识基础和能力基础，做好必要的基础准备。

选择课堂训练内容

第一，围绕主要的训练目标选择训练内容，不能搞"大杂烩"。

第二，训练内容要适合孩子已有的水平，难易程度得当。教学内容的展开，要由易到难、循序渐进。前面的内容是后面的铺垫，后面的内容是前面的提高。

展开课堂训练过程

课堂桌面训练的展开形式一般是"三步一循环"。就是说，一个训练目标可以由多个具体内容组成，每个训练内容的展开都分为3个小步骤：

- 呈现操作题目，明确操作要求。
- 孩子动手操作，家长给予辅助。
- 对照题目答案，给予积极评价。

每个训练内容的展开都重复使用这3个步骤，所以称之为"三步一循环"。当然，这也不是绝对的，有一些训练内容也可以不使用"三步一循环"。

课堂桌面训练内容，最大的特点就是要体现出知识、能力的内在逻辑结构，训练展开的步骤也要符合孤独症孩子的知识获得和能力形成过程本身的特点。

同一个内容，不同程度的孩子需要的训练时间是不同的。每个训练活动时间的长短要灵活掌握，要依据孩子的情况而定。但是，建议每次桌面训练最长不超过 20 分钟。

在孩子不能完成课堂桌面训练时，要对孩子给予启发、示范辅助，辅助的方式要根据孩子的情况而确定。对孩子的操作结果——不管是孩子独立完成还是经过辅助完成，家长都要给予积极评价。

○ 课堂桌面训练操作提示

第一，课堂桌面训练虽然脱离了真实生活的场景和过程，但是也要注重训练方法的直观形象性，这种直观形象性可以分为实物直观、图像直观和语言直观。特别是对孤独症孩子来说，实物直观非常重要。"家长问，孩子答"的方式是不对的，课堂桌面训练必须朝"家长说，孩子做"的方向努力。

第二，课堂桌面训练中，家长要注重把训练内容和实际生活联系起来，让孩子把在课堂桌面训练上学到的东西再用到生活中去，这样课堂桌面训练才能产生更好的效果。

第三，一种能力需要长期积累，训练活动需要多次重复，难度逐步提高。

下面的家庭"课堂桌面训练"设计，是按照孩子的不同年龄段和不同程度列举的。希望家长们能够参照举例范式，举一反三，创造出更多的课堂桌面训练活动设计。

○ 课堂桌面训练操作举例

生活功能桌面训练举例

活动目标：

1. 让孩子理解"衣服"的有关词汇。

2．训练孩子将颜色不同、名称不同的各种衣服概括为"衣服"。

3．训练孩子把衣服按照颜色、名称等属性进行简单分类。

4．教孩子学习叠衣服的方法。

活动准备：

准备颜色不同、名称不同的衣服，如若干件上衣、裤子等，上衣、裤子均为两种不同的颜色。

活动过程：

1．感知不同的"衣服"。家长依次出示颜色不同、名称不同的衣服，每出示一次，都要告诉孩子"衣服"的具体名称，并让孩子重复。例如，出示一件衣服让孩子看，并动手摆弄衣服，家长同时给出指导语"上衣"，引导孩子说出"上衣"。待孩子说出上衣后，将上衣收回，再出示一件衣服，同时给出指导语"裤子"，引导孩子说出"裤子"。待孩子说出裤子后，将裤子收回，依次出示完毕。

操作提示：

第一，家长给孩子的指导语要简洁。

第二，指导语的重复频率根据孩子的情况而定。

第三，衣服不能只出示给孩子看，出示以后要交给孩子，让孩子动手摆弄，用视觉、触觉和听觉加深孩子对衣服的感知。

第四，每件衣服出示的间隔要依孩子的情况而定，以让孩子得到充分感知为原则。

第五，如果孩子不能模仿说出"衣服"，要给孩子做示范，辅助孩子说出来。

第六，家长对孩子的操作要给予积极且具体的评价。

2．概括"衣服"的概念。向孩子同时呈现出不同颜色、不同名称的衣服，告诉孩子这些都是衣服。家长连续拿出若干件衣服，说出指导语："这些都是衣服。"让孩子逐一用手指点、拿取、摆弄每件衣服，家长重复指导语："这些都是衣服。"

操作提示： 也可以将若干件衣服连续递到孩子手里，每递一次都说出指导语"这件是衣服"，最后一次说出指导语"这些都是衣服"。

如果孩子不能说出"衣服",要给孩子做示范,辅助孩子说出来。给孩子积极评价。

3. 给衣服分类。同时将若干件衣服给孩子,指导语:"请你把上衣放一起,把裤子放一起。"

操作提示:让孩子按照提示标准把衣服进行分类,如果孩子不能完成,家长辅助完成。给孩子积极评价。

4. 换一个标准给衣服分类。将若干件衣服交给孩子,指导语:"请你把颜色一样的衣服放在一起。"

操作提示:让孩子按照提示标准把衣服分类,如果孩子能够完成,可以提高难度,让孩子自行概括新的分类标准,再次分类。

5. 学习叠衣服的方法。将一件衣服放在桌子或其他平面上,指导语:"请你先把衣服铺平,然后让衣服袖子交叉抱一抱,最后让衣服弯弯腰,叠好了。"

操作提示:让孩子按照提示逐一把衣服叠起来。如果孩子不能完成,家长辅助完成。给孩子积极评价。

活动延伸:

生活中让孩子经常参与叠衣服,在参与过程中培养孩子的自我服务、服务家人的能力,通过叠衣服的过程,同时负载概括分类能力的培养,亦可丰富孩子的词汇量。

数学教育桌面训练举例

活动目标:

1. 培养孩子——对应、确定等量的逻辑观念。
2. 培养孩子抽象概括能力。
3. 培养孩子动手操作能力。

活动准备:

准备带盖的茶杯6套,土豆、西红柿、苹果各6个,糖果6块。

活动过程：

1. 将生活中具有逻辑关联的事物——对应（茶杯与茶杯盖——对应）。

● 呈现操作题目，明确操作要求。

让孩子摆放6个茶杯，要求给每个茶杯盖上盖。

● 孩子动手操作，家长给予辅助。

家长辅助孩子摆放6个茶杯，每放一个茶杯，盖上一个茶杯盖，一边放一边说："一个茶杯，一个盖子；一个茶杯，一个盖子……"放完以后，让孩子观察，家长问孩子："茶杯和盖子是一样多，还是不一样多？"孩子回答："一样多。"如果孩子不能回答，家长提示。

● 对照题目答案，给予积极评价。

家长说："茶杯和盖子——对应，就是一样多。你答对了，真棒。奖励你一朵小红花。"

2. 将同类事物——对应（土豆和西红柿——对应）。

● 呈现操作题目，明确操作要求。

家长准备6个土豆和6个西红柿，告诉孩子："拿一个土豆，再拿一个西红柿放在土豆的下面。一个土豆，一个西红柿，——对应。"

● 孩子动手操作，家长给予辅助。

家长要辅助孩子将土豆与西红柿对应排列整齐，便于孩子直观地看到土豆和西红柿的对应关系。放完以后，家长让孩子观察："土豆和西红柿是一样多，还是不一样多？"孩子回答："一样多。"如果孩子不能回答，家长提示。

● 对照题目答案，给予积极评价。

家长对孩子说："土豆和西红柿——对应，就是一样多。你答对了，奖励你一朵小红花。"

3. 将属性相近的事物——对应（糖和苹果——对应）。

● 呈现操作题目，明确操作要求。

家长准备6块水果糖和6个苹果，告诉孩子："拿一块糖，再拿一个苹果放在糖的下面。一块糖，一个苹果，——对应。"

- 孩子动手操作，家长给予辅助。

家长要辅助孩子将对应物排列整齐，以便孩子直观地看到糖和苹果的对应关系。放完以后，让孩子观察，家长问孩子："糖和苹果是一样多，还是不一样多？"孩子回答："一样多。"

- 对照题目答案，给予积极评价。

家长说："糖和苹果一一对应，就是一样多。你答对了，真聪明。奖励你一朵小红花。"

4. 通过一一对应比较两种物品的多少。

- 呈现操作题目，明确操作要求。

家长摆放6个茶杯，5个茶杯有盖子，最后一个只有茶杯，没有盖子。家长一边操作，一边说出指导语："一个茶杯，一个盖子；一个茶杯，一个盖子……最后一个茶杯没有盖子了，说一说，是茶杯多，还是茶杯盖子多？"

- 孩子思考、回答，家长给予启发。

孩子观察后回答："茶杯多，茶杯盖子少。"

- 对照题目答案，给予积极评价。

家长说："茶杯多，茶杯盖子少，你答对了，真聪明。奖励你一朵小红花。"

5. 通过一一对应比较两种物品的多少，再把两种物品变成一样多。

- 呈现操作题目，明确操作要求。

家长让孩子观察上个题目中的茶杯，对孩子说："请你把茶杯和盖子变成一样多。"

- 孩子动手操作，家长给予辅助。

孩子拿起一个茶杯盖子，放在没有盖的杯子上，回答："再加上一个盖子，杯子和盖子就一样多了。"

操作提示：变成一样多的办法有两个，或者把少的添上一个，或者把多的一个拿走。二者皆可。

- 对照题目答案，给予积极评价。

家长给孩子积极评价："茶杯多，茶杯盖子少，你答对了，真聪明。奖励你一朵小红花。"

思维能力桌面训练举例之一

活动目标：

1. 通过"给动物找朋友"的游戏，让孩子将指定的学具画面分别按不同的标准分成数目相等的2组、数目不相等的2组、数目不相等的3组，让孩子学会转换标准进行再分类，培养孩子组合分类的能力。

2. 培养孩子动手操作的能力。

活动准备：

1. "李忠忱教学法[①]多元智能学具"之"逻辑智能学具"。

2. 粉盒学具大图卡。大图卡画面内容分别为鸭、鹅、野鸭、大雁、鹰、猫头鹰、燕子、黄莺。

3. 此训练的基础是孩子认识学具的6种底色、熟悉学具画面内容及排列规则。

活动过程：

1. 给鸟类找朋友之一

第一，创设问题情景，引导活动定向。

家长指导语："请你拿出粉底色卡的8只鸟类动物画面放到盒盖上。"孩子拿出后，家长继续说："请你把这8只鸟类动物画面分成数目相等的2组，每组都是4只鸟类动物画面。"

第二，孩子动手操作，家长给予辅助。

孩子按要求拿出8只鸟类动物画面放在盒盖上，再把8只鸟类动物画面分成数目相等的2组。

第三，孩子说明分类方法，家长给予积极评价。

家长请孩子说说自己是怎么分的，如按"会游泳的鸟类"和"不

---

① 详见甄岳来著《孤独症儿童社会性教育指南》一书。

会游泳的鸟类"把画面分成2组。家长奖励孩子。家长继续提示孩子，问还有没有其他分法。如孩子按"留鸟"和"候鸟"把画面分成2组。家长表扬孩子。

　　操作提示：

　　第一，带着孩子小结。"8只鸟类动物画面分成数目相等的2组，每组都是4只鸟类动物画面，有2种分法。第一种分法是：鸭子、鹅、野鸭、大雁一组，它们是会游泳的鸟类；鹰、猫头鹰、燕子、黄莺一组，它们是不会游泳的鸟类。第二种分法是：鸭、鹅、鹰、猫头鹰一组，它们是冬天不飞到南方过冬的鸟类动物，是留鸟；大雁、野鸭、燕子、黄莺一组，它们是冬天飞到南方过冬的鸟类动物，是候鸟。"

　　第二，这是培养孩子多角度思考问题的思维方式。"8只鸟类动物画面不变，分类标准可以变，可以有多种分类结果。"

　　第三，如果孩子不能说出自己是怎么分的，家长要给孩子做示范，辅助孩子说出来。

　　第四，家长对孩子的操作要给予积极且具体的评价。

　　2. 给鸟类找朋友之二

　　第一，创设问题情景，引导活动定向。

　　家长指导语："请你把8只鸟类动物画面在学具盒盖上摆好。"孩子操作后，家长继续说："这些鸟类动物画面还可以用其他的方法找到朋友。这次还是把这8只鸟类动物画面分成2组，每组的数目不相等。"

　　第二，孩子动手操作，家长给予辅助。

　　孩子按要求给8只鸟类动物画面分类，把8只鸟类动物画面分成数目不相等的2组。

　　第三，孩子说明分类方法，家长给予积极评价。

　　家长请孩子说说自己是怎么分的，如按家里养的鸟类（家禽）和野生的鸟类（野禽）分成2组。家长奖励孩子。

　　操作提示：

　　第一，家长带着孩子小结分类方法："8只鸟类动物画面可以分成数目不相等的 2 组，分法是鸭、鹅分成一组，野鸭、大雁、鹰、猫头鹰、燕子、黄莺分成一组。

第二，这是培养孩子多角度思考问题的思维方式。"8 只鸟类动物画面不变，可以分成数目相等的 2 组，也可以分成数目不相等的 2 组。"

第三，如果孩子不能说出自己是怎么分的，家长要给孩子做示范，辅助孩子说出来。

第四，家长对孩子的操作要给予积极且具体的评价。

3. 给鸟类找朋友之三

第一，创设问题情景，引导活动定向。

家长指导语："请你把 8 只鸟类动物画面在学具盒盖上摆好。"孩子操作后，家长继续说："这些鸟类动物画面还可以分成 3 组，每组画面可以不相等。"

第二，孩子动手操作，家长给予辅助。

孩子按要求给 8 只鸟类动物画面分类，把 8 只鸟类动物画面分成数目不相等的 3 组。

第三，孩子说明分类方法，家长给予积极评价。

家长请孩子说说自己是怎么分的，家长要给孩子做示范，辅助孩子说出来。

操作提示：

第一，家长带着孩子小结分类方法："这些鸟类动物画面还可以分成 3 组。分法是：鸭、鹅、野鸭、大雁一组，它们是会游泳的鸟类动物（游禽）；鹰、猫头鹰一组，它们是凶猛的鸟类动物（猛禽）；燕子、黄莺一组，它们是善于鸣叫的鸟类动物（鸣禽）。"

第二，这是培养孩子多角度思考问题的思维方式。"8 只鸟类动物画面不变，可以分成数目相等的 2 组，也可以分成数目不相等的 2 组，还可以分成数目不相等的 3 组。"

第三，如果孩子不能说出自己是怎么分的，家长要给孩子做示范，辅助孩子说出来。

第四，家长对孩子的操作要给予积极且具体的评价。

思维能力桌面训练举例之二

活动目标：

1. 让孩子通过对两组画面之间同构对应关系的分析，推导出空白处应摆放的画面，培养孩子归纳推理的能力。

2. 培养孩子动手操作能力和自然观察能力。

活动准备：

1. "李忠忱教学法多元智能学具"之"逻辑智能学具"。

2. 本训练在孩子认识学具的6种底色、熟悉学具画面内容及排列规则的基础上进行。

活动过程：

1. 归纳推理之一

第一，创设问题情景，引导活动定向。

家长先向孩子出示6个学具画面——狗、狮子、猫、老虎、牛、梅花鹿。指导语："请你仔细看画面，找到规律，按照这个规律，再接着摆出2块学具。"

第二，孩子动手操作，家长给予辅助。

孩子观察并找出画面排列规律，从学具盒中拿出2块学具，画面为羊和斑马，接着摆在后面。

第三，对照题目答案，给予积极评价。

家长引导孩子观察8个学具画面的排列规律："学具块是按家畜、野兽、家畜、野兽、家畜、野兽、家畜、野兽的排列规律摆放的。"

操作提示：

画面顺序、画面具体内容可以不同，只要是符合一个家畜画面、一个野兽画面的排列规律就对了。

2. 归纳推理之二

第一，创设问题情景，引导活动定向。

家长先向孩子出示6个学具画面——苹果、玉兰花、椰子、荷花、桃子、菊花。指导语："请你仔细看，找到规律，按照这个规律，再接着摆出2块学具。"

第二，孩子动手操作，家长给予辅助。

孩子观察并找出画面排列规律，从学具盒中拿出香蕉和梅花画面的学具块，接着摆在后面。

第三，对照题目答案，给予积极评价。

家长引导孩子观察8个学具画面的排列规律："学具块是按水果、花卉、水果、花卉、水果、花卉、水果、花卉的排列规律摆放的。"

操作提示：

画面顺序、画面具体内容可以不同，只要是符合一个水果画面、一个花卉画面的排列规律就对了。

家庭"孤独症社会融合教育"中的随机教育训练

家庭中为什么需要随机教育训练

什么是随机教育训练

家庭生活中的随机教育训练指的是在自然状态的日常生活中,随时随地发现教育机会,随时随地利用教育机会,因势利导地对孩子进行教育训练。

生活中的教育机会有两大类,一类是可重复的教育机会,比如,每天的常规生活内容是重复的,每天孩子进了幼儿园都会遇到老师和其他熟人,用眼睛看着老师,和老师打招呼,这是几乎每天都会出现的教育机会。还有一类教育机会是难以重复的,甚至是不可重复的,比如孩子偶然在公路上目睹的交通事故,生活中亲人故旧的婚丧嫁娶,一些突发的社会事件等,这些都是社会生活的组成部分,都有社会功能教育的开发价值,也都是对孤独症孩子进行社会性教育的机会。"随机"的关键是对教育机会的识别、把握和利用。

为什么要进行随机教育训练

从生活本身的特点看,家庭生活、社会生活是丰富多彩的,很多生活过程、生活现象都可以作为教育题材,并不是仅仅十几个主题活动就可以完全囊括的。所以,除了我们有设计、有准备的主题活动训练之外,在真实的生活中，还有许多生活题材可以对孤独症儿童进行社会功能的教育训练。

真实的家庭生活、社会生活，也是一个充满变化的过程。在生活当中，常常会出现一些特殊的情境，很多是我们意想不到的，很可能就是非常好的教育机会和教育题材。这样的教育情境我们不能创设，但是，当它出现在我们面前的时候，我们可以利用它。比如，在与同伴的玩耍中，其他孩子用了一个拍肩膀的动作示意孤独症孩子"快些走"，结果孤独症孩子不理解，反而狠狠地将对方推倒在地，这就是一个教育孤独症孩子解读别人肢体语言的机会。妈妈的女同事怀孕了，到家里来做客，面对与众不同的高高隆起的腹部，就是一个教育孤独症孩子感知、理解"母亲"概念的机会。在家庭的日常生活中，广泛地运用生活素材，运用各种偶然出现的教育情境和教育机会，随时随地对孤独症儿童开展教育训练，无疑是社会融合教育中一种重要的教育方式。

从孩子自身特点看，孩子是一个能动的活动主体，本身是在不断发展变化的。孩子的活动，孩子在活动中的表现、行为也是经常变化的。在活动中，孩子会给我们提供教育的机会。例如，父母带孩子，必然要与孩子之间产生一种互动关系，在这种互动中，我们可以随时关注孩子语言的使用，当孩子词语使用不当的时候，需要我们在当时当地及时给予纠正，及时做出正确的示范。听到孩子使用了一个从来没有使用过的新词，家长如果置若罔闻，就丧失了一次语言教育的机会，相反，这个时候给予鼓励和强化，能够很好地提升孩子说话的兴趣和能力。

孤独症孩子有一些问题行为和刻板动作，对问题行为和刻板动作的纠正不能光靠训练机构中的训练，问题行为的矫正应该渗透在孩子整个的活动时间内和活动范围内，只要家长和孩子接触，就要随时随地矫正孩子的各种问题行为和刻板动作，长时间坚持不懈努力，才能够把孩子的问题行为、刻板动作矫正过来。

○ 随机教育训练的操作指导

在家庭"孤独症社会融合教育"中，对孩子开展随机教育训练既是一种重要的训练方式，也是一种高水平的训练方法，它需要家长具备以下几个条件。

随时发现教育机会的眼睛

这种教育意识，就是指在家长的头脑中时时刻刻地想着对孩子的教育训练，随时随地地去寻找教育训练的机会。没有这种教育意识，很多教育情境、教育机会就会自然流失。

"教育意识"涵盖两个意思：其一，随时想教的意识。也就是说，家长的头脑中随时绷着一根教育训练的意识之"弦"，行动之"箭"随时搭在弦上，"箭在弦上，随时待发"。其二，随机教育的目标意识。也就是说，家长要把生活中的情境、过程，甚至微小的生活细节，有意识地与社会功能教育、思维开发几方面的教育内容联系起来，去思考、去挖掘。让教育训练目标扎根在家长的头脑中，一旦出现教育机会时，就能"有的放矢，一箭中靶"。

随时抓住教育机会的能力

当一个特定的生活情境能够作为康复训练的机会时，家长用什么样的教育方法去实施随机教育呢？这也是一个很重要的问题。没有恰当的随机教育方法，就不能因势利导地去教育孩子，自然也就达不到应有的教育效果。

例如，家里来了一位亲友，客人给孩子带来了一兜苹果，最好不要用客人自己带来的苹果请客人吃，这超过了孩子的理解能力。正确的做法是妈妈辅助孩子对客人表达感谢，然后辅助孩子将客人带来的苹果收藏好，再让孩子拿出自己家的食品招待客人。等客人走了以后，和孩子"复习"客人带来的礼品，让孩子品尝客人带给自己的苹果。随机教育也是有方法的，方法不当，同样达不到训练的效果。

随时寻找教育机会的态度

寻找机会时要有主动性，抓住机会时要有敏捷性，做好随机教育要有领悟性。有的家长可能习惯于预设的教育活动，甚至习惯了按照刻板的训练程序、训练内容机械地训练孩子，一旦让家长在生活中主动寻找机会，创造性地、因地制宜地训练孩子，家长就觉得把握不住，不知道从哪里入手。

家庭生活中的随机教育训练，就像在沙里淘金。纷繁复杂的生活现象就像沙子，教育机会就像金子，会淘金的人，就会发现沙中的金子，不会淘金的人，就会把金子连同沙子一起扔掉。真正做好随机教育，要靠家长因"家"制宜、因人施教，要靠家长举一反三、触类旁通。家庭生活中的随机教育训练，不可能有一个统一的模式和课程。随机教育训练的道理、方法，都是家长悟出来的，它具有高度个人化的经验特色。做好随机教育，要求家长会在丰富多彩的生活中发现丰富多彩的教育机会，利用灵活多样的教育形式、教育方法实施教育。否则，面对自然状态的生活，即使其中有很多宝贵的教育素材、教育机会摆在面前，头脑中可能仍然是一片茫然，仍然很可能视而不见、充耳不闻。

随机教育训练比生活主题训练和课堂桌面训练内容更丰富多彩，方法更灵活多样，对训练孩子的社会功能更有针对性、实用性，孤独症孩子对其接受性更好，它是"孤独症社会融合教育"的三大途径之一。

（韦玉翠、杜华容承担了本章的写作、修订、编审工作）

第二章

"机构康复篇

机构实施"孤独症社会融合教育"操作的必然逻辑

"星星雨",这是标志着孤独症康复事业拓荒时代的三个字,中国以孤独症康复为职能的社会组织——"机构",就此发祥。继"星星雨"之后,诞生了难计其数的大小"机构",它们由"星星雨"延续而来,历经各种演变,良莠并驾,走到今天。

○ 训练机构:康复之梦开始的地方

诊断之初,恐惧、慌乱之下,无论孩子的程度轻重、类型如何,绝大多数家长首先想到的是为孩子"找一个好的训练机构"刻不容缓,可见,"训练机构"给了家长极大的期望,很多家庭甚至早期把机构当成了孩子康复的唯一指望。后来,随着孩子渐渐长大,家长也逐渐认识了孤独症的真相,越来越看清了"孤独症康复"到底是怎么回事。尽管家长在对"机构训练"的回忆、反思与总结中尝遍了酸甜苦辣各种滋味,但训练机构的确曾是很多家庭康复之梦开始的地方。

回首历史,孤独症康复机构给了家庭、家长、孩子哪些帮助呢?

当家长对"孤独症"三个字还处于懵懂认知之时,当父母承受着孤独症孩子带来的磨难之时,是机构教师倾听着家长的哭诉,他们的理解和安慰给家长送去了寒冬里的暖风。走进机构课堂,又是教师和孩子一起摸爬滚打,他们被孩子撕咬、踢打更是家常便饭……一直以来,正是康复机构率先向不幸中的家庭伸出了援助之手。

毋庸置疑，机构的存在使孤独症孩子与社会之间有了一片缓冲地带。很多孩子让家长筋疲力尽、难得喘息，有些孩子就连与家人之间的融合都有相当的难度，入园、入学更是遥不可及，他们能去哪里呢？机构是一个不会拒绝孤独症孩子的地方。

通过阶段性的机构训练，大多数孤独症孩子可以获得不同程度的进步，很多孩子的问题行为也得到了一定程度的控制。哪怕进步仅仅是阶段性的、片段性的、暂时性的、非功能性的，但在某种程度上，机构为提高孩子的家庭融合质量打下了最初的基础。另有部分程度较好的孩子，机构训练在某些方面为他们进入幼儿园和普通学校后的融合做了初步的准备，如很多机构通过认知训练为孩子的智力启蒙铺下了第一块基石。

机构是孤独症康复信息与方法的集散地，从世界各地舶来的各种有关孤独症的信息大多通过机构中转。机构以各种形式的培训向行业传播着各种康复方法，这些方法大多可在某种程度上转化为某些家长在某些阶段可见的操作。例如，很多家长关于孤独症训练的常识——应用行为分析（ABA）的原理与技术，正是从训练机构得到的启蒙。

机构更是连接家长最重要的有形纽带。机构汇集了众多家长，他们彼此间互相理解、互相安慰、互相支持、互相尊重，在艰难的社会大环境中找到了平等而可贵的精神家园。在机构中，家长可以避开来自外界的重重压力，获得暂时的心理放松。

机构还是政府与孤独症家庭之间的桥梁。国家的援助、政府的关怀正是通过大大小小的机构送给一个个家长，温暖着一个个孩子！

机构训练，对于孤独症孩子、家长来说，是一段寄托着梦想又充满了纠结的难忘历程。如果说走进机构是孤独症家庭康复梦想的开始之时，那么，当一个个孩子走出机构之日，他们从机构带走的又是什么呢？有不舍、有回忆、有收获、有进步，当然也会有内心的失落，抑或还有难以逆转的遗憾……

○ 梦想的破碎：形式训练的遗憾

从"星星雨"算起，机构训练走过了近 30 年。放在历史中，30 年不算长，但是从家庭的角度看，机构训练的经历已经成了几代孤独症孩子再也无法重来的过去，对有些孩子来说甚至就是他们全部的康复经历。当孩子离开机构的时候，"机构训练"留给家长的回忆又有哪些呢？

历史上，孤独症康复机构的训练内容大多是舶来的"拼盘"，年复一年，大多数机构一直沉浸在对国外形式训练的模仿中，且乐此不疲。形式化训练的效果如何呢？在美国，曾有一个中度孤独症儿童，经过 12 年的形式化训练，到了 18 岁时，其效果是这样的：

- 他能够坐在位子上，在不到 10 分钟的时间内把 100 颗钉子敲进木板里，正确率达到 95%，但是，他不能把硬币放进自动售货机。
- 他能够以 100% 的正确率完成大鸟的拼图，能给兔子涂色。他喜欢音乐，但是从来没有被教授过使用收音机或磁带放音机。
- 他能把纸片折成原来的一半、四分之一，但是不能把自己白色的衣服从其他颜色的衣服中挑拣出来洗涤。
- 他能把橡皮泥卷起来并做成逼真的橡皮泥蛇，但是，他吃饭时却不能把面包片卷起来，不会切小饼干。
- 他能按照给出的模式，把许多珠子按颜色排列要求串起来，但是，他不能给自己的鞋子系鞋带。
- 他能够在平衡木上熟练地走来走去，但他不会看红绿灯通过马路。
- 他能够凭机械记忆数到 100，但是，他不知道怎样向收银员支付购买食物的钱款。
- 他能够把一个立方体放进盒子里面，但是，他不能找到路边的垃圾桶并把垃圾放进去。
- 他能以 100% 的正确率指出 100 种图片，但是他不能用语言为自己点餐。

……

长久以来，家长和机构之间似乎达成了默契，双方自觉或不自觉地构建了这样一个逻辑：通过严格的、高强度的形式技能训练，通过足够数量的碎片化的认知教学，孩子的病就能好，孩子就能痊愈。如果痊愈了，他们就能和普通孩子一样上幼儿园、上学，一辈子的生活也就不成问题了，像系扣子、扔垃圾、买面包这些"不值一提"的小事，还用得着刻意去教孩子吗？孩子不是自然就会了吗？

遗憾的是，30年的时间里，前后至少三代孤独症孩子，他们的表现不但没有成就家长们当初"通过机构形式训练得以康复"的梦想，反而在与社会融合的屡屡碰壁中，让家长们最终醒悟——用形式技能训练让孤独症孩子康复，甚至痊愈，这几乎是不可能的！

退一步说，我们能否教会孩子形式技能，然后再让孩子将形式技能迁移到社会功能上去，最终达到家长期待的让孩子入园、上学的社会融合目标呢？再往更深、更远处看，形式训练能够教会孩子"过日子""混社会"吗？其实，几代孤独症孩子已经给了我们答案——如果远离社会性教育，仅仅靠形式训练，到头来留给家长的只有梦想破碎的遗憾。

○ 当仁不让：机构操作的必然逻辑

生育是缔造自然人的过程，而社会性教育承载的是塑造社会人的使命。社会性教育的目的就是赋予孩子社会功能，从而助力孩子完成从"自然人"到"社会人"的上升。因此，将孤独症康复定义为"拯救灵魂的工程"，恰如其分、名副其实。

怎样诊断孤独症？一个孩子，若有正常的社会功能，又何来孤独症之灾呢？再看"孤独症康复"几个字，它的真正含义首当且重在开发与培养孤独症孩子缺失的社会性（社会功能），这恰是拯救灵魂的工程！

说到孤独症孩子的"康复"，还有什么比"社会性"更重要的教育，还有什么比社会功能更重要的训练吗？没有！

说到孤独症的"康复"，还有什么组织比"孤独症康复机构"更胜任这一"拯救灵魂的工程"吗？没有！

说到孤独症的"康复"，还有谁比孤独症康复教师担当"灵魂工程师"

这一称号更恰如其分吗？没有！

孤独症康复机构肩负着引领"星星的孩子们"走进"人间"、融入社会的使命。让孩子熟悉袅袅炊烟，教孩子了解家长里短，给孩子解读人情世故，带孩子体会伦理亲情，这应该是每一个孤独症康复机构所有教育与训练操作的顶层设计！

机构，历经近30年的演变，随着时代的发展，无论硬件还是软件，始终在不断地"升级"。孩子从少到多，规模从小到大，楼房从低到高，环境从旧到新；方法从简单到丰富，服务从单一到多样，课程从线下到线上，就连训练用的器材、教具也从朴素变得越来越精致。但，万变不可离其宗，孤独症康复机构之"宗"不是别的，就是教孩子融入社会、学会生存！这正是机构"孤独症社会融合教育"操作不容置疑的大前提、大逻辑！

机构实施"孤独症社会融合教育"操作的可行性探索

"社会融合教育只能由家长在家庭中做,机构做不了",这是长期以来很多教师、家长头脑中根深蒂固的认知。从这一固有认知出发,将对孤独症康复最具价值的社会性教育排除在机构训练之外则不足为奇。那么,机构到底能不能做社会性教育呢?

○ 什么是机构"孤独症社会融合教育"操作

众所周知,孤独症孩子缺少的是社会功能,社会功能缺失的后果就是孩子在融入家庭、融入社区、融入幼儿园和学校,乃至融入工作岗位时,必然遭遇重重拒绝。由此,谁都不难理解"孤独症康复"几个字的真正含义,那就是全力以赴,用我们的所有聪明才智、所有时间精力、所有财力物力,培养孩子的社会性。

家庭教育也好,去幼儿园、上普校也好,培养孩子的社会功能,无论走到哪里,这都是孤独症康复教育的唯一逻辑。以孤独症康复为己任、为职能的康复机构更应当仁不让。机构与家庭、幼儿园、学校比较,不同的是给孩子提供的社会性教育环境不一样,但无论任何环境条件下,我们给予孤独症孩子社会融合教育的目标、内容、方法都是相同的。

机构"孤独症社会融合教育"操作,其特殊性体现在哪里呢?打个比方,康复机构的最终目的是培养开车上路的"驾驶员",机构训练就如同"驾驶员"上路前的"教练场",机构的责任是为"驾驶员"离开"教练场"

后驶向各种社会道路做准备。

我们不难定位机构"孤独症社会融合教育"操作的含义：以孤独症学生年龄、能力为基础，通过塑造社会功能、提高思维能力，改善孩子的社会适应程度，为扩大孩子的社会融合领域做准备，为孩子的家庭融合、社区融合、幼儿园和学校融合，乃至职业融合提供社会功能的支持。更进一步说，机构"孤独症社会融合教育"操作，就是在机构特有的物质环境、人文环境、教学环境下，实事求是、因地制宜地将社会融合的康复目标、将社会功能的丰富内容、将适合孤独症孩子的多种教学途径与教学方法落地于孤独症孩子在机构的日常生活、社会活动及桌面教学中。

机构实施"孤独症社会融合教育"操作的羁绊与纠结

机构创办者的初衷都是为了孤独症孩子的康复。特别是中国孤独症康复机构有一个显著特点，即很多机构是由家长创办的，家长的主观动机更是不容置疑。"想把最好的东西用在自己孩子身上"，为此，家长身份的机构负责人会不遗余力地为孩子去追求康复真理。那么，机构"孤独症社会融合教育"操作受到了哪些观念的束缚？我们纠结的是什么？其真相又如何呢？

以"教师的能力"为中心，还是以"孩子的需要"为中心

孤独症康复涉及三个层面的问题：为什么教、教什么和怎样教。这些问题的逻辑关系是：首先，机构教什么，应以孤独症孩子社会性提升的客观需要为中心，孩子康复需要什么，我们就应该教什么；其次，教师该怎样教，答案是孤独症孩子适合怎样学，教师就应该怎样教，教学途径和方法要因孩子的情况而定。

事实上，有些教师往往不能从孩子康复的客观需要出发去设计训练内容——教师会教什么、能教什么，孩子就跟着学什么、练什么；教师会怎样教，孩子就跟着怎样学；教师会用什么方法教，孩子就跟着什么方法走。这就造成社会融合教育在很多机构无法展开。

家长以"主观预期"导向机构，还是机构以"康复真相"引领家长

诊断初期，每个家长都期待着孩子能够痊愈，并寄希望于通过机构形式训练将孤独症"训好、练好"。于是，家长特别希望从机构得到"康复、治愈"的承诺。机构怎样承诺家长，如何宣传训练效果，这是家长选择机构的重要依据。

但是，作为专业的孤独症康复机构，对孤独症真相的认知能力、对孤独症康复真相的认知水平应该远远高于家长。机构本来完全有能力判断家长的主观诉求"合情"但并不"合理"，然而，是引导家长认知、接受孤独症的康复真相，还是迎合家长不切实际的心理预期呢？在留住生源的动机下，很多机构不得已选择了后者。

社会性教育为家长们还原了孤独症康复的真相之后，一些家长仍然执迷于"形式训练""治愈孩子"的梦想，也有一些家长对"孤独症社会融合教育"产生了暂时的选择迟疑。当然，越来越多的家长幡然醒悟之后，坚定地走上了社会融合教育的道路。问题在于，当机构怀疑自己没有足够的能力去引导家长时，其难免对社会性教育同样出现暂时性的选择迟疑。

因"机构条件受限"去回避"社会性"，还是创造条件迎接"社会性"

很多教师和家长认为，机构既缺少内部生活元素，又不能带孩子走上真实的社会，所以，机构当然无法实施"孤独症社会融合教育"操作。那么，机构是因教学环境有局限，去回避本是孤独症孩子最需要的社会融合教育操作，还是为了孤独症孩子的社会性康复去创造社会融合教育操作的条件呢？这是机构需要处理的一个重要关系。

传统机构的教学组织形式由来已久，在教师和家长的概念中，已经形成了机构课堂教学、个别训练的固有模式，在固有模式难以承载社会融合教育操作的情况下，是突破模式，构建适应社会性教育的新模式重要，还是以"机构环境不适合社会性教育"为由而去维持形式训练更可取呢？如同在"削足适履"与"换履适足"之间比较，每个人都会做出自己的选择。如果我们秉承"一切为了孩子"的宗旨，那么，为了孤独症孩子社会性康复之大义，其答案也就不言自明了。

综上可见，正因为上述纠结与羁绊，导致机构在"孤独症社会融合教育"操作面前裹足不前。长此以往，就意味着孤独症孩子将与社会功能康复"无缘"。可喜的是，已经有越来越多的家长、机构负责人摆脱了心理纠结，饱含对孤独症孩子的真切之爱，带着高度的职业责任与自我革新的勇气，尝试突破束缚，转向机构"孤独症社会融合教育"操作的改革。

○ 机构"孤独症社会融合教育"操作的开创与探索

机构"孤独症社会融合教育"操作的可行性曾受到行业的质疑，经过多年的开创与探索、实验与研究，可以肯定地说，现在机构面临的早已不是"能不能做社会性教育"的问题，而是"愿不愿意为了孩子去做社会性教育"的问题。

机构"孤独症社会融合教育"操作的探索经历如何，其实践及效果又是否可以迁移泛化呢？

李蕊与北京市展望儿童关爱中心

2011年，中央教育科学研究所（现为中国教育科学研究院）的学术报告厅里，甄岳来老师正在做家长培训。一个孤独症孩子的母亲，同时也是北京市展望儿童关爱中心负责人的李蕊，顿觉醍醐灌顶、茅塞顿开。感悟至深的她激动地说："今天是我和我儿子的转折点，'社会性'值得每一个家长来听，真别再走弯路了，我们实在是绕不起了呀！"李蕊说："我一直就有一个困惑，为什么在桌面上训练时教会了孩子很多东西，可是到了生活中又什么都看不见了呢？现在我终于明白了，我们没有培养孩子的社会功能。今后，'社会性'就是我们机构的方向，就是我们的专业，就是我们的方法和技术！"

李蕊首先在自己儿子身上践行社会性教育，支持儿子完成了普校就读。义务教育结束后，儿子又继续接受高中教育，为进入职业融合阶段做社会功能及专业技能的准备。

李蕊坚信孤独症康复的目标只有一个，那就是让孩子融入社会。由此，她精准定位其机构的职责和使命——做孤独症儿童的普教融合支持，用社会性教育帮助更多的孩子回归主流。她突破性地解决了普教融合支持的三大问题：第一，竭力移除形式训练的弊端，根据普教融合的需要，重构学前孤独症儿童康复教育的课程；第二，为普教在读有一定困难的孤独症学生提供融合伴读支持课程，通过个性化能力补偿，让他们的普校融合之路走得更稳、更远；第三，开创家长社会性教育培训模式，提升家长必需的普教融合环境创设能力、孩子学业融合辅助能力、家长自我心理建设能力等。连续多年，展望儿童关爱中心以学员近乎100%的入学率，证明了机构孤独症社会融合教育的成功。

杜华容与四川广元小海龟特殊教育培训中心

2012年，"小海龟"的老师每天教孩子们拍手、拍头、拍屁股。杜华容老师边训练孩子边思考，教会了三步模仿，难道再教四步、五步模仿吗？问题是，训练这些东西真的就能让孩子好了吗？我们到底应该教孩子什么呢？康复、康复，康复又是为了什么呢？形式化的东西对孤独症孩子的一生有多大的用处呢？……带着对形式训练的质疑与困惑，在听到甄岳来老师的社会性康复教育讲座之后，杜老师立刻决定把社会性教育纳入机构训练中。从此，机构社会性教育操作的研究与实验在小海龟特殊教育培训中心开始了。

时至2016年，杜老师带领培训中心员工探索、解决了机构"孤独症社会融合教育"操作的几个重大难题：第一，告别了机构延续多年的"训练有形式，康复无功能"的传统，创建了生活功能课程、社会融合课程，完成了机构从形式技能训练到社会功能培养的飞跃；第二，机构主题教学、随机教育教学在"小海龟"的应用，拓展了传统机构以桌面训练为主导的教学形式，成功开通了更为适合孤独症孩子的教学途径；第三，"小海龟"找到了突破自我意识、社会交往等高级社会功能教学的思路，将语言教学放在自我意识培养、思维能力开发、社会交往活动中同步进行，再通过语言课堂教学提炼加工、融会贯通。

培训中心课程改革的实践，回答了"机构能不能做社会性教育"的问题。孩子们向"社会人"回归的效果，验证了孤独症社会性教育的精髓。机构社会性教育考验的是孤独症康复教师对孩子的责任心、对真相的执着、对教育的情怀！

罗丽英与厦门市星宝贝儿童启智中心

2009年，在厦门残联主办的甄岳来社会性康复教育讲座上，已经从事特殊教育8年的罗丽英老师第一次听到"社会性"三个字，从此，罗老师开始将传统的机构训练与社会性教育进行对照，反思自己学过的各种孤独症康复方法的局限，审视机构各种形式训练的弊端……罗老师自觉地用社会性教育不断刷新着自己对"孤独症康复"的认知，也是在这个过程中，作为资深特教老师，她完成了向"社会性康复教师"的蜕变。

2013年，罗老师创办了厦门市星宝贝儿童启智中心。"星宝贝"带着社会性教育的基因，以助力孤独症儿童顺利衔接普通教育为特色，以支持孤独症孩子社会融合能力的提升为目标，一改传统机构机械、刻板、狭隘的桌面形式训练之风，围绕着孤独症孩子的社会功能康复教育内容构建机构课程，直接将训练课堂融入超市购物、医院就医等真实的社会活动中，开在餐厅、公交车上等真实的社会环境中，拓展了孤独症孩子生活感知的宽度，提升了孩子遵守规范的功能、生活自理的功能、人际沟通的功能等，不但教学内容丰富多彩，而且教学形式生动活泼。随着孩子们社会功能的日益提升，"星宝贝"孩子们出色的康复效果赢得了家长们对机构社会性教育的高度认同。特别是针对普校与特校的在读孤独症学生，机构应该怎样利用自己的资源对他们进行"特殊性、个别化教育"的补充，进行"社会性、功能化教育"的补偿，"星宝贝"的机构社会融合教育操作给出了颇具特色的答案。

朱雪萍与淮安与光同行自闭症儿童康复中心

2013年，朱雪萍领着9岁的儿子见到了甄岳来。"孩子这么高了，在家能帮你做些什么？"甄老师一句问话，让她无言以对。孩子2岁多起，朱雪萍就带着患重度孤独症的他踏上了背井离乡的康复路。后来，为了儿子，朱雪萍创办了"与光同行"。然而，不菲的康复代价，换来的竟是眼看身高与妈妈比肩的儿子，社会功能却几乎为零！一手领着儿子，一手带着机构，痛苦挣扎过后，朱雪萍义无反顾地按下了"社会融合教育"操作的启动键："为了自己的儿子，更为了机构里那么多的家庭、那么多的孩子，我宁愿开展社会性教育累死，也不愿意再像过去那样困惑死！"

儿子的生活自理功能逐渐攀升，不但洗碗、做饭、拖地、铺床等家庭事务做得越来越得心应手，外出购物、就餐、理发等社会活动能力也获得了长足进步。当看到这个 14 岁的患重度孤独症的哥哥给小弟弟冲奶、喂药、洗衣服的情景时，不知道暖化了多少父母绝望的心……

面对家长、教师沉迷"教零散知识，练形式技能"的惯性，传统机构怎样实施社会融合教育操作？朱雪萍做出了"分步实施、逐渐到位"的战略安排：第一，完成了全体教师社会性教育专题面授培训；第二，从学科教学切入，着力解决课堂教学科学化、系统化、功能化问题；第三，创造条件，开辟机构大龄学员的生活功能培养、社会活动教学。"与光同行"富有成效的改革得到了残联等上级领导部门的肯定与支持，同时也获得了家长的高度认可。

朱莉与天津市助梦关爱中心

2016 年，和许多母亲一样，朱莉曾怀揣让孩子能够上学的希望，尝试陪着患重度孤独症的儿子走进了普校。事实证明，普校并不是儿子的合适之选。怎么办？考察了可能接受孤独症孩子的各种环境之后，朱莉决定为了儿子，也为了像儿子一样上学困难的孩子们，量身打造一所社会性康复教育学校。为此，朱莉前往"小海龟""星宝贝"等机构观摩学习，将先行者的探索成果，即机构"孤独症社会融合教育"操作的康复理念、办学模式、课程内容、教学方法等，结合本地的实际情况优化组合后，创办了天津市助梦关爱中心。

"助梦"是专门为学龄孤独症孩子打造的康复环境（含入学前教育、幼小衔接准备），这是一个从起步就将社会融合教育操作全角度地规划到孩子们的一日生活、活动与教学中的机构。"助梦"瞄准了支持孤独症孩子家庭融合、社区融合、普教融合的目标，由此出发构建了"助梦特色"的课程体系：第一，向生活索取康复价值，向康复索要社会功能，在"生活教育化"与"教育生活化"的水乳交融中，走向更适合孤独症孩子的康复境界；第二，改变特教机构与普通学校"界限分明"的惯性思维，利用普教的课程思路，载入特教的教学难度，灵活创制课程，自主编写教材，最大程度地实现了普教与特教的融会贯通。

走出家，让孩子们"有地方去，有事情做，有老师教"；回到家，教孩子们"正常地过日子，过正常的日子"。这就是家长们在"助梦"得到的最朴素却最实惠的康复收获。同时，"助梦"的经验也向有志实施社会融合教育操作的机构提供了后来者通过模仿学习与创新发展相结合而改革、创建社会融合教育的成功范例。

总之，自2012年起，不同的机构在不同的地区，从不同的层面、不同的角度、不同的深度，不约而同对社会性教育操作的可行性进行了探索性研究，回答了"机构能不能做社会性教育"的疑问。

在中国蓬勃发展的孤独症康复机构中，社会融合教育操作的先行者、探索者、实践者以回归真相的科学精神，以追求真理的不凡勇气，以对家长的责任和对孩子的挚爱证明了：

第一，传统机构转型社会融合教育操作，不但逻辑上合理，而且事实上可行。

第二，新创机构移植社会融合教育操作，不但事实上可行，而且还有可借鉴的经验。

第三，机构社会融合教育操作的效果告诉我们，如果确认机构的宗旨是"促进孤独症孩子的社会性发展，支持孤独症孩子走向社会融合"，那么，机构社会融合教育操作是其不二之选。

○ 甄老师工作室"社会性教育实验基地"

一方面，实验研究已经证明机构"孤独症社会融合教育"操作不但可行，而且取得的社会性康复效果不同一般；另一方面，随着几代孤独症儿童走向大龄、步入成年，早期形式化训练的弊端越来越显露无遗。在孩子的康复之路上，家长对形式训练的依赖只是一时的，不会糊涂一世，越来越多的家长被孤独症的真相唤醒，被社会性教育唤醒，特别是被长大的孩子唤醒。随着社会性康复教育被提上更多家庭的日程，社会融合教育操作也更多被提上了孤独症康复机构的日程。作为孤独症的康复机构，是否愿意、是否能够，又应该怎样为孩子们提供社会性康复的教育服务呢？时代将这个问题推到了机构的面前。

2019年，甄老师工作室建立"社会性教育实验基地"，加入实验基地的机构社会融合教育操作的先行者们——"北京展望""广元小海龟""厦门星宝贝""淮安与光同行""天津助梦"，合力将机构社会融合教育操作研究继续向深度挖掘、向宽度拓展，在下列问题上取得了重大突破或显著进展。

● 机构社会融合教育操作的"办学模式创设"研究，"课程体系构建"研究，"主题教学优势"研究，"教学方法应用"研究，"校本教材编制"研究等。

● "学科课题定位"研究，"自我意识养成"研究，"社会活动教学"研究，"思维能力开发"研究，"普教融合支持"研究，"家校合作联动"研究等；

● "社会性康复教师能力"研究，"社会性教育机构／家长／儿童评估"研究，"大龄学生职业功能准备"研究，"家长心理成长轨迹"研究，"中外孤独症康复理念、技术及效果比较"研究等。

时至2022年，甄老师工作室及其"社会性教育实验基地"积累了多角度的研究成果，为有志于实施社会融合教育操作的康复机构和教师提供了多方面难题的解决思路及具体方案，为更多机构移植、应用、发展社会融合教育操作开辟了道路，奠定了基础。

从2018年起，实验基地就逐步向教师、家长开放观摩，提供教育教学操作示范及教学操作指导。"有人味、干人事、说人话"的孤独症孩子给机构社会融合教育操作的效果做出了最客观、最准确的评判，孤独症儿童社会功能改善的显著成效带来的触动、震动，甚至强烈震撼，颠覆了教师及家长对孤独症康复的传统认知，很多人因此找到了康复的"定盘星"，找到了职业的"定盘星",乃至找到了自己人生意义的"定盘星"!来自北京、上海、天津、武汉、长春、石家庄、南京、合肥、长沙、济南、贵阳、成都、重庆、厦门、保定、常州、淮安、东营、襄阳、宜春、惠州、厦门、泉州等地的康复机构,相继加入了机构社会融合教育的操作实践与教学研究。继"社会性教育实验基地"首开机构社会融合教育操作之后,更多后来者——康复机构的领导者、教师将把孤独症康复事业做出独立自主、科学严谨、重在实用的中国自信!

机构实施"孤独症社会融合教育"操作的突破与进展

任何一个以孤独症孩子为对象、以孤独症康复为职能、以教学活动为载体的孤独症康复机构都要解决机构职能与教学内容的对接问题、教学内容与教学方式方法的对接问题、教学过程与教学效果的对接问题。那么,机构解决这些问题的思路和方法是什么呢?

○ 机构操作系统的构成

机构"孤独症社会融合教育"操作是一个完整的系统,它是社会性教育体系在机构教育教学上的具体应用。构建机构操作系统,必须从其特点出发,抓住机构康复的核心——教学活动,再围绕教学去分解各个相关环节,建立各个教学环节之间的相互关系,继而逐一解决每个教学环节的主要问题。

这一体系自上而下,包括教学目标、教学内容、课程构建与实施、教学评价4部分。其中,课程构建与实施又包括课程设置、教学途径、教学场所、教学方法、教学设计、教学实施几个环节。这一体系具有如下特点:

第一,抓住了机构社会融合教育操作不同于家庭康复、幼儿园融合、普校就读中的"社会融合教育",它以机构孤独症学员"集中化教育、教学过程"为载体,为孤独症学员量身定制教学目标、教学内容、课程设计及教学评估,实现了社会性康复教育与机构特定的康复环境、机构独特的教学条件的有机结合。

维度	要素	内容
教学目标		以学生年龄、能力为基础，通过塑造社会功能，融合、家庭融合、社区融合、幼儿园和学校融合，实现提升孩子社会适应能力的目的，为扩大孩子的社会融合领域做准备
教学内容		一般能力：注意力、模仿能力、计划能力、执行能力、主动性等；社会活动人际交往；行为规范自我意识；情感表达；思维能力：比较、概括、推理等；社会认知：语言、人际关系、生活事件；学科知识：语言学科、数学学科、常识学科等
课程建构与实施	课程设置	生活功能课程（一般能力）：安全居家、情绪控制、生活自理、生活能力培养课程、安全与健康教育课程、实用工具性交往课程；社会融合课程（一般能力）：普教融合支持课程、社区活动/体验/实践课程；学科课程（一般能力）：大四科（语言、数学、常识、生活事件）、小三科（音乐、美术、精细、体育运动）
	教学途径	主题教学；课堂教学；随机教学
	教学场所	校园环境、社区环境、幼儿园环境、学校环境、其他社会环境
	教学方法	动机先行、以易带难、难度分解、变式教学、情景创设、高频重复、"ABA"、结构化等行之有效的方法
	教学设计	选择主题教学内容；设定主题教学具体目标；编写主题教学操作教案；确定课堂教学课程内容；设置课堂教学具体目标；制订课堂教学实施计划；设计课堂教学操作教案
	教学实施	控制主题教学过程的难度；调节主题教学实施的形式（集体、小组、个别）；确定主题教学的方法；控制课堂教学的难度；把握课堂教学重难点；促进课堂教师生的互动性；确定课堂教学的形式（集体、个别、小组）；应用教学方法
教学评价	教学目标评价	目标能否促进孩子社会性的发展，是否与能力相符，难度是否合适，是否准确，是否可操作，个别化教学目标是否适宜
	教学内容评价	教学内容是否与目标一致，是否科学，能否直接在生活中应用，是否包含一般能力、社会功能、智力开发三大领域的内容
	教学设计评价	教学活动是否适合孩子的兴趣和社会功能发展的需要，是否有利于重难点突破，学习环境是否有利于孩子社会功能的发展，教学方法是否有利于教学目的的实现
	教学实施评价	教师讲解示范是否到位，辅助支持是否及时，情绪是否饱满热情，是否亲和力，总结和评价示范是否参与
	教学效果评价	教学目标与教学内容的实际完成情况，学生个别化教学目标的实际完成情况

图3 机构"孤独症社会融合教育"操作课程体系

第二，机构社会融合教育操作系统从孤独症儿童的社会性康复需要出发，以教育学、心理学为基础，做到了社会性康复目标、教学内容、教学形式、教学方法、教学评估等自上而下环环相扣、一脉相承。

第三，利用机构教学优势，在机构社会融合教育操作系统中突出了教学活动的地位和作用，围绕着机构的课程构建与实施，向下进行了多角度、多层面的分化，为机构创建符合自己实际情况的社会融合教育课程描绘出了清晰的逻辑条理和操作思路。

第四，本着继承、拓展、提升的原则，机构社会融合教育操作系统兼容了传统机构原有的科学、合理的训练思想、训练内容、训练形式、训练方法等，并尽可能移除了过多的形式化元素，为更多机构改良、整合、转型后的操作升级提供了可行的对接轨道。

○ 机构操作的教学突破

经甄老师工作室"社会性教育实验基地"多年的教学实践，机构"孤独症社会融合教育"操作解决了教学中如下难点、重点问题。

机构设计向组织职能、康复目标、功能效果上统一

"孤独症康复机构"，顾名思义，其核心职能是促进孤独症孩子的康复。而孤独症问题之根本在于孩子缺失社会性，本着对症下药的思维逻辑，孤独症康复机构的重心、重点应该放在孩子社会功能的提升上，这样才能减少孩子在家庭融合、社区融合、幼儿园和学校融合、职业融合上的困难。因而，我们评估、检验孤独症康复效果最重要的指标只能是孩子社会功能的提升状况。

如果一个孤独症康复机构过度沉迷在形式技能训练上，这就等于在孤独症康复机构的该有职能与孤独症康复的当有目标之间出现了错位。如果一个孤独症康复机构没有赋予孩子社会功能的进步，不能为孩子减少进入社会融合的困难，也就背离了孤独症康复机构的宗旨与初衷。

而机构社会融合教育操作恰好体现了康复机构的该有职能、孤独症康复

的当有目标及孤独症康复的功能效果的逻辑链接,实现了"三位一体"的有机统一。

教学内容向自主选择、灵活调节、造血开源上升级

机构的训练内容是从哪里来的呢?刻板复制、照搬照抄、机械模仿、拼凑组装,这是很多机构训练内容(课题)的来源。作为孤独症的康复机构,如果不能清晰地透视孤独症的真相,也就意味着不能准确地抓住"康复"的真相,自然会出现机构顶层设计上的缺位。如果一个孤独症康复机构在缺理念、少目标的情况下,去给孤独症孩子做所谓的"康复训练",其训练内容难免就要去复制、照搬、模仿、组装。如此而来的训练内容,往往繁杂而无序,看似细致入微,但内容之间缺乏有机联系,操作起来"只知其然,而不知其所以然"的就会大有人在。没有康复目标统领训练内容,难免导致不少孩子接受的训练看似轰轰烈烈、满满当当,实则拼拼凑凑、有头无尾,甚至杂乱无章。

机构"孤独症社会融合教育"操作,在社会性康复目标的统率下,围绕着康复目标,设计了系统化、功能化、实用化、学科化的康复训练内容。如同对驾驶员的训练科目要为驾驶员开上社会道路做准备一样,机构所有的训练内容都不能脱离一个"社会人"在社会上生存、生活所需要的功能与思维。因而,机构"孤独症社会融合教育"操作将教育教学内容设定为三个领域:第一,社会功能教育内容,第二,支持社会功能的思维培养内容;第三,支持社会功能和思维活动的一般能力内容,即注意力、模仿能力、执行能力、计划能力、主动性等。

机构"孤独症社会融合教育"操作内容的构建,在尊重孤独症康复的客观要求前提下,改变了长期以来机构靠复制、照搬、模仿、拼凑训练内容"过日子"的局面。

首先,它解决了机构康复目标与教学内容之间的上下衔接问题。

机构"孤独症社会融合教育"操作的教学内容,实现了与康复目标之间的"骨肉联系"。康复目标不是空洞的目标,康复目标要通过教学内容来落地。反过来,训练内容是达成康复目标所需要的内容,而不是零散、孤立的课题堆积。内容应该是在目标统率下的有机组合。

其次，它解决了机构各种教学内容之间的有机联系问题。

机构"孤独症社会融合教育"操作教学内容中的功能课题、智力课题、一般能力课题"三位一体"、融会贯通、互相支撑，你中有我、我中有你。各个领域的内容、各个具体的课题并非彼此脱节，它避免了孩子无效康复、重复训练和家长重复付费的问题。

再次，它解决了机构在训练内容上存在的复制、照搬、模仿、拼凑问题。

复制、照搬、模仿、拼凑，反映了机构在教学内容上遇到的几层困难。

机构自己不知道要教什么，"没米下锅"，所以就会照搬、模仿别人。模仿他人解决了一时之需，看似"有米下锅"，但是，教师"只知其然，而不知其所以然"的现象非常普遍。照搬、模仿来的东西用完了之后，机构没有课题的自主开发能力，不得不被动地再次讨要，"等米下锅"之时，顺理成章就会去拼凑训练内容。这就是很多机构反复参加各种培训，而"使用期"都不长久的原因。

机构"孤独症社会融合教育"操作的教学内容，重在开源，只有"源远"才能"流长"。自己有了造血功能，才能结束"无米下锅""等米下锅""要米下锅"的日子。

最后，它实现了机构教学内容选择上自主调节，课题难度设定上灵活可变。

如果教学内容狭窄、单一、同质、低幼，则必然难以适应学生情况的复杂性。另外，随着年龄的增长，孩子的身心在不断变化，应对不同年龄段的孤独症孩子，要求机构的教学内容在宽度上具有延展性，用多元化的教学内容满足不同孩子多元化的学习需要。再者，机构的每一项教学内容在难度上都要具有可伸缩性，可根据孩子的年龄和程度灵活地自主调节难度。正是"问渠那得清如许，为有源头活水来"。机构"孤独症社会融合教育"操作，从源头上实现了教学内容上的自主性、丰富性和难度调节上的灵活性、可变性。

教学形式向桌面训练、主题教学、随机教育上拓展

孤独症康复机构的教育对象是孤独症孩子，机构通过什么样的途径、方式将教学内容落实下去、操作出来呢？如果教学方式狭隘、教学途径不畅，再好的教学内容也难以落地。长期以来，机构的主流教学形式是集体桌面教学及一对一桌面"个训"。有些教师的桌面教学经常遭遇孩子的强烈抗拒，教师想方设法、用尽强化，也只能勉强为继。那么，除了教师、家长习以为常的桌面训练，机构"孤独症社会融合教育"操作遵循的又是哪些教学途径呢？

机构"孤独症社会融合教育"操作应用的是桌面训练、主题教学、随机教育三种教学方式，三种方式互相补充、适时切换。

首先，根据教学内容选定教学方式。教学内容丰富多样，必然要求教学形式不能单一刻板。适合桌面教学的内容，就通过桌面上课的形式来教；适合主题教学的内容，就要走主题教学的通道。总归一句话，康复内容决定训练形式，而形式永远是为内容服务的，绝不能本末倒置。

其次，根据孩子的情况优选教学途径。孤独症孩子注意力集中时间短暂、抽象思维落后、高度依赖动作感知等特点是机构选择教学途径时必然要考虑的问题。另外，不是所有的孩子都适合、都接受、都配合桌面教学，教学形式要根据不同年龄、不同程度孩子的具体情况选择，并与其他教学形式适时切换。

如果说教孤独症孩子什么内容是由孤独症的康复目标决定的，那么，应该怎样教孤独症孩子是由教学内容及孩子的具体特点决定的。我们绝不能不顾孤独症康复的客观要求，一厢情愿地给孩子"桌面加桌面"。

康复方法向海纳百川、取长补短、融会贯通上迈进

与"以方法为中心"的行业惯性思维不同，机构"孤独症社会融合教育"操作的顶层设计是以孤独症社会性康复目标为中心，根据目标确定教学内容，继而根据社会性教学内容的需要优选教学途径、施用教学方法。不管对哪一种教学方法，机构"孤独症社会融合教育"操作都已客观地还原了其在孩子康复过程中的地位和作用——方法是为目标服务的工具。正因为这样，机构"孤独症社会融合教育"操作不排斥、不反对、不轻视、不偏废任何方法，社会性康复效果更需要各种方法的集大成。

多年来，以方法为中心、以内容为中心的错误逻辑，导致我们明知自己做的是"孤独症康复"，可悲的是，在孤独症孩子面前，一些教师却"只知某方法，不知社会性"。倘若我们对家长的培训，一次次燃起的也是家长对一个个"方法"的过高期待，那么，其结果则往往会误导家长"因一叶方法障其目，而不知社会性之泰山在"。机构"孤独症社会融合教育"操作，不但强调教师和家长对待方法必须有海纳百川的思维，使用方法必须融会贯通，更强调鉴别方法时需要改变唯专家、唯权威的心理，用孤独症孩子的社会性发展、社会功能提升、辅助依赖减少的效果来判断各路方法的含金量。

机构"孤独症社会融合教育"的各种方法，如动机先行的方法、动作思维的方法、难度分解的方法等，是在继承各种方法的基础上，以实事求是、尊重孩子为前提，将各种方法融会贯通、联合使用，经实践检验，它们在孤独症孩子社会功能、思维培养上各显其能，其"化合效果"是任何一种单一方法所不能及的。

总之，如前所述，机构教学应该怎样做，教学质量到底好不好，关键看机构如何处理康复目标与教学内容的关系，如何处理教学内容与教学形式、教学方法的关系，如何抓准孤独症的康复目标，如何定位孤独症孩子的学习内容，如何切换适合孤独症孩子的教学途径，如何优选多样化的教学方法。正是在这几个关键点上，机构"孤独症社会融合教育"操作进行了重重突破。

机构"孤独症社会融合教育"操作的课程构建

之所以质疑机构实施社会融合教育的可行性，是因为我们自己束缚了自己的思维。解除思想桎梏，这是机构"孤独症社会融合教育"操作的第一步。当然，这也是对机构领导者的见识、勇气和智慧的考验。所幸，经甄老师工作室"社会性教育实验基地"的探索与研究，回答并解决了一个又一个社会融合教育在机构落地的操作问题，其中，最重要的就是机构"孤独症社会融合教育"课程的初步构建。

○ 社会性教育在机构课程中的悄然渗透

机构的重心是"教学"，而"教学"活动大多是围绕"上课"这个中心环节来展开的。"上什么课"和"怎样上课"，这是机构领导者和教师最关心，也是家长购买机构服务时最关注的问题。作为孤独症康复机构，到底应该开设什么样的课程呢？

一代又一代走向成年的孤独症孩子，他们已经告知我们"孤独症社会性发展障碍的真相再也不能掩饰"！这就等于孩子在向我们恳求"机构实施社会性教育再也不容忽视"！如果我们仍然在孩子桌面形式训练上自得其乐、自我满足，那么只能说，我们仍然在无视"孤独症的真相"，我们仍然与"孤独症孩子社会融合"的目标相去甚远。

其实，近年来，随着家长的逐渐觉醒，越来越多的孤独症康复机构不再一味沉迷于形式训练，尝试社会性教育操作的机构越来越多。大家在悄然引入社会性教育的元素，逐步重组机构的训练课程。需要注意的是，在移植、嫁接、渗透社会性教育进入机构课程时，要防止下列问题的发生。

第一，防止断章取义。

如果对社会性教育体系没有全面了解、深刻领会，那么，操作中就难免出现"只知其一，不知其二""只知其然，而不知其所以然"的问题。

机构"孤独症社会融合教育"是一个完整的操作系统，它从康复理念到教学内容，再到课程设置，继而到教学途径、教学方法，最后到教学评估，这是一个自上而下的逻辑链条。机构实施社会融合教育操作切忌断章取义、人为肢解，有机结合、融会贯通才能产生最佳的"化合效果"。

第二，防止追求形似。

机构社会融合教育的教学内容丰富实用，教学形式通俗便捷，教学方法灵活多样，教学中给了教师更多的自主性、灵活性，某种角度上说，更便于教师学习。但在实际教学操作中，有些教师容易偏向模仿形式，也就是追求"形似"，而忽略"神似"。更值得注意的是，要防止把社会性教育做成形式训练的"升级版""变相版"。怎样才能避免仅仅把社会性教育做成"样子"，怎样才能真正把社会性教育融入孤独症康复机构的日常教学呢？这就需要向社会融合教育操作的高级版、真实版、完整版提升，即做出神形兼备的机构"孤独症社会融合教育"操作课程。

第三，防止机械混合。

由于教师系统掌握社会融合教育操作需要时间，更由于形式训练惯性作用的强大影响，最重要的还是出于对市场风险的顾虑，机构难免在"孤独症社会融合教育"课程引进中瞻前顾后、畏首畏尾、犹豫不决。为了规避风险，只在原机构课程中酌情加入社会性教育的某些东西，这样做不无道理，但需要防止的是只把社会性教育与形式训练进行简单相加。机械混合、简单相加造成的结果是，教学内容之间互不关联，还可能互相矛盾。如果只把社会融合教育课程放在机构课程中做点缀，那么，这与以社会性教育为重心的机构"孤独症社会融合教育"课程体系还有相当大的差距。

总之，在孤独症孩子需要社会性教育的大势所趋之下，很多机构已经主动做出了调整和回应，但也有的机构在社会性教育面前迟疑不定，或即便引入了社会性教育的某些元素，做起来也是遮遮掩掩、羞羞答答、闪烁其词，用各种同义词、近义词、相关词等替换"社会性""社会功能""社会融合"等关键的核心概念。不过，无论冠之以何名，只要机构是为了促进孤独症儿童社会功能的提升而开设的康复教育课程，都有其可取之处。

○ 机构课程构建的依据

甄老师工作室"社会性教育实验基地"探索出的机构"孤独症社会融合教育"课程是如何构建的？其依据是什么？机构"孤独症社会融合教育"操作课程有哪些特点呢？

课程设置的指南针：孤独症孩子社会融合的需求

依据孤独症孩子社会融合的需求，构建机构"孤独症社会融合教育"课程。

机构的职能本来就是支持孩子回归社会，减少孩子融入社会时的困难。比如，经过机构康复训练，将孤独症孩子送入幼儿园或学校融合环境，幼儿园和学校是孤独症孩子社会融合的场所之一，怎样让孩子入园、入校进得去，怎样让孩子在园、在校待得住，康复机构要根据这一需要来构建康复课程。

家庭和社区更是每个孤独症孩子生活的社会场所，而且是终生都不可能离开的社会生活场所，因而，每个孩子都有家庭融合、社区融合的需求。不能否认，每个孩子或轻微或严重，都存在家庭融合、社区融合上的困扰、困难，只不过由于大多数家长的社会融合概念过于狭隘，家庭成员过于容忍、包容，让很多家长忽略了孩子在家庭融合、社区融合上其实也存在障碍。家长误以为只有入园、在校才叫融合，只有入园、上学遇到的问题才叫融合障碍，殊不知，家庭融合、社区融合是孤独症孩子进入幼儿园、学校融合的基础，孩子的家庭融合、社区融合状况与在园、在校融合有着极高的正相关关系。要想增加孩子入园、入校融合的可能性，改善孩子融园、融校的状况，必须从提升孩子家庭融合、社区融合质量这一原点出发。

我们实在不能想象，在家里都没有生活自理能力的孩子能在幼儿园和学校融合中与同龄孩子看齐。我们也不能想象，在社区环境的社会融合中没有遵守规范的意识和遵守规范的行为能力的孩子，能在幼儿园和学校融合中与同龄孩子一样遵守规则、行为达标。同样，我们更不能设想一个和妈妈说话还困难重重的孩子，能在幼儿园和学校顺利与老师、同学交流……

机构"孤独症社会融合教育"操作体系，正是根据孤独症孩子家庭融合、社区融合和普教融合的需求来构建的机构课程体系。

课程设置的起始线：孤独症孩子认知理解的特点

依据孤独症社会功能短板及思维发展的特殊性，构建机构"孤独症社会融合教育"课程。

当我们对孤独症真相有了深刻认识以后，按照"对症下药"的基本逻辑，机构课程的重心、重点自然应该放在如何提升孩子的社会功能上，这一点毋庸赘述。另外，从思维特点上看，孤独症孩子思维发展本来就先天滞后，因而，教认知要充分考虑孤独症孩子长期以动作思维为主导的特点。孤独症孩子深陷自我闭锁，主动与世隔离，这就如同雪上加霜，他们自觉地关闭了感知世界的大门，如果在缺乏丰富的生活感知的前提下，把孤独症孩子绑在桌面上教认知，希望主要从图片、视频、虚拟游戏上让孩子理解真实社会生活中存在的各种事物、人物关系，其教学效果必定严重受限。

也就是说，孤独症孩子并非像家长和老师想象的那样需要大量的桌面认知训练，相反，在桌面认知训练前，孤独症孩子需要大量生活中的真实情景为支撑，需要大量的动手操作体验为基础，只有补偿了他们生活感知严重不足的短板，桌面认知教育才有可能走得动、走得远。脱离生活感知、脱离动手做事，一味地向桌面要孤独症的康复效果，无异于舍近求远。

我们必须尊重孤独症孩子的思维特点，在丰富生活感知、大量累积生活经验的前提下构建机构"孤独症社会融合教育"的课程体系。

课程设置的考量点：机构引领家长的职责所在

依据家长对社会性康复的认知暂不到位或执行暂不得力的状况，构建机构"孤独症社会融合教育"课程。

社会融合教育谁来操作执行？本该由家长、机构双管齐下，但从社会性康复的信息占有上看，从社会性教育专业化程度上比，机构无疑应先于家长、优于家长，机构应该走在家长的前面引导家长。

由于主观、客观等各种原因，在家长还没有接触社会性教育、没有接受社会性康复，或者在家长的社会性教育执行能力还不到位的情况下，机构的作用就是：一方面，引导、教育家长，提高家长的社会性教育认知和操作能力；另一方面，通过社会融合教育课程填补家长缺位。

综上所述，机构"孤独症社会融合教育"操作系统从孤独症孩子的社会性康复目标出发，为孤独症孩子设定了生活功能课程、社会融合课程和学科教育课程。

○ 机构的课程设置

我们将孤独症孩子的社会融合按照孤独症孩子的生活和学习场所（环境）分为家庭融合、社区融合、幼儿园（学校）融合及职业融合。在每一个社会融合环境中，又按照不同的融合领域、不同的融合层面、不同的融合要求，向下将融合分为该环境中的生活能力融合、社会活动融合及学习融合三大基本融合。

以幼儿园及学校环境中的社会融合为例，孩子在园（校）的日常是由生活、活动和学业构成，评估一个孤独症孩子在园（校）的融合状况，要具体看孩子在园（校）的生活融合情况如何，看孩子在园（校）的活动融合情况如何，看孩子在园（校）的学业融合情况如何。

与此对应，为了支持孩子进入各个社会融合场所、融进各个社会生活环境、参与各种社会融合过程，为了真正提升孤独症孩子在家庭、社区、园（校）的融合品质，作为提供社会融合支持的"教练场"——机构，为孤独症孩子设定的主要康复课程至少要有生活功能课程、社会融合课程和学科教育课程。

社会性教育基础课程：生活功能课程

生活功能是孤独症孩子进入各种社会融合环境都需要的基础能力。生活功能课程的主要内容包括生活能力培养课程、安全与健康教育课程及实用工具性交往课程等。

生活能力培养课程是生活功能课程的基本内容，它主要培养的是孩子生活中的自我服务和服务他人的能力，包括日常饮食起居中的自我料理（如自己解决饮水、做饭的问题），春夏秋冬的自我护理（如按照气温的变化自己增减衣服），居室内外环境卫生的自我管理（如自己整理房间、处理生活垃圾等），其他生活问题的自主处理（如使用各种家用电器满足自己的生活需求等）。

"生活自理"不是仅到操作技能为止，它重在培养孩子利用技能去服务自己和家人的意识、能力和习惯。生活自理能力培养指的是功能化、常态化、持续化的自我服务和服务他人能力的培养。

生活能力培养课程的教学重点，除了教会孩子"怎样操作"，如怎样穿衣服、怎样洗水果外，还要根据孩子的程度，贯通自我服务和服务他人背后的社会认知，也就是教孩子理解诸多的"为什么"。例如，为什么天气冷了短袖衫要放在衣柜里，穿衣服和场合有什么关系，生肉和熟肉有什么不同，为什么不能只做自己喜欢吃的菜，等等。

安全与健康教育课程是生活功能课程的重要内容，它解决的是孩子日常生活中的人身安全与健康问题，包括培养孩子对各种危险的识别、规避与正确处理的能力。例如，认识烫伤的原因与结果，进而主动规避伤害的发生；懂得离家锁门的道理与操作，进而有意识地保护家庭财产；理解常见疾病与药品的关系，进而避免因误用药品危及健康；判断食品的保质期限，进而理解污染、变质食物的处理方法；等等。

安全与健康教育课程是孩子生命、生活的保障，但这是多数家庭教育和机构教育不涉足的内容。不涉足的原因可能为：第一，原来设想的是孩子一生都活在大人的安全保护伞之下，根本就没有让孩子自理、自立的目标，所以也没有把安全与健康教育提上日程；第二，误以为孩子长大了这些自然就会了，不需要特意去教；第三，机构认为这些归家长教，没有将安全与健康教育纳入课程体系。

而机构"孤独症社会融合教育"操作非常明确地把孩子康复的目标定位在支持孤独症孩子实现"自理"与"自立"上，要让孩子具有自我保护能力，理所当然地就要把安全与健康教育作为课程内容。

实用工具性交往课程是生活功能课程的必要内容，工具性交往本身就是一个具体的生活功能。没有工具性交往，任何人的生活、生存都会受到影响。交往首先是生活、生存的需要，机构社会融合教育正是从这个认知高度将工具性交往课程设计为生活功能课程的组成部分。

综上可见，大家对生活功能的理解通常过于狭隘。其实，纵向看，生活功能的下限是培养孩子的自我服务能力，上限则是培养孩子服务他人的能力。横向看，生活功能课程还包括与孩子的人身安全、身体健康有密切关系的内容。

生活功能长期被家长忽视、轻视、藐视，家长不理解生活功能其实是孩子在各个社会环境中与他人建立融合关系的起点。有些家长误以为可以绕过生活功能教育、绕过生活融合去追求所谓更高级的游戏、友谊和情感融合，追求课业融合，其实到头来，大量孤独症孩子的园（校）融合最可能够得着的、最有实际成效的恰好是生活融合。更何况，一个孤独症孩子与家庭成员之间的相融状况，一家人的生活品质及相处状态，很大程度上依赖孤独症孩子自身的生活功能水平。

生活功能课程的主要特点：

第一，课程内容和孩子的生活、生存需求密切相关。通过生活功能教学直接教孩子解决问题，大多数孩子能够理解为什么要学习生活功能，因而孩子的参与动机相对较强，配合程度相对较好。

第二，生活功能的教学情景真实、具体、生动，孩子动手操作的体验增加，可以极大地丰富孩子的生活感知。

第三，生活功能课程为注意力、执行能力、模仿能力、计划能力等一般能力提供了理想的训练平台，将一般能力与生活功能的培养合二为一，可以降低康复成本，提高康复效率。

第四，生活功能课程的教学既要培养孩子的生活能力，同时，它又可承载各项社会功能的培养任务，比如自我意识、语言交流能力等，都可在生活功能课程中同步进行。不仅如此，生活功能课程同步也可负载认知教学的任务。

第五，生活功能课程的教学途径优选主题教学，同时根据教学需要可以采用课堂教学与随机教育，与主题教学互相补充。

第六，生活功能课程具有全覆盖的特点，无论孩子年龄大小、程度高低、能否进入普校就读，所有的孩子都需要在自己的基础上继续提升生活功能。生活功能提升的效果可以直接降低孩子对他人的辅助依赖程度。

第七，生活功能教学过程通俗易懂，是教师理解社会性教育、全面掌握社会融合教育操作最好的切入点。

第八，在生活功能课程上，孩子的能力往往提升最快、进步最大，最能给家长、教师和孩子本人带来强化和信心。

社会性教育特色课程：社会融合课程

如果说生活功能课程是打基础、平土地的工程，那么，社会融合课程则是助力孩子直接对接社会场所的支持课程和实践课程。它主要包括普教融合支持课程、社区社会活动与社会交往实践课程、工作能力准备及工作模拟／体验／实践课程等。

普教融合支持课程是以普通幼儿园和学校的生活、活动及学业要求为依据，以让更多的孤独症孩子进入幼儿园和学校融合为目的而专门设置的课程。另外，因孤独症学生的普教融合能力参差不齐，全日、半日等各种融合方式多样并存，除了普教就学以外，很多孤独症学生长期需要依托特教机构在一般能力、社会功能及学业提升上给予针对性的特殊补偿，因而，普教融合支持课程又分为普教融合预备课程与普教融合伴读课程。

在"上学，拼的就是社会性"这一客观要求下，普教融合支持课程围绕社会性教育的内容，结合普教融合的要求，再向下分化为各种具体的科目。

社区社会活动与社会交往实践课程是以社区内各种功能性社会场所为课堂，以各种场所中的功能性社会活动为内容，以提高孩子参与、从事社会活动的能力为目的而设置的课程,其中包括机构教师支持下的园(校)融合体验活动。社区社会活动教学直接对接真实的社会场所、社会活动,它不仅突破了形式化的桌面训练,还突破了封闭式的孤独症教学模式,突出了社会角色认知、社会规范遵守、社会交往应用等社会功能的培养和提升。

工作能力准备及工作模拟/体验/实践课程是为大龄孤独症学生设置的课程,以为孩子创造职业融合可能为目的,根据孩子的程度、特点,根据机构的现实条件,在政府、社会、家长的支持下,量力为孩子做职业能力准备,包括职业技能准备、社会认知及社会功能准备。教学内容、授课方式涉及职业角色认知、职业行为模拟、职业规范理解、职业成就体验等。例如,通过模拟工作过程,体验并理解老板、用户、工资、竞争、合作等的关系。

社会融合课程的主要特点:

第一,目的明确,功能明显。

不管是社会场所中的社会活动教学也好,工作过程模拟与体验教学也好,还是融合预备课程也罢,这类课程的目的很明确——为孩子的社会融合做准备。因而,课程所教、所学、所训、所练目标的功能性特点很明显,内容的功能性特点也很突出。

第二,教学过程真实,教学场所开放。

社会融合课程的教学环境、教学场所选择的基本原则是根据课程的教学需要来确定教学场所,也就是说对教学场所没有具体限定、限制,可在机构内外最大限度地开放教学环境。其目的就一个——尽可能做到场所真实、活动真实、过程真实,教具器材也最大限度地还原真实,尽可能避免虚拟情景、虚拟活动、虚拟人物关系、虚拟器材教具而人为增加孤独症孩子理解上的困难。

第三,教学内容综合,教学目标多元。

社会融合课程中的每类课程都综合了多种多样的社会功能。一方面,在社会融合课程中最能真实地反映出孩子多方面的社会功能;另一方面,社会融合课程又是所有社会功能培养的过程。比如,孩子对社会角色的认知如何,能否遵守社会行为规范,自我控制能力达到了什么程度,语言应用状况如何等,在社会融合课程中都能淋漓尽致地反映出来,而所有这些社会功能也都能在社会融合课程中得到培养。

与生活功能课程一样，社会融合课程同时也是一般能力、学科知识的教学及应用载体。比如，购物活动的过程是数学教学的过程，也是应用数学知识解决问题的过程。过马路是一种具体的社会功能，同时也是注意力培养的过程。

第四，教学途径因事制宜，教学难度因人调节。

社会融合课程不仅教学场所开放，而且教学途径、教学方式的选择也要视不同的教学内容而定，在主题教学、桌面教学、随机教学中灵活切换、联合使用。另外，社会融合课程内容的教学难度因孩子的年龄和程度可适时进行调节，例如，一个过马路的社会活动教学可以分解为由易到难的多个难度阶梯。

第五，对教师的责任与能力挑战较大。

这一特点由社会融合课程的上述特点衍生而来。胜任社会融合课程的教学，对教师本人的社会功能、思维能力、思维方式的要求相对较高。因为开放性的社会融合课程与封闭式的桌面教学不同，要保障孩子的安全，就要求教师有高度负责的职业责任意识，同时要有在真实的社会环境中照管孩子的实际本领，又要有处理突发情况的应变能力等。社会融合课程的教学效果和教师对社会性教育理解的深度、宽度有关，和教师驾驭主题教学、随机教学的能力有关，和教师能否融会贯通、灵活应用各种教学方法有关。社会融合课程要带领孩子走进各个社会融合场所，机构和教师就要竭力为孩子寻找、创建、对接各种社会融合资源，为孩子建设、维护各种社会关系，这又和机构、教师的社会活动能力、社会沟通能力有关。

总之，社会融合课程要打破机构封闭式、形式化桌面教学为主导的惯性，孤独症康复要打破长期以来"闭门造人"、避重就轻的惯性，这是对机构和教师从康复理念到教育意识、从教育意识到教育能力的挑战与考验。

社会融合支持课程：学科教育课程

学科教育课程是以提升孩子的社会功能、支持孩子社会融合为目的而设置的智力开发类课程，包括思维能力培养课程、功能语言开发课程、生活数学应用课程、自然和社会常识学习课程，可称为"大四科"。"大四科"要直接对接、直接支持、直接转化为孩子的社会功能，它是为孩子社会融合服务的"大四科"，而非脱离社会功能、脱离社会融合目标的"大四科"。

学科课程还包括音乐、美术及精细手工、体育运动课程，可称为"小三科"。"小三科"在综合性机构的原课程中通常占比较大，有的甚至超过一半。在专项类型的训练机构，比如专门做运动训练的机构，"小三科"中的一个内容甚至就是全部的课程了。"小三科"与"大四科"比较，其中有些具体的训练项目并非是典型的教育康复课程，它兼有医学"理疗"的色彩。因为包括孤独症在内的特殊儿童大多有大小动作不达标、感觉统合失调等现象，有些家长和教师找不到发展动作、训练感统与孤独症康复之间的关系，无意中放大了动作训练在孤独症康复中的意义，这是"小三科"在有些机构课程中占比超大的原因之一。从另一个角度看，"小三科"的教学过程基本和肢体动作关联，大多要使用器械、器材，其物质化、数量化的特征极其明显，便于教师操控训练过程。孩子个别动作暂时被"纠正"的反馈，更容易让家长收获暂时的满足感，这是家长和机构更钟情于"小三科"的又一个原因。

从孤独症的社会性康复角度看，"小三科"与孩子社会性康复的关系更为间接。如果说"大四科"针对的是孩子"头脑"的异常，"小三科"针对的则是孩子"手脚"的障碍。孤独症孩子的社会性"站"不起来，重在"头"而非"脚"，因而，尊重孤独症社会性康复的客观规律，那就要在机构社会融合教育操作课程中体现出"头重脚轻"。

总体看，"头""脚"比例失调的训练从效果上讲，对于孤独症孩子的康复得不偿失。

学科教育课程的主要特点：

第一，用智力支持孩子的社会融合。

社会融合教育课程中的学科教学，其目标只有一个——支撑孩子的社会功能，支持孩子的社会融合。社会融合教育之学科教学的三步操作是：第一步，学科教育要源于生活，也就是进入教学前为孩子做好生活感知的准备；第二步，通过课堂教学对生活感知进行加工；第三步，桌面上教的东西要回归社会生活，用到真实的社会生活中去解决问题。这可以简单概括为"从生活中来，到生活中去"。同样是教"数"的概念，社会融合教育不仅有独特的教学理念、教学方法，更有精准的教学目标——在生活中用学到的"数"去解决问题，这样才算提升孩子融入社会的能力。

第二，顺康复的理，成教学的章。

通常我们所说的孤独症康复机构，其性质大多数是教育康复机构，而非医疗康复机构，即便有些机构附加了医疗康复的某些业务，也不能改变其教育康复机构的性质。

既然走教育康复的道路，那就要遵循教育的科学规律。了解教育心理学、特殊教育学、不同学段教学方法及各类各门具体学科的体系，这是教育康复机构课程设置的依据和基础。但遗憾的是，长年以来，大多数机构对教育教学的理解不足以支持机构构建孤独症教育康复的课程，再加上先入为主的"方法中心论"，使机构对教学的理解肤浅、片面、零散，比如对教学内容、教学途径、教学方法长期界定不清，经常混为一谈，这从一些机构课程分类的混乱、矛盾状态上可见一斑。

社会融合教育的学科课程，其学科组成按照内容进行划分，教学实施按照途径进行归类，教学过程按照方法进行操作。在教学几个层面的分化与衔接上，课程既界定清晰，又关系紧密，要力争做到尊重教育教学规律，"顺康复的理，成教学的章"。

第三，走出"只见树木，不见森林"的思维。

一些机构教师对智力、思维、认知、知识，对教育、学科、教学、上课、课程等各概念之间的层次关系模糊不清，有时对课程内容难以界定，就笼统地用智能发展、认知训练等类似名称包罗各个学科。长期以来，因难以构建学科体系，老师不得不知道一点教一点，边学边教，如此则难免造成教学内容零散、碎片化，不但无法系统化，更无法做到学科之间有机组合、融会贯通。

绝大多数家长还没有认知体系化的概念，对认知的理解基本处于"只知其一，不知其二"的状态。由于无法鉴别教师的认知教学是否科学，更无法提出对应自己孩子的认知教学内容及难度，很容易出现孩子的认知训练长期停留在某些片段上循环不前的现象，而对于至关重要的智力教育内容，比如有计划、系统的思维能力培养、社会认知教学等，有些孩子一直都处于空白状态。

例如，每个孤独症孩子都在上语言课，但因为欠缺科学、完整的语言康复概念，导致家长在语言训练上"只见树木，不见森林"的情况比比皆是。拿"抠音"来说，这是很多家长耗时、耗力、耗资最多的训练，殊不知，语言是以发音为基础，以语义为内容，以人际交往为目的的沟通工具。"语言"如同一个复杂的基因链，"抠音"只是在修复语言基因链上一个小小的片段，有了语音只能说孩子有了"说话"的可能性，但是，距离真正的功能性语言交往还相差很远。放大语音修复这一个小片段，甚至以为语音等于语言，下大功夫抠了音，却没有下更大的功夫去教孩子使用语音进行功能性交往，其最终的结果是，虽然孩子能发出清楚的语音，但并没有掌握实用性的、功能性的人际沟通语言，孩子的社会融合之路依然寸步难行。

机构"孤独症社会融合教育"的学科课程努力克服传统认知训练的零散、碎片化的弊端，尽可能为教师、家长呈现各个学科的完整体系，"既见树木，又见森林"，让家长和教师都能对机构的认知课程教学心中有数。

第四，"头"在上，"脚"在下；"头"要重，"脚"要轻。

社会融合教育学科课程突出思维能力培养的特殊意义，合理解决思维能力培养与语言教学、数学教育、自然和社会常识等具体学科的关系。也就是说，课程以具体学科为思维能力培养的载体，把思维放在每个具体学科中教。反过来，思维能力的发展、解决问题能力的提升，又是具体学科教学的最终目标。

如前所述，社会融合教育的学科课程根据其在孤独症社会性康复中的不同作用，按照"主要矛盾主要抓，重点学科重点教"的原则，协调处理"大四科"与"小三科"的比例，其着力点应当放在对孤独症孩子康复起最大作用的主要学科上，即"头"要重，"脚"要轻；"头"在上，"脚"在下。

有些机构由于生员数量有限，造成机构对孩子的类型、程度暂时不能做到准确分化，不但"混龄"普遍，"混型"也很常见。对于不同年龄和程度的学生，各学科课程的教学深度和宽度、"大四科"与"小三科"的比例搭配需因人而异。比如，对于小龄孤独症儿童，特别是处于婴儿期的孤独症儿童，大小动作训练对孩子大脑发展的积极意义要大于学龄儿童，因而，对于这一年龄段的孩子来说，小大动作训练占比可适当高于大龄孩子。但是，动作训练做得再多、做得再好，其功效也不能取代思维、语言等学科的作用和意义。

通过多年实践与检验，纵观机构"孤独症社会融合教育"课程，我们为机构社会融合教育落地实施找到了着陆点。

机构"孤独症社会融合教育"通人情、接地气、可操作、讲科学！它既非舶来，也非模仿，它是中国的特教老师们立足中华文化的厚土，带着对中国孤独症孩子高度负责的职业情怀，为国为家、勇于批判、大胆尝试、锲而不舍地对孤独症康复真理追求与探索的结果！

实施"孤独症社会融合教育"操作的其他重要问题

机构"孤独症社会融合教育"操作课程的实施可能遇到很多问题。比如,怎样处理各类课程之间的关系,怎样进行课程的组合搭配,教学效果如何评价,机构教师从哪里来,怎样让教师尽快胜任社会融合教育的教学工作,怎样让家长参与、支持、配合社会融合教育的课程实施,等等。这些问题也许会成为机构"孤独症社会融合教育"操作暂时的困难,但是,只要"一切为了孩子"的初心不改,没有什么可以阻止中国的特教老师们追求真理的脚步!

○ 课程关系问题

第一,在机构社会融合教育课程体系中,生活功能课程、社会融合课程、学科教育课程呈三足鼎立之态。对于孤独症孩子的社会性康复来说,每类课程都有自己特定的教学内容界定,每类课程都有其他课程不能取代的作用。三类课程之间互相支持、互相补充、互相渗透,它们从不同的角度、不同的层面直接、间接助力孩子提升社会功能,共同指向促进孤独症孩子社会融合的目标。

第二,生活功能课程、社会融合课程、学科教育课程,每一类课程都可覆盖不同年龄、不同程度的孤独症患者及其他特殊儿童,机构可以根据自己的环境条件、师资状况、学生的特殊性等具体因素,因地制宜、因时制宜、因人制宜地进行课程的搭配组合。

第三，生活功能课程、社会融合课程、学科教育课程，每一类课程、每一个内容、每一个课题的操作都需要做出教学设计，写出教学执行计划、教案等。特别提示，对于孤独症孩子的社会性康复之需，三类课程的教学都可以且需要常态化，要避免心血来潮后想起来才做一下，避免随意对待生活功能教学、社区社会活动教学、职业能力体验教学。

第四，孤独症孩子的学习需要高频重复，因而，三类课程的每一具体的内容都可循环教学，但同一课题要呈螺旋式上升的走向，既要在宽度上滚动拓展，又要在难度上循环提升，不能因教师的能力水平限制造成孩子长时间原地踏步。

第五，生活功能课程、社会融合课程、学科教育课程，每一类课程中的绝大多数内容都可以采用集体教学、小组教学或一对一教学，有条件的情况下，也可采用一对多教学。到底是一对一个训，还是上集体课，师生比的教学形式是次要的，更重要的是教学内容和教学目标。同一个内容可以采用多种教学形式组合，并在多种形式中适时切换。另外，"一对一"的含义，不仅是一对一的师生比，更重要的是一对一个别化的教学难度要求，一对一个别化的教学方法应用，一对一个别化的教学问题处理。能在集体教学中真正做到因人施教，比没有因人施教的一对一的个训形式更为有效。

○ 教学评估问题

家长接触的第一个评估就是"孤独症诊断评估"，其后，家长还会不断给孩子做"评估"。这些评估多数是用于测量孩子的障碍程度，衡量孤独症孩子与普通孩子之间的差距。机构"孤独症社会融合教育"操作的初始评估是为了判断孩子的社会功能、一般能力及思维发展的状况，以此作为确定教学内容及教学难度的依据。教学评估更是检验教学质量，特别是衡量孩子社会性康复效果的重要标尺。

评估本是机构康复工作不可或缺的组成部分，但是，科学的评估要求机构理解并回答为什么评估、评估什么和怎样评估三个基本问题。也就是说，但凡进行评估，就要处理好评估目的与评估内容之间的关系，处理好评估内容与评估方法、评估工具之间的关系。

长期以来，部分机构没有独立研究并实施孤独症康复教育评估的能力，甚至对于业内习以为常的评估工具（评估量表）、评估操作的过程、评估数据的分析等做得是否严谨、科学缺乏自主判断能力。就是在这种情况下，我们看到：一方面是家长认为机构评估具有专业性，甚至内心对评估的认知产生了或多或少的神秘感、依赖感，评估分数对家长的心理影响更是不可小视；另一方面则是部分机构从评估理念到评估内容，再到评估工具、评估过程，大多是在"拿来主义"的前提下模仿复制，甚至照搬照抄，评估操作中一知半解、漏洞层出的现象不为少见。特别是有些评估得出来的数据看似精确，但评估人员对评估数据的解释、给家长提出的康复指导直接就把家长导向了形式训练的歧途，不能不说，这是非常令人遗憾的。

为什么要做评估，评估哪些具体项目，评估的过程如何，怎样去分析评估的结果，等等，有关评估的一系列操作，其源头都在于我们对孤独症真相、孤独症康复真相认知的精准程度、深刻程度。

在社会性教育理念指导下，机构"孤独症社会融合教育"操作的评估，其作用是了解孩子的社会性发展状况，根据孩子的社会性发展状况进行分班教学，找准孩子社会融合教育的起始线（基点线），设定阶段性的教学目标，并做好教学的难度分解。

机构应该怎样检验教学的效果呢？教学效果评估就是其中的一个手段。机构教学效果评估操作至少应该有几个角度：第一，教学计划完成情况及孩子在课堂上的表现评估；第二，脱离机构环境，孩子在社会生活中解决问题能力的变化评估；第三，在家庭生活中，家长及家庭成员对孩子表现出来的某些或者整体状况的直观感受或变化情况的描述性评价。

教学效果评估是对前一段教学的检查，也为后一阶段教学内容、教学难度、教学方法的补充、修订、完善、提升提供依据。机构"孤独症社会融合教育"教学效果的评估与教学内容密切关联，本着"教什么评什么，评什么教什么"的评教关系，其侧重点在于评估孩子的社会功能、思维能力与一般能力三大领域。

机构"孤独症社会融合教育"教学评估的两个特殊性：

第一，评估不受评估工具的局限。可以借助量表，但不迷信量表。评估的准确性不完全在于量表和数据的精细度，更重要的是我们评估的项目是否科学，我们对评估结果的分析是否准确。评估不是告知家长一个分数，而重在告知家长"为什么"，告诉家长生活中应该"怎么办"。如果评估从方向上就偏了，再精确的数据和计算，对于帮助我们认知孤独症孩子，特别是对于帮助我们做好孤独症康复来说，其作用也是需要重新考虑的。

第二，评估不能光看孩子在机构中、教室里、桌面上、评估室的表现。孤独症的康复教育，其目标是促进孩子走进社会。我们要从孩子家庭融合、社区融合、幼儿园和学校融合的反馈中检验我们的康复效果，否则，评估的分数并不能反映出孩子社会融合的能力，评估分数的实际意义也就值得商榷了。

○ 家长配合问题

机构说"我们想做社会性教育，但家长不需要做社会性教育的机构"，家长说"在我的周边，我找不到做社会性教育的机构，没有办法，我只好自己办了一个机构做社会性教育"。在社会性教育面前，机构和家长到底是什么关系呢？

"社会融合教育"才是对接普校融合的必修课程

近年来，一方面是越来越多的家长盼望、渴求机构能够为孩子提供社会性（社会功能）的康复服务，这样不但可以分担家长在家庭中独立承担社会性教育的负担，而且，如果机构能提升孩子的社会性（社会功能），当然要比教孩子越来越贬值的"形式技能"、教孩子不能用于解决问题的"刻板知识"更有意义、更有价值。唯有社会功能的提升才能降低孩子对家长辅助依赖的程度，减轻孩子融入社会环境特别是入园、上学遭遇的排斥、压力和困难。

经过社会性教育的普及，越来越多的家长也不再追随形式训练。孤独症孩子需要长期、持续的康复教育，孤独症康复的真相就是赋予孩子社会功能。随着真相被层层揭开，在很多家长的头脑中"教了知识就能上学"的梦想、"6岁就能治愈"的神话已经不复存在，家长越来越渴求愿做、能做、会做社会性教育的机构。

进入学龄期，孤独症孩子与家庭都面临着一个重要的转折——走出机构以后，接下来孩子要去哪里？孩子该去哪里？孩子能去哪里？很多家庭选择的过程充满了艰辛，甚至痛苦。直到孩子普校就读受阻，很多家长方才醒悟——早期康复时有没有教社会性，孩子有没有社会功能，其思维理解、解决问题的能力如何，决定了孩子学龄期的分流去向。很多家长已经意识到学前缺少社会性教育的重大损失。"上学，拼的就是社会性"——机构社会性教育越来越成为孤独症儿童对接普校教育的必修课程。

"有地方去，有事情做，有人教"才是孤独症孩子的终身大事

为数众多的没有进入普教融合的孩子，他们学龄期将去哪里，又如何度过呢？这是更多家庭、更多家长需要解决的问题。

其实，不管孩子年龄大小、程度如何，每一个孤独症家庭的家长始终在为孩子做三件事：第一件，让孩子有合适的地方可去；第二件，让孩子有适合的事情可做；第三件，找懂得孤独症教育的教师去教孩子。简单说，就是为孩子解决"有地方去，有事情做，有人教"三件事。三个条件，任何一个不到位，都会让家长深感无助，甚至陷入矛盾与煎熬之中。即便是进入普校就读的孩子，家长往往也会在"三缺一"，甚至"三缺二"中纠结不已，进退两难——进，步履维艰；退，心有不甘！

那么，机构能否成为学龄孤独症儿童持续康复的选择之一呢？如果我们明白了"6岁就能治愈"的神话并不存在，如果我们接受了孤独症的康复其实是一场持久战，那么，显然学龄期并不是康复的终点，它仍是康复历程的继续——普通孩子尚且要"十年树木，百年树人"，更何况孤独症孩子呢！如此一来，学龄期的孤独症孩子应在何种场所、去何种地方继续他们的康复教育呢？可以接受学龄孤独症孩子的教育环境很多，但是满足孤独症孩子"有地方去，有事情做，有人教"这三个条件一个都不少的学龄孤独症儿童社会性教育场所，又是非常难得的。

学龄期孩子的孤独症康复训练，在其小龄阶段更要突出社会性（社会功能）教育。孩子需要接触更丰富的社会环境，从事更多样的社会活动；孩子需要具有更高级、更复杂的自我服务、服务他人的功能；孩子需要接受更高难度的社会认知教育，需要理解更为复杂的人际交往规则；孩子的社会行为能力、自我控制能力需要上升一个新的台阶，孩子的情绪调节功能需要持续不断地改善；孩子的语言表达要更加功能化，做事的独立性、自主性、计划性等还有很大的提升空间；孩子最需要学习的是通过思维理解能力，把学会的各种知识用到生活中去解决实际问题……只有学龄期进行持续不断的社会性教育，才能将学前康复的成效保留、巩固下来，并让孩子向着"社会人"的方向持续发展。

进入学龄期，可能大量的孩子上学会遭遇挫折，但这并不是"继续康复"与"索性放弃"的分水岭。如果因为孩子难以进入普校就读就从此放弃对孩子的社会性教育支持，那么，我们将自食社会性退化给孩子、家庭及社会带来的不幸之果。

其实，学龄期放弃康复的家长并非自甘如此。究其原因，很多家庭是因为早期大量投入在形式训练上，希望孩子学龄期能够回归主流，但是，上学受挫的现实让家长看不到孩子"康复"的希望。随着孩子逐渐长大，家长对机构的失望感与日俱增，在家长看来，传统机构对于学龄儿童的孤独症康复已经失去了价值。

孩子进入学龄期，发现其社会功能难以与社会融合的要求进行对接，很多家长需要反思早期康复训练失误在哪里。更为重要的是，接下来学龄期的孩子又该去哪里呢？这个时候，大多数家长就困在了孩子"没有合适的地方去，没有适合的事情做，没有懂得孤独症的老师教"上。显然，不做社会性教育改革，传统机构的训练课程无法满足学龄孤独症孩子社会性持续康复的需要。

现实一方面是孤独症孩子需要持续的社会性教育支持，另一方面是机构对学龄孤独症孩子的康复教育越来越无计可施。甄老师工作室"社会性教育实验基地"正是从持续支持孤独症孩子社会融合的目标出发，从满足孤独症孩子持续社会性康复的需要出发，经过长达10年的研究与探索，创建了可以面向任何年龄段的孤独症儿童的机构"孤独症社会融合教育"操作课程。机构如果有社会性教育的理念，有社会性教育的思路，更有社会性教育的勇气，再加上实实在在的社会性教育课程，为孤独症孩子解决"有地方去，有事情做，有人教"的需求，这正是家庭、家长和孩子的需要！

"社会融合教育"才是家长培训的首要课程

我们再换一个角度看机构和家长的关系。是家长走在机构前面去推动机构做社会性教育，还是机构走在家长前面去引导家长配合、支持机构实施社会性教育呢？是家长想要什么，机构就迎合家长让孤独症孩子训练什么，还是孤独症孩子社会融合需要什么，机构就引领家长去教孩子什么呢？毫无疑问，家长是购买机构服务的终端用户，怎样理解、怎么处理机构和家长的关系，是每个机构必须回答的一道考题。

机构有两个最基本的服务对象，一是直接服务于孩子，另一个就是家长了。几乎每个机构都有对家长的培训指导，只不过形式不同、内容不同、在机构课程中占比不同。还有的组织专门做家长培训、家长指导业务，特别是近10年，网络的发展使家长培训的普及程度前所未有。

得病的明明是孩子，为什么机构或多或少都在做家长培训和指导呢？因为每个机构、每个老师都知道，在孩子孤独症的康复过程中，需要家长的理解、参与、配合、支持。一方面，家长的作用如此重要，另一方面，机构又认为家长缺少孤独症康复的专业知识，必须经过机构培训后才能变得"专业"，就连家长自己也认为自己不如机构老师专业，孩子要送到机构让老师去教，自己也要跟着机构培训去学，这就是孤独症家长培训普及程度高的原因之一。

家长培训构成了孤独症康复市场的重要组成部分，市场法则同样主导了最该"说真话""讲科学"的孤独症家长培训。毫无疑问，家长的"专业提升"多是通过机构培训获得的，这就定位了机构和家长的关系——是机构在引领着家长走向专业化。那么，机构把家长往哪里领呢？是往形式训练上领，还是向社会性教育上领呢？这就是机构需要做的选择题。

在早期康复训练阶段，大多数家长在机构面前是被动方，也就是说，这不是家长做不做社会性教育的问题，而是作为主动方的机构有没有意愿去引领家长做社会性教育的问题。家长培训最该给家长讲些什么呢？大多数机构讲得最多的是方法、是操作，让家长误以为孤独症康复的要害、关键系于操作方法，方法学多了、操作学会了，孤独症的问题就解决了。而家长最需要的对"孤独症真相"的认知、对"孤独症康复真相"的了解、对孤独症孩子终身康复目标和康复方向的把握等，在家长培训中反而常常是缺失的。

如果我们把方法和操作放大到超过真相解析、超过理念矫正、超过目标确认的地步，我们又怎么能够让家长理解、支持、配合机构去做社会性教育呢？我们又怎么能够反过来怪家长不理解、不支持机构社会性教育课程的实施呢？很多迷途上的家长，正是在彻底了解了社会性教育之后，才由衷地感慨："社会性，这就是我要找的！这才是我最需要的！"

萃取中西文化的精华，做出中国自信的康复

孤独症社会性教育从孕育之日起，就遗传了中华文化的优秀基因，且融合了西方教育的经典瑰宝，抱着为国、为民、为家、为孩子的家国情怀，历经千锤百炼，形成了"说真话，讲科学，凭良心，为孩子"的孤独症康复核心价值观。

当孤独症家长走进社会性教育之后，社会性教育给家庭、给孩子带来的是什么呢？

○ "社会性，让我始料未及"[1]

原以为这不过是一次普通的学习之旅，就如我之前参加过的所有培训一样，哪知道这次给我儿子的康复以至于为我人生带来的变化，让我始料未及。

去美国求"道"，还是学社会性

想起来，来到这个专题班之前，对于孤独症康复的"道"与"术"，我是本末倒置的。更可怕的是，自己对这个错误并没有什么察觉，而且一直在朝错误的方向"努力"。

为了孩子，我勤奋地努力过。只要听说哪里有好的方法，不远千里，我

---

[1] 本文2020年7月发表于"甄老师工作室"微信公众号，作者为甄老师工作室"社会功能操作指导专题班"学员天天妈妈（化名）。

都要去学,甚至已准备跑到美国去学。训练时,哪怕孩子晚上课一分钟,我都觉得是在浪费孩子的生命;只要孩子放松一刻,我就开始懊悔、自责。可是操作起来,我经常因为自己不得要领而无法把学过的理念落地,孩子也常不配合,这时常让我感到挫败。孩子情绪爆发时,我总是困惑于是要忽略还是要去哄一哄孩子。如果我忍不住去哄孩子了,是不是强化了孩子乱发脾气的行为?我每天都要尽力调控自己冲突、矛盾、焦虑、挫败的情绪,特别是"孩子大了该怎么办"的问题经常让我从睡梦中惊醒,我却想不出来这到底是哪里出了问题!

来到甄老师的社会功能班,听到"甄言甄语",方才醒悟自己一直犯的错误是什么——我错就错在对孤独症的核心和本质没有深刻的认知,没有将发展孩子的社会性作为康复目标,仿佛无头苍蝇般在各种"术"的层面上撞来撞去,未能尊重孩子的身心发展规律,在错误的康复逻辑上越走越远。

悟得康复之"道",我只要心中时刻有社会性康复的目标,什么方法都是可以使用的。找着了孤独症康复之"道",我的心也定了,决心踏踏实实学社会性,改变了去美国的想法。

我学会了在生活中的每时每刻抓教学点,有了把坏事变成好事的能力。比如,疫情其实也是十分难遇的教育机会,我可以教孩子怎样戴口罩,为什么要戴口罩,外出回家时如何消毒、洗手……孩子情绪爆发时,我可以教他理解为什么会生气,遇到问题怎么解决……我不再困惑于各种方法的冲突,我不再焦虑于时间流逝的煎熬,不再于睡梦中被"孩子大了到哪里去"的问题缠身。因为我知道,只要心中装着社会性,教育训练便可无时不在、无处不在,何时何处我都可有所作为。

不管黑猫白猫,抓到老鼠就是好猫

坊间传言对甄老师提出的社会性教育康复有多种误解,"社会性教育空有理念没有方法""社会性教育是排斥'ABA'的""社会性教育和我之前学的东西有很多冲突的地方"……大部分家长的问题是"甄老师的书我读了,课我也听了,就是做不出来"。

甄老师在之前出版的图书以及举办的讲座、网络课堂中确实少有写到或讲到具体的操作步骤,本来用意是在有限的时间内教给我们最有用的东西,即孤独症康复之"道"。然而,作为新手家长,没有与孤独症孩子长时间相处的经验,加之小年龄段孩子的孤独症症状并不特别凸显、并不特别影响生活,这个时候,能够静心悟"道"者又有几何呢?于是大家都是直接奔"术"而去,在各种"术"层出不穷的康复"江湖",今天飞北京、明天去上海、后天到南京,只因为听说那里介绍了国际最先进的方法,对孩子会有很大的帮助。

当我第一次接触社会性教育体系的时候,我看到了兼容并蓄、海纳百川的胸怀,这才是真正没有门户之见的一个完整的康复体系!在康复的具体方法上,比起那些相互攻讦、各持己见、互不相容的观点,社会性康复教育在操作方法的选择上秉承"不管黑猫白猫,抓到老鼠就是好猫"的原则,其精妙之处让人惊叹!不管孩子出现什么状况,社会性教育总能生成一套"教什么、怎么教、在哪里教、用什么方法教"的差异化的解决方案!

课程即将结束时,甄老师引领我们再次回看社会性康复教育体系,我又一次深刻感知到社会性发展对于所有方法的统率作用!在社会性康复三级目标的统御下,各种方法之间不再互相冲突、不再互相打架,它们可以相互协作、融会贯通,仿佛千军万马在明确的目标下,才会能征善战,攻下一个又一个壁垒与难关……

生活是艘"航空母舰"

没学社会性教育之前,和大部分家长一样,我最焦虑的就是害怕孩子"放空"。经常重复的场景就是我早上手忙脚乱催孩子起来,甚至还要"威逼利诱"我七八岁的孩子吃完饭赶紧去机构训练。我时时刻刻都在犯的错误就是"训练都让孩子做了,日子都让家长过了"。各种教具、书籍堆满了屋子,我恨不得随时把孩子提溜过来读卡片、认数字。

走进社会性教育之后,我才深刻地明白了"目标是岸,生活是船"。生活还不是普通的船,生活是一艘"航空母舰",我们所有想要教的课题、所有想要使用的教材,其实就在生活之中。只是我们之前缺少聪明灵活的头脑,缺少锅碗瓢盆皆可为教具的境界。即使最基本的生活元素——生活自理，它也既可以承载自我意识、人际交往等高级功能，又可以承载思维能力、社会认知、学科知识。

社会性教育给了我一双慧眼，让我知道了在生活中可以有所作为，且大有可为。我不再纠结于孩子课堂教学的表现，如果孩子课堂教学情况不佳，我可以通过主题教学、随机教学这两种教学途径来弥补，并且发挥出它们最大的优势。我不再市面上一出现新的孤独症儿童教育的书就抢先购买，因为生活之中随处都是鲜活的事例和教材，我只要带着孩子去感知和体验……

只有坚持才有希望

都说"蜀道之难，难于上青天"，而孤独症康复之路更加艰难。社会性康复掺不得半点假，有没有在家教孩子、下了多大功夫教孩子，一段时间以后总能在孩子身上体现出来，家长坚持的精神和教育能力便高下立判。

孩子的康复由内因和外因决定，内因为主、外因为辅，内外因共同决定了孩子的康复效果。不知道有多少家庭正在经历和我们一样的苦楚：我们的孩子，大部分学习速度很慢，我们只能把外因发挥到极致，以求对得起自己的内心。然而有多少人在孩子进展缓慢的时候，能够不被心中的失望、焦虑所压垮，不陷入"习得性无助"的泥淖，不自暴自弃呢？

孤独症的康复是与天斗，终其一生无有尽时。即使知道了残酷的关于孤独症的真相，我们仍然选择战斗，不当逃兵！

不是因为有希望才坚持，而是坚持了才会有希望。

○ "上学，拼的就是社会性"[①]

孤立无援、进退两难的融合

说起"融合""上学"，讨论热度很高。

[①] 本文 2021 年 10 月发表于"ALSOLIFE 孤独症"微信公众号，作者甄岳来。甄岳来老师主讲的"孤独症社会性教育基础课程""孤独症思维培养入门课程""学校融合全攻略课程"均发布于微信小程序"ALSOLIFE 课堂"。

对"融合"的解读，圈内一直有各种各样的偏差。最极端的是——

- 以为只要孩子能上学，就意味着孩子好了，康复训练就结束了。
- 认为能不能去上学看孩子本身，孩子程度好就能上学，上不了学是因为孩子程度太差了。
- 学前和孩子死磕桌面训练，以为知识教足了、技能教够了就能上学，反而忽略了孩子的社会性教育。
- 有的家长一旦发现孩子上不了学，就认为反正也没指望了，便不再投入时间、金钱在孩子的康复上。
- 几乎所有的小龄段孤独症孩子家长都把孩子是否能进幼儿园，特别是能否上学看成早期康复是否成功的"金标准"。

……

在孩子进行早期训练时，社会给予我们的帮助似乎很多，多到让我们眼花缭乱，而孩子和我们自己的真正困境其实是在上学之后。虽然融合政策在完善，资源教室也越来越普遍，但是，煎熬和考验仍然充满孩子上学的过程。

上学之后，孩子和家长都需要比早期训练更多的实实在在的社会支持，但是相反，融合资源（上学目标确定、融合思路构建、具体问题处理、辅助教师资源、学校接纳环境等）的匮乏，让很多家长陷入了孤立无援、进退两难的境地。

融合，你困在了哪里

上学的难题有哪些呢？

- 决策困难：家长在关乎孩子上学问题的重大决策上会遇到困难。比如，进普校还是特校，在普校是正常就读还是随班就读等。
- 选择困难：家长为了孩子上学需要做出各种选择时，感到不知所措。比如，要不要陪读，是否给孩子办理残疾证等。
- 辅助困难：家长在辅助孩子上学的能力上多有欠缺。比如，不知道怎么辅导孩子做作业，孩子出现扰乱课堂的行为时无法应对等。
- 经验不足：家长在帮助孩子解决上学遇到的各种障碍的操作方法上储

备不足。比如，如何处理孩子和同学、老师之间的关系，当孩子和其他同学发生矛盾时如何处理等。

……

当然，家长所遇到的问题不仅是上面这几条。可以说，每个上学的孩子背后都有在痛苦、纠结、矛盾中坚持的家长。怎样才能帮助家长支持孩子成功融合呢？由于理念的差异，大家给出的"招数"各不相同。

如果问我融合的秘诀是什么，实话实说：离开社会性教育，一个孤独症孩子绝不可能走进学校，更不可能将上学进行到底；离开社会性教育，没有社会化的思维方式，无论哪个家长都不可能具备支持孩子融合到底的能力和心态。

说白了，融合，拼的就是家长和孩子的社会性！

上学，拼的就是家长和孩子的社会性

上学，为什么非进行社会性教育不可呢？这里，解答几个家长面临的难题。

问题一：随班就读还是正常就读？

孩子目前上三年级，眼看着学业就跟不上了，老师希望我们办理随班就读。怎么考量是让给孩子办理随班就读还是正常就读呢？

甄老师说：大多数孤独症孩子学业会跟不上，因而，很多家长也就面临着这样的选择。其实，只要学会辩证思维，答案自然就有了。

第一，家长要了解不同就读方式的相同点和不同点，特别是不同点在哪里。

第二，比较两种就读方式。不管是正常就读还是随班就读，都各有利弊。做任何一种选择，我们取了它的利，同时也要接受它的弊。利弊都有怎么选？思维黄金线上有一个环节，叫"比较"。操作很简单，将每种就读方式的利弊都列出来比。

第三，选择。比较之后，我们自然会找到利大于弊的那一种，这就是答案。

这里要特别强调的是，虽然比较和选择的步骤是相同的，但是，孩子不同、家长不同，同一种就读方式对张三和李四而言，利弊不一定是相同的。所以，要具体孩子具体分析。比如，如果孩子学业落后不严重，还有潜力可挖，如果家长的学业辅助能力较强，陪伴孩子的时间也足够，抑或如果校方足够宽容，即便学业跟不上，正常就读也是可行的。反过来，如果这几个条件大多数不具备，那么，随班就读可能更适合孩子和家长。

要说明的是，全程康复也好，上学阶段也罢，社会性教育从来都是把孩子和家长放在一起综合评分的。所以，家长要从孩子和自己两个方面考虑后做出选择。

问题二：必不可少的融合技能有哪些？

要提前多久开始准备融合需要的技能？哪些技能是最重要的？

甄老师说：技能差的孩子可以留在学校，而功能差的孩子就未必了。所以，上学，拼的是孩子和家长的社会性！

家长要了解，上学就是让孤独症孩子融入同龄人的真实社会环境，想不被"淹死"，那就要习"水性"。在学校之"水"中，孩子要生存下去，需要"习"哪些"水性"呢？

第一，起码的社会认知。

比如：认识学校、班级是什么样的社会场所，学校和其他社会场所有什么不同，学校里的社会成员都有谁，这些社会成员之间是什么关系；自己在学校、班级中是什么角色；学校的生活、活动、课程的形式和内容有哪些，每种活动的规则、规范是什么；同学之间、师生之间怎样交往；在学校里自己可以做什么，不能做什么；等等。

第二，基本的社会行为。

社会认知的目的是帮助孩子调节、控制好自己的社会行为，做环境允许、不妨碍他人且符合自己角色的事情。比如，自我服务、解决自己生理需求的行为，不扰乱班级课堂的行为，不去攻击他人的行为，等等。

第三，高级的社会心理。

归属、自尊、荣誉感等，在这种高级社会性动机的驱动下，孩子才可能做到对自己行为的控制和调节，才可能有克服困难的行为、参加比赛的行为、正常的同学交往行为，才可能有更多主动、自觉的社会参照、社会模仿行为。

上学，我们优先需要给孩子准备什么呢？

- 请家长为孩子准备在学校里自己解决实际问题的意识。
- 请家长为孩子准备在校生存下去需要的各种社会功能。

但凡准备让孩子上学，家长和老师思路必须特别清晰——学校这个社会环境下需要什么，我们的学前准备、家庭教育、机构康复就要为孩子准备什么。即使如此，咱们的孩子都存在着融入学校的困难，如果我们没有这个意识，再不侧重社会功能的培养，上学也许只能是我们的梦想了。

什么是功能，什么是技能呢？功能是用来解决问题的，功能中要用到技能，但是，并不是所有的家长和老师都能明确地将孩子具备的技能向功能转化。孩子上学，最重要的是功能准备，千万不能只做技能准备。

技能差的孩子可以留在学校，而功能差的孩子就未必了。所以，上学，拼的是孩子和家长的社会性！

问题三：被欺负了怎么办？

我家孩子属于高功能，学业不用担心，但随着年级升高，孩子在班级被孤立的现象比较明显。孩子几乎没有朋友，有时被欺负了或嘲笑了，对他的情绪影响比较大，导致他有点自卑，但班级的大环境又很难改善，怎么办？

孩子在学校受欺负了怎么办？如何保护孩子？孩子有时候受欺负，他不明白为什么，家长怎么跟孩子解释呢？

甄老师说：我们做的"交往"训练往往和孩子进入社会遭遇的真实"交往"脱节，而且，我们特别喜欢在虚拟情景中教"交往"，这是值得反思的。

歧视、欺负，这就是残酷、真实又客观存在的人与人之间的关系。只要融入社会，只要脱离了特殊环境（保护），比如家庭、机构，哪怕智商再高的孤独症孩子，都面临遭遇歧视、欺负、边缘化的处境，社会性差的孩子更是在劫难逃。

正是从这一真相出发，社会性教育中交往功能培养的重点首先不是教游戏、友谊、分享等，识别他人歧视、规避同学欺负、适时自我保护，这才是孩子在校人际交往的底线。

社会性教育的精髓恰好是一切从解决问题的需要出发。

第一，孩子识别什么叫欺负，从识别最简单的动手动脚开始，直到识别高难度的眼神、语言和态度歧视。

第二，教孩子知道怎样逃避欺负，比如主动躲开，尽可能待在老师身边等。

第三，教孩子有功能的语言，比如转述、告状，搭出从易到难的阶梯，一步一步地教学，及时了解孩子的处境。

第四，鼓励且必要时辅助孩子自卫，比如动手反击。

家长提到"孩子在集体中被孤立，没有朋友"，这个问题我在书上，在线上、线下功能专题课中都讲过，这就是孩子融入社会后境况的真相。孩子确诊为孤独症以后，家长有一个重要的任务就是了解真相！早期康复时，我们内心本能地回避真相、自欺欺人、不愿面对，期待着拉平孩子的交往能力、学业水平，但是真相就是真相，进入学校之后，孩子的状态早晚会为我们揭开真相！

孩子被同学欺负后有自卑情绪，但班级情况又很难改善，怎么办？

应该说孩子的反应是正常的。机构早期训练的特点是机构适应孩子，上学后反过来，是孩子要适应班级、学校。

家长能否改变大环境呢？这要拼家长自己的社会性了。社会性教育一直强调水涨船高的关系，家长的社会性不同，为孩子创设、打造、维系班级环境的能力不一样，孩子融合的环境、过程、结果就不相同。但是，不管怎么说，上学需要孩子适应学校、适应班级，这是上学的主色调。

孩子的问题怎么解决？

社会性教育的做法是从学前开始，在生活自理的过程中同步承载孩子的自我意识和思维方式的培养。比如，做饭、吃饭的过程，教的是人与人比较，让孩子理解口味、习惯各不相同的道理；穿衣服、叠被子，教的是新与旧、大与小、薄与厚等具有相对性的思维方式。其实，这是在为孩子的自我认知、自我接纳做准备。

我想和家长说，我们能改变的除了环境，还有我们自己和孩子的思维方式。社会性教育做的是提高家长和孩子的社会性！因为，上学，拼的就是社会性！

融合与社会性教育的对接

融合，其本质讲的是孤独症孩子与社会的关系。孩子凭什么去和社会融合呢？当然首先是凭孩子的社会功能！

让孩子在自己原有的基础上，实现与社会不同程度的融合，这就是社会性教育的终极目标。学校是孤独症孩子与社会融合的场所之一，上学是孤独症儿童学习与社会融合的一个过程。

上学并不等于融合的全部，那么上学的价值到底是什么呢？

- 不管任何时候，我们要做的只有三件事：让孩子有地方去，有事情做，有人教。
- 上学对孩子社会性的挑战非常大。经过上学洗礼的孩子，才有可能达到与社会融合的最好状态。
- 目前，更多的孩子不能上学。那么，社会性教育中的融合，除了幼儿园和学校融合，还应包括家庭融合、社区融合、机构融合等。

孩子、家长、家庭千差万别，是否上学，在哪儿上学，怎样上学，上多长时间学，等等，每个家长都要根据自己和孩子的综合评分，实事求是，具体家庭具体分析，具体孩子具体安排。适合才是最好的。

○ 萃取中西文化的精华，做出中国自信的康复

记忆中的名字

多年来，中国孤独症康复机构中一直不乏有识之士。他们带着康复机构的责任与使命，为家长创设结缘社会性教育的机会，不计其数的家长正是通过康复机构及其他社会组织，第一次听到社会性教育的声音。有些虽然已经岁月久远，但在家长的记忆里，仍然留下了他们的名字（以下使用的是康复机构的简称）：

北京"星星雨"，北京"展望"，天津"助梦"，唐山"世纪星"，石家庄"丛恩"，廊坊"复聪"，成都"爱慧"，绵阳"小手掌"，广元"小海龟"，威

海"天宇"，青岛"幸福之家"，青岛"以琳"，济南"安安"，济南"春晖"，昆明"蒙多贝"，珠海"蓝精灵"，广州"扬爱"，深圳"大米小米"，深圳"紫飞语"，惠州"护苗"，厦门"星宝贝"，厦门"爱慧"，泉州"柠檬"，泉州"爱心"，石狮"一加"，漳州"青禾"，莆田"蓝色灯塔"，莆田"潜力少年"，宁化"爱慧"，宁德"蓝丝带"，宁德霞浦"爱慧"，淮安、盱眙"与光同行"，苏州"乐航"，武汉"尚林"，武汉"启慧"，长沙"唯爱"，贵阳"昕霖"，贵阳"欢乐船"，赣州"慧聪"，上海"青聪泉"，郑州"康达"，常州"天爱"，合肥"三三教育"，西安"拉拉手"，南宁"方舟至爱"，东营"星禾"，南京"蓝色雨伞"，襄阳"源爱"，重庆"采橙"，重庆"星铖"，沈阳"丽图心苑"，长春"天使之家"，天津"蓝色忧梦"，汉中"脑安"，常州"向日葵"，上海"慢育"，合肥"星家人"，定州"佑慈"，泉州"启发"，亳州"语熙"，莆田"潜力少年"，合肥"星田"，等等。

除此之外，在兰州、长春、洛阳、徐州、芜湖、包头、顺德、齐齐哈尔、杭州、宿迁等地，都有康复机构为家长和教师组织过社会性教育培训。

来自国家、政府与社会的关爱、关怀与关注

孤独症家庭、孤独症孩子是国家和政府心头的牵挂，注目孤独症康复的社会组织，"把孩子送上社会性教育的康复历程"成了他们的自觉担当。正是在全社会的关心与支持下，更多的家庭、家长和孤独症孩子才能有幸沐浴社会性教育的阳光。

中央财政支持社会组织示范项目之一——北京市展望儿童关爱中心，将党和国家的关怀全部用于社会性康复教育的普及，多次在北京组织大规模的社会性教育系列讲座，受益的家长和教师达1万余人。中央财政给了孤独症社会性康复教育研究有力的支持，在系列讲座的基础上，社会性康复教育体系构建同步实施，《孤独症行为矫正与塑造》《孤独症社会功能语言教育》《孤独症社会交往与社会情感培养》《孤独症儿童学前数学教育》《孤独症自我意识养成》《孤独症普教融合支持》等系列教材，给了家长和教师持续学习、实践社会性教育以强大的支持。由于"展望"持续推广孤独症社会性教育的杰出贡献，赢得了家长的赞誉，获得北京市民政局"AAAAA级"定点康复机构的殊荣。

北京市孤独症儿童康复协会自20世纪90年代起，在中国首先对甄岳来的社会性教育实践经验与理论创建给予了高度认可，并对家长学习、交流社会性康复教育给予了极大支持。在协会的早期刊物《孤独症康复动态》上，刊出了甄岳来最早的社会性教育文章《孤独症儿童的康复训练需要标本兼治》。进入21世纪，协会一如既往，先行一步主办了面向大龄患者家长的社会性教育专题培训，为解决大龄孤独症患者的康复、教育、生活、功能、就业等重大问题做出了积极的探索。

北京星星雨教育研究所是让中国的家长、教师最早听到社会性教育的研究机构。1998年，"星星雨"刊出了甄岳来关于孤独症儿童社会性康复教育的第一篇文章《走出孤独症的道路》，后来的多年间，又陆续刊发了甄岳来的多篇孤独症社会性教育的文章。难能可贵的是，自20世纪90年代起，直至迈入21世纪后多年，在十多年的时间里，"星星雨"的每期培训班都特意安排甄岳来亲自讲授社会性康复教育的课程。正是从"星星雨"开始，中国孤独症康复行业开始探究"ABA"作为行为矫正、塑造技术与社会性康复教育结合的大课题，其对中国孤独症康复行业的影响极为深远。也正是从"星星雨"开始，中国一代又一代家长得以结缘社会性教育，"ABA"与社会性教育的结合，对孤独症孩子的康复影响更是具有特别的意义。

爱心企业北京广彩龙腾文化传媒支持北京市展望儿童关爱中心推出了国内第一档以"孤独症社会融合教育"为主题的大型公益漫谈节目《"李"解自闭》。《"李"解自闭》以视频为载体，以孤独症儿童社会融合教育为主题，集合了孤独症社会融合教育创始人、出色践行社会融合教育的孤独症家长、孤独症康复教育机构负责人、幼儿园和学校融合辅助教师、康复机构一线任课教师等，从家庭教育、普教融合、机构康复等多角度、多层面诠释了孤独症社会融合教育的精髓。

《"李"解自闭》以"说真话，讲科学"为最高康复原则，专家、家长和教师现身说法，通过一个个家庭、孩子远离社会性教育的惨痛经历，对比社会融合教育的显著康复效果，引领家长反观自我，从调整、确立孤独症康复的大战略入手，继而深入学习、掌握打赢社会融合教育之战的战术与方法。

正是从《"李"解自闭》开始，很多家长从此走出了迷茫。在康复的路上，《"李"解自闭》为孤独症孩子点亮了走向社会融合的指路明灯。

广元市精神卫生中心重点建设的儿少精神科与广元小海龟特殊教育培训中心联合，共同探索孤独症"医教融合"的康复模式，在全国率先开创了孤独症儿童社会性康复教育的教学模式、课程体系及评估体系，形成了省级重点专科的优势品牌。特别是社会性康复教育课程体系，更为社会性教育在孤独症康复行业的普及推广奠定了基础。同时，广元市精神卫生中心连续3年举办孤独症国家级继续医学教育培训会，培训会向国内外的同行、孤独症康复医疗机构、孤独症康复教育机构、孤独症家长和教师们传递、交流孤独症社会性康复教育的前沿信息，推动了中国孤独症康复水平的提升。

江苏省精神残疾人及亲友会与南京市精神残疾人及亲友会主办的"孤独症社会性康复教育"网络直播讲座受到家长和教师的高度关注。虽然仅仅是从网络传来的社会性教育的声音，但它因"社会性"三个字引起了家长、教师的高度共鸣。社会性教育跨越时空，惠及全国家长、教师及孤独症康复从业人员成千上万。讲座再次点醒了依然迷失于操作方法、形式技能、桌面训练的家长，让孤独症家庭、孤独症康复机构看到了社会性康复教育造福孩子、造福家庭的曙光，它是很多孩子从此走向社会融合的转折点。讲座对家庭、对孩子、对中国孤独症康复的影响深刻且长远。

中精协北京孤独症家长工作站主办了"大龄孤独症人士婚恋探索"专题讲座，让社会性教育再跃巅峰。我们是否应该、是否能够、应该怎样将婚恋问题纳入孤独症孩子的生命全程呢？世界上无论哪种权威与流派对这个问题都鲜有涉猎，难以践行，或者根本就不敢问津，而在中精协的支持下，北京工作站与社会性康复教育创始人甄岳来共同实现了破冰之旅。甄岳来以先行者的深邃思维与现实历程，给出了"将婚姻写进孩子生命全程"的肯定回答，再次刷新了社会性教育康复效果的纪录。

辽宁教育学院主办的"辽宁省特殊教育学校孤独症儿童教育"专题研讨视频会议面向辽宁省内外特殊教育学校及民办孤独症康复机构的一线教师、教学管理人员、孤独症学生家长等，聚焦孤独症学生的在校社会性康复教育主题，研究如何根据孤独症社会性落后的特点，构建以促进孤独症学生社会性康复为核心的"特殊教育学校社会性教育课程体系"，探讨适合孤独症学生的教学途径及教学方法等问题。

孤独症学生的在校教育难度之高，给中国特殊教育、特教老师提出了严峻的考验，辽宁教育学院对特殊教育学校社会性教育课程的研讨不但恰当对接了教育部提出的帮助学生"培养正确的生活、劳动观念和基本的职业素养，为适应社会生活及就业创业奠定基础"的战略目标，而且非常明确地将特殊教育延伸到学生的职业阶段。走向职业才是社会功能的最高阶段，回归社会才是特殊教育的最终目标——辽宁教育学院在特殊教育学校社会性康复教育上的尝试，有着不同凡响的意义。

"ALSOLIFE"是家长、教师熟知的业内网络平台。该平台深切认同社会性教育"说真话，讲科学，凭良心，为孩子"的价值观，以不凡的见识和勇气，陆续刊载关于社会性教育康复的文章，如《传奇妈妈甄岳来：给您铸就传奇的金钥匙》《上学，拼的就是社会性》等。特别是"ALSOLIFE"利用网络传播优势向家长、教师推送社会性康复教育精品系列课程，先后上线了甄岳来主讲的"甄岳来普教融合攻略""孤独症儿童社会性康复入门""孤独症儿童思维能力培养起步"专题讲座。

几行文字、一寸窗口，"ALSOLIFE"平台让更多的家长、教师、行业专家、同仁们更全面、深入、客观地了解社会性教育，这不仅达成了家长、教师结识社会性教育的夙愿，也为家长继续拓展社会性学习的领域，特别是为家庭、家长将社会性教育向具体操作的转化，为有志于社会性康复教育的机构教师进一步落地机构社会性教育课程奠定了最初的理论基础。

"大米小米"作为孤独症圈内拥有最多阅读量的自媒体网络平台，在负责人亲自采访社会性教育创始人后，撰写、报道了社会性康复成功案例《她和女儿缔造了康复传奇》，首次向家长和教师展示了国内罕见的"上学、工作、结婚、做母亲"的经典范例，让家长看到了孩子社会性康复的巨大潜能，也为家长树立了社会性康复的信心。另外，"大米小米"连载的甄岳来社会性教育的系列文章《到底什么决定了孩子的康复效果》《孤独症孩子的社会性家庭训练目标》《帮助孤独症孩子突破制约泛化的瓶颈》等，起到了向行业传播社会性教育、向家长和教师普及社会性教育常识的作用。

福建省精神残疾人及亲友会经过调查,得知家长和教师对社会性教育的学习需求后,立即创造条件,组织社会性教育的培训,并确定将"孤独症社会融合教育"作为课程主题。通过对孤独症社会融合教育的系统解析,特别是通过一个一个孤独症孩子社会功能发展的鲜活而精彩的教学案例,使家长和教师受到启迪与触动。在反思与总结中,福建省精协为家长和教师解决了康复中的困惑和疑问,让家长和教师再度了解了孤独症的真相,进而端正了康复目标,特别是为家长和教师进一步学习社会性教育的操作方法奠定了基础。

权威孤独症医疗诊断机构的医生们遍布中国东西南北各地,作为医疗工作者,他们深知孤独症的真相,因而,在孩子确诊的第一时间,他们往往会从社会性教育的不同角度、不同维度、不同层面,尽力将孤独症康复的客观规律告知家长。无论是"ALSO 理念""自然教学干预"还是"把干预融入日常生活",虽然说法不一,但在医生们的种种不同表述中,他们不约而同回归了社会性康复教育的基本思想,即"生活中教育,教育中生活",在生活中培养孩子的社会功能。这样的医生不愧为孤独症孩子社会性康复的指路人!

四川省残联、江苏省残联、江苏省残疾人福利基金会、武汉市残联、淮安市残联、广元市残联、厦门市残联、淮安清江浦区残联、福建龙岩市残联康复中心、广元市孤独症康复协会、四川广元市精协、德阳市精协、济宁市妇幼保健院等机构,都曾在不同的时间、不同的地点,以不同的方式支持家长们学习孤独症社会性康复教育。

孤独症社会性教育不是别的,它萃取中西文化的精华,做出中国特色的康复,它书写着特殊教育的中国自信!

链接：
甄老师工作室

"甄老师工作室"由孤独症社会性康复教育创始人甄岳来创办，由"甄老师工作室"社会性康复教育高级培训师韦玉翠主持，专门从事孤独症社会性康复教育的理论研究、家庭和机构社会性教育教学操作培训指导、社会传播、咨询服务等工作。甄老师工作室从事孤独症社会性康复教育研究及服务的指导思想是说真话，讲科学，凭良心，为孩子。

北京市展望儿童关爱中心、四川广元小海龟特殊教育培训中心、厦门市星宝贝儿童启智中心、淮安与光同行自闭症儿童康复中心、天津市助梦关爱中心为甄老师工作室孤独症社会性康复教学实验研究基地。韦玉翠、李蕊、杜华容、罗丽英、朱雪萍、朱莉为甄老师工作室社会性教育高级培训师。

甄岳来从事孤独症社会性康复教育研究30多年，对中国自20世纪80年代以来的几代孤独症患者及家庭进行了持续、深入、系统的追踪研究，形成了独具中国特色的孤独症社会性康复教育理念及操作方法体系。近10年来，甄老师工作室"社会性教育实验基地"进行了康复机构、学校的社会性教育课程开发、教材编写、教学评估等工作，为"孤独症社会融合教育"在康复机构的落地实施做出了开创性探索。

萃取中西文化的精华，做出中国自信的康复！

孤独症社会性康复教育立足本土文明，打破思想禁锢，应用辩证思维，追求以人为本的康复。孤独症社会性康复教育告别了"放大局部，忽略整体""打碎系统，分而训之"的片段思维，改变了"短期治标，长期失本""只顾瞻前，不顾日后"的短期思维，跳出了"主次颠倒，本末倒置""头轻脚重，舍本求末"的狭隘思维，结束了"机械模仿，生搬硬套""东施效颦，亦步亦趋"的刻板思维。孤独症社会性教育在普通教育与特教教育的结合点上、在普通孩子与孤独症儿童的重合线上找准康复与课程、教育与生活、功能与学科、当下与未来、机构与家庭等多重关系，立足多角度站位，兼顾多维度平衡，不仅聚焦于孤独症儿童自身的社会性发展，深刻、长远来看，机构"孤独症社会性康复教育"实施的效果更在于支持整个孤独症家庭成员之间融合关系的构建，支持孤独症家庭在社会环境中困难处境的改善，其效果远非单纯的训练方法所及。

甄老师工作室"孤独症社会性康复教育"指导方式

- 孤独症儿童社会性康复教育系列专题课程，包括：

  孤独症儿童社会性教育基础专题课程

  孤独症儿童思维全角开发专题课程

  孤独症儿童学前数学教育专题课程

  孤独症儿童功能语言培养专题课程

  孤独症儿童自我意识养成专题课程

  孤独症儿童社会行为塑造专题课程

  孤独症儿童社会交往实践专题课程

  孤独症儿童普教融合支持专题课程

- 孤独症家庭一对一入户指导，包括：

  家庭一对一孤独症社会性康复入户评估

  家庭一对一孤独症社会性康复方案制订

  家庭一对一孤独症社会性教育操作指导

- 孤独症康复机构教师培训课程，包括：

  教师社会性教育操作初级课程

  教师社会性教育操作中级课程

  教师社会性教育操作高级课程

- "社会融合教育"操作课程一对一机构线上指导
- "社会融合教育"操作课程一对一机构线下指导
- 孤独症社会性康复教育线上、线下大型讲座

- 甄老师主讲,"ALSOLIFE"平台发布的线上社会性康复教育课程,包括:

  孤独症儿童社会性康复入门课程

  孤独症儿童思维能力培养起步课程

  孤独症儿童普教融合攻略

甄老师出版的孤独症社会性康复教育专著

- 《孤独症儿童社会性教育指南》
- 《孤独症社会融合教育》
- 《孤独症社会融合教育操作指导》

甄老师撰写的孤独症社会性康复教育指导教材

- 《孤独症社会融合教育与智力开发》
- 《孤独症社会性教育文集》
- 《孤独症儿童行为矫正与塑造》
- 《孤独症儿童语言功能康复教育》
- 《孤独症儿童情绪与交往功能康复教育》
- 《孤独症儿童数学教育》
- 《孤独症儿童自我意识培养》
- 《孤独症儿童普教融合支持》

(李蕊、杜华容承担了本章的写作、修订、编审工作)

第三章

" 普幼融合篇

幼儿园"孤独症社会融合教育"操作的要领探究

○ 操作卡点

"幼儿园"应该是每一个幼儿的摇篮,然而,"幼儿园"曾经又是多少孤独症儿童难以跨越的一道高墙。不知有多少父母试图将孤独症孩子送入幼儿园,在屡遭拒绝以后,断了让孩子上幼儿园的梦想;不知有多少进过幼儿园的孤独症孩子,因为问题行为和情绪障碍被中途劝退。也有的父母找亲朋、托故旧,千方百计把孩子送进了幼儿园,结果却遗憾地发现,幼儿园难以提供促进孤独症孩子社会性发展的有效融合,很多幼儿园老师在"孤独症"面前茫然无措,只能放任孩子"混迹"班级。这就是孤独症孩子在幼儿园的尴尬与无奈。

在很多幼儿园教师的头脑中,"孤独症"还是一个模糊的概念。再有责任心的园长、再有爱心的教师,由于没有"孤独症社会融合教育"的理念,没有切实可行的"孤独症社会融合教育"的操作思路,仅仅把孤独症儿童放在班里"混养",势必会造成两个结果:其一,仅凭幼儿园的常规教育,难以满足孤独症幼儿社会性康复的特殊需要;其二,班里一个孤独症孩子的问题,足以给整个班级带来很多管理和保教上的挑战。

"你家孩子和别的孩子不一样,吃饭费劲、挑食厉害、不睡午觉,发起脾气来谁的话都不听。我们上课,他一个人在教室里转圈,听不懂老师的指令,还抓人、咬人……"一个幼儿园教师对着一个孤独症孩子的母亲,历数着孩子的种种表现，最后善意地建议："他去别的幼儿园可能更合适。"

因为孤独症孩子是特殊儿童，所以，特殊教育要在特殊训练机构中进行——这种陈旧的二元隔离式的教育观念，还在深深影响不少幼教工作者。在巨大的压力下，不堪重负的家长常常无可奈何，只能带着孩子远离了他人生之初的成长摇篮。

很多家庭不惜倾其所有，转战于各个训练机构，家长总是幻想着："再训练一段时间，孩子就会好的，回家就能上幼儿园了。"钱财耗尽之后，训练难以为继之时，他们只能拖着疲惫与无奈回归家乡。面前可能走下去的路，是让孩子进入普通幼儿园，但是，如果找不到正确的、可行的幼儿园社会融合教育的操作思路，"上幼儿园"大有可能有名无实。

怎样建立幼儿园社会融合教育的操作思路呢？找到幼儿园"孤独症社会融合教育"的操作卡点，将是解决问题的关键。

"回归主流""全纳教育""满足特殊儿童的教育需要"这些康复理念，已经被越来越多的人接受，国家学前教育、特殊教育立法的推进，更在客观上为更多孤独症儿童进入幼儿园提供了机会。应该说，中国孤独症儿童享受幼儿园社会融合教育的春天到来了，普教工作者、特教老师、家长本应"三位一体"，合力为孩子搭起走向幼儿园社会融合教育的阶梯。反观历史、立足现实，我们面临的主要问题是：

第一，先看幼儿园。对于接纳孤独症孩子的幼儿园来说，需要回答"到底该怎样有效地利用幼儿园的人文环境，怎样利用孩子的在园时间，以什么样的方法和措施，怎样操作，才能更加有效地促进孤独症幼儿社会性的发展"。如果幼儿园本身对孤独症儿童的社会融合教育关注与投入不到位，这将是孩子们的遗憾。

第二，再看孤独症康复行业。近10年来，我国的特殊教育领域对"幼儿园融合"的研究与实践，看起来热度越来越高。在越来越多的康复机构和特教老师涉足"幼儿园融合"之后，如果在特教老师们头脑中，"社会性教育"的理念仍然是个空白，如果特教老师缺少给予孤独症孩子幼儿园社会融合教育支持的能力，甚至作为特教老师仍然没有社会功能培养的操作常识，那么寄希望于这样的特教师资去解决孤独症儿童的幼儿园融合问题，就如同让患有软骨病的球员上赛场——难免力不从心，最后败下阵来。

第三，从家长的角度看。家长一方面迫切想让孩子上幼儿园，但是另一方面，我们给孩子做的康复训练课题，往往又远离社会性教育，远离社会功能塑造，远离思维方式、思维能力的培养，大多数家长身陷形式训练的误区而长期不能自省、不能自拔。无疑，形式训练与幼儿园社会融合教育相去甚远，多少家长直到入园受阻，或因孩子缺少社会功能而使幼儿园融合半途而废时，方才知晓问题出在了康复方向上的偏差。

这就是孤独症孩子幼儿园社会融合教育的三大卡点。幼儿园社会融合教育要到位，则须我们一一突破这三大卡点。

○ 操作逻辑

操作要领

幼儿园"孤独症社会融合教育"是针对孤独症幼儿及其他社会性发展障碍儿童的一种社会性康复促进途径。其内涵是在普通幼儿园的普通班级中，接纳孤独症幼儿与正常幼儿一起接受教育，通过对孤独症幼儿实施具有个别辅助的随班保教，把孤独症幼儿的社会性康复融入幼儿园的教育环境和教育过程中，目的是促进孤独症幼儿社会性（社会功能）的发展，提高他们的社会适应能力，也为他们后续在普校中接受社会融合教育做准备。

孤独症儿童幼儿园社会融合教育必须具备三个基本条件：

第一，对孤独症儿童的安置方式为在普通班级中随班保教。

第二，必须配备有称职的、专业的社会性康复教师对孤独症幼儿做辅助。

第三，每个孩子必须有个性化的幼儿园社会融合教育方案。

缺少其中任何一个条件，都不能称为完全意义上的幼儿园"孤独症社会融合教育"。

操作逻辑

第一，为孤独症儿童提供社会化的人际交往环境。

孤独症儿童社会性发展障碍的各种表现中，最突出、最集中的是人际交往困难，他们的社会交往兴趣和人际沟通能力只有在与正常儿童的交往活动中才能得到发展。

"近朱者赤，近墨者黑"，就是强调一个人所处的交往环境的重要性。现代特殊教育理论反对将特殊儿童与正常儿童隔离开的"隔离式特殊教育"，主张让特殊儿童"回归主流"。幼儿园社会融合教育正是这种特教理念的体现，即引导孤独症儿童融入正常儿童的人际交往活动中，从而实现"近朱者赤"。

幼儿园社会融合教育和封闭式、形式化为主导的传统康复机构里的特殊训练不同的是，传统机构基本是在没有正常儿童的环境中对孤独症儿童进行隔离式训练，其基本特点是改变正常的人际交往环境去适应不正常的孤独症孩子，而幼儿园社会融合教育操作的基本思路是改变孤独症孩子，促使他们去适应正常的人际环境。

幼儿园社会融合教育和家庭康复也不同。在幼儿园中，幼儿和教师的关系不同于他们和父母的关系，幼儿之间的关系更是一种平等竞争、互助合作的同龄伙伴关系，它不同于因血缘而建立的家庭成员之间的关系。在幼儿园的社会关系中，老师和每个孩子都具有自己的社会角色，每个角色都有角色的行为规范，这与家庭内的社会角色、家庭行为规范具有很大的区别。在幼儿园里，教师们时刻能以普通儿童的社会性发展为参照，以此矫正孤独症儿童的社会性偏差，强化孤独症孩子跟随集体、共同注意、同伴分享等社会适应能力，这些都是家庭教育所不及的。家庭康复中，家长会更加迁就孩子的特殊性，而在幼儿园社会融合教育中，凸显的是环境对孩子的要求、环境给孩子的成长性压力。

第二，让孤独症孩子的社会性教育具有丰富的生活化元素。

幼儿园社会融合教育更容易具有生活化的特点，孩子在幼儿园中，不仅仅是完成训练课题，而是要和正常儿童一起"过日子"，它具有更真实、更丰富多彩的生活内容。也就是说，幼儿园社会融合教育是孤独症孩子融入幼儿园一日生活中的社会性教育。

把孤独症儿童放到普通儿童当中，能够使家长和教师更直观地了解孤独症孩子在社会功能上，在思维能力、思维方式上与同龄儿童的差距，这非常有利于因人施教，对症下药地教育孩子。

幼儿园社会融合教育操作本着一个最朴素、简单不过的逻辑——在幼儿园生活中发现孩子的问题，以解决孩子存在的问题为教师工作的内容，以全面促进孩子社会功能的发展为融合的目标。幼儿园社会融合教育体现的是"在幼儿园生活中教孩子，教孩子去解决幼儿园生活中需要解决的实际问题"，这是"带着孩子过日子"这一孤独症社会性教育的普遍原则在幼儿园中的具体应用。

带着孩子过幼儿园的"日子"，生活自理、跟随集体、模仿他人、参与活动、合作游戏、建立规矩、执行规范、语言沟通、社会认知、有意注意、集体指令、控制行为、培养动机等，这些都要渗透在幼儿园的一日生活中，体现在幼儿园真实的交往情景中，然后，通过现场给予孤独症孩子反复示范、引导、辅助而使他们逐渐获得社会人的根本属性——社会性。幼儿园社会融合教育是对孤独症社会性康复客观规律的实践。

第三，把"个别辅助"做到孤独症孩子的幼儿园融合中。

幼儿园社会融合教育并不是将孤独症孩子简单地放进幼儿园，并不是让孩子随班混日子，它需要教育者有目的、有计划、有方法的主动干预。有些幼儿园接收孤独症儿童后，并不能构建针对孤独症儿童的幼儿园社会融合教育方案，也不能主动施用适合孤独症孩子的社会性教育方法，更谈不上有质量、有针对性的个别化辅助。

长期以来，由于幼儿园对孤独症社会性康复师资的培养不到位，很多教师面对孤独症孩子时，往往一味用"心理同情"代替了科学的"融合支持"。父母很快就会发现，孩子在幼儿园里成了一个被忽略的边缘人，不能在社会性发展上得到富有成效的康复效果。还有很多父母惧怕老师嫌弃，不敢对幼儿园、对老师再提出教育建议和要求。

幼儿园社会融合教育不仅要有针对孤独症儿童的幼儿园社会融合教育方案，还需要具有社会性教育能力的教师对孤独症儿童进行专业的、专门的个别化辅助。幼儿园社会融合教育的内容包括孤独症社会性康复教育的所有领域。孤独症儿童上幼儿园的目的是提高社会功能及思维能力，而不仅仅是在形式上"和普通孩子待在一起"。孩子在幼儿园的一日生活中，不管是饮食起居、游戏活动还是课堂教学，都要贯穿对孩子的自理功能、社会模仿、集体注意、工具性沟通、情绪表达、行为控制等社会功能的全面培养，这些方面的教育计划需要通过个别化辅助，渗透在幼儿园生活的每个环节中。

孤独症孩子的生活保育难度、社会融合教育难度都比较大，没有社会性康复教育专业人员的支持，难免会使孩子的幼儿园融合名实不符。

第四，将"促进社会功能的提升"作为幼儿园融合的唯一目标。

幼儿园社会融合教育的目标不是训练孤独症孩子的形式技能，也不是机械地灌输知识，而是提高他们生活自理的能力，培养他们对社会规则的理解、执行能力，在正常幼儿人际交往环境的熏陶中，充分利用正常儿童的榜样示范作用，发展孤独症儿童的社会参照、行为模仿的能力，塑造孤独症儿童的参与、从众、竞争、合作等社会行为，促进孤独症儿童在自我意识、逻辑思维、语言应用、人际交往等方面的发展。

总之，幼儿园社会融合教育的主要目的是提高孤独症儿童的社会功能，尽可能地开发他们的社会性潜能，尽可能地增加孤独症儿童进入普通小学接受教育的可能性，长远来看，为孤独症患儿未来实现家庭生活自理、社会生活自理、社会生活自立的康复目标做好早期的基础准备。

第五，明确幼儿园社会融合教育的特定对象。

幼儿园社会融合教育有特定的适应对象，它是孤独症儿童七八岁前的社会性康复教育途径之一。孤独症儿童类型各异，程度不同，个体差异很大，幼儿园社会融合教育适合哪一类孩子呢？适合什么程度的孩子呢？

中小学等普通学校中的孤独症社会融合教育中，学业成绩是孤独症学生面临的一大难点，因而孤独症学生普校就读的质量与智力水平相关性极高，而幼儿园教育没有学业要求，轻度、中度的孤独症儿童都可以接受幼儿园社会融合教育，即便是智力程度明显落后、社会功能障碍较重的孩子，只要没有严重的攻击行为、自伤行为，只要经过辅助能够被幼儿园接纳，都可以接受幼儿园社会融合教育。

除孤独症儿童外，还有一部分有社会交往障碍的儿童，他们只是某个阶段、某些方面与孤独症儿童类似，我们称之为类似孤独症儿童或者孤独症边缘儿童，他们更适合幼儿园社会融合教育。

幼儿园的教育对象是3～6岁的幼儿，但由于孤独症儿童社会性及智力发展显著落后于普通幼儿，因此，孤独症儿童的在园年龄可以比普通幼儿放宽1～2岁。孤独症儿童的年龄最好比同班幼儿大1～2岁，这样可以缩小其与正常儿童间的差距。

有许多幼儿园设置了2岁幼儿的小托班，孤独症儿童不适合入小托班。因为小托班班级中还没有形成同伴之间交流、合作的氛围，对孤独症儿童的社会性发展起不到应有的影响和熏陶作用。因此，轻度孤独症儿童入园应考虑从小班起步，年龄4岁为宜。程度比较重的孤独症儿童入园年龄应该晚一些，入园以前应该先在特殊训练机构接受系统的幼儿园社会融合预备训练，为进入幼儿园做准备。

总之，幼儿园社会融合教育在入园安置上有特定的要求，那就是孤独症儿童进入普通幼儿园的普通班级；在融园方式上有特定的措施，那就是通过个别辅助，对孤独症儿童实施集体中的个别化教育；在融合目标上有特定的指向，那就是促进孤独症儿童社会功能的提升；在适用范围上有特定的对象，那就是典型的社会性发展障碍的孤独症儿童及具有不同程度社会性发展障碍的类似孤独症儿童。

幼儿园"孤独症社会融合教育"操作的可行模式

2006年到2009年间，本书作者甄岳来在幼儿园开展了近3年的孤独症儿童幼儿园社会融合教育实验研究。在甄老师的指导下，幼儿园班级教师、孤独症儿童辅助教师及孤独症儿童家长共同合作，对幼儿园社会融合教育进行了探索，创建了一套多样化且行之有效的幼儿园社会融合教育模式。

本实验先后接收了16名不同年龄的孤独症儿童，分别编入小班、中班、大班，其中在园时间最长的将近两年，最短的半年。这些孤独症儿童的特点及其障碍程度各不相同，大致分为两种类型：一类是中度和轻度孤独症儿童，一类是有明显的社会交往障碍的类似孤独症儿童。经实验开创的幼儿园社会融合教育模式如下。

○ "随班保教＋特殊机构训练"模式

由甄老师指导，对参加实验的班级教师、家长及辅助教师进行系统的社会性康复教育培训，并指导辅助教师和幼儿园带班教师一起，为孤独症儿童制订个别化的幼儿园社会融合教育方案，对方案的实施过程进行检查调控、效果评价，对班级教师、辅助教师进行融合方案操作指导。同时，甄老师为孤独症儿童家庭制订家庭社会融合教育方案，为家长提供培训辅导。

辅助教师根据幼儿园社会融合教育方案，在幼儿生活、活动及教学中对孤独症孩子进行一对一的个别辅助。辅助教师有的由幼儿园教师担任，也有的由家长或家庭保教人员担任，还有的由机构特教老师担任。

```
随班保教+特殊机构训练
            ↓
   幼儿园社会融合教育指导教师
            ↓
指导辅助教师制订孤独症儿童幼儿园社会融合教育
方案，对方案实施进行操作指导、检查调控、效果
评价。为带班教师提供幼儿园社会融合教育咨询指
导，为家长提供家庭社会融合教育咨询指导
```

幼儿园带班教师	特殊辅助教师	特殊训练机构	孤独症儿童家长
创设班级接纳环境，实施孤独症儿童的随班教学操作，参与幼儿园社会融合教育方案制订和执行。对辅助教师的工作给予支持	根据幼儿园社会融合教育方案，在幼儿园生活、活动及教学中，对孤独症儿童进行随班融合辅助	每天半日进入机构进行特殊训练	在指导教师的指导下，实施家庭社会融合教育，做好家园配合

特殊辅助教师分为：生活辅助、活动辅助、教学辅助

图4 "随班保教＋特殊机构训练"模式

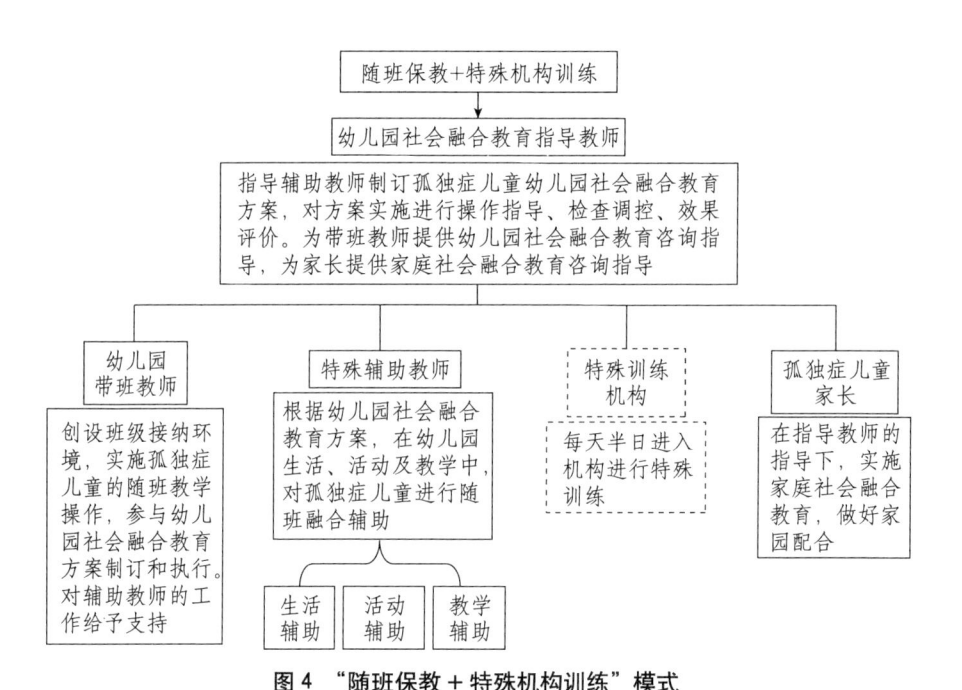

这是一种幼儿园社会融合教育与特殊机构训练结合的模式，它适合中度以下的孤独症儿童，也符合大多数幼儿园的实际情况。因为孤独症儿童有特殊训练的需要，大多数普通幼儿园又没有满足特殊训练的条件，因而，这种方式既能让孤独症儿童接受幼儿园社会融合教育，又能通过特殊机构满足孩子特殊教育的需要。如果家庭条件允许，也可以用家庭社会性教育替代特殊机构训练。

○ "随班保教＋幼儿园内个别训练"模式

在这种模式中，孤独症儿童需要的个别训练由甄老师指导融合辅助教师在幼儿园内完成。每日个别训练时间根据孩子的程度安排1～2小时不等，个别训练可以集中安排，也可以分散为2～3次，根据教育内容的需要和孩子的程度，由辅助教师灵活掌握。

在幼儿园中实施个别训练，既有利于随班教育，又可以补偿孤独症儿童功能和智力的不足，是一种比较理想的幼儿园社会融合教育模式。它要求辅

助教师具有承担孤独症儿童个别训练课程的专业能力。

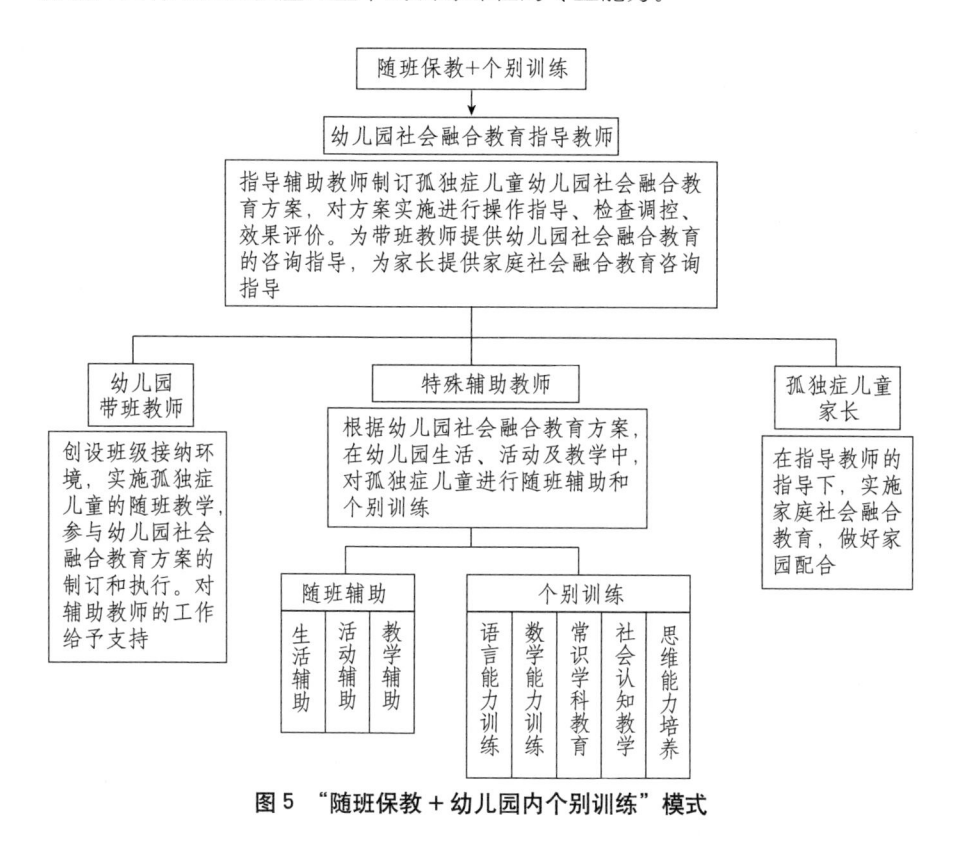

```
随班保教+个别训练
        ↓
幼儿园社会融合教育指导教师
  │
  指导辅助教师制订孤独症儿童幼儿园社会融合教
  育方案，对方案实施进行操作指导、检查调控、
  效果评价。为带班教师提供幼儿园社会融合教育
  的咨询指导，为家长提供家庭社会融合教育咨询
  指导
```

幼儿园带班教师	特殊辅助教师	孤独症儿童家长
创设班级接纳环境，实施孤独症儿童的随班教学，参与幼儿园社会融合教育方案的制订和执行。对辅助教师的工作给予支持	根据幼儿园社会融合教育方案，在幼儿园生活、活动及教学中，对孤独症儿童进行随班辅助和个别训练	在指导教师的指导下，实施家庭社会融合教育，做好家园配合

随班辅助：生活辅助、活动辅助、教学辅助

个别训练：语言能力训练、数学能力训练、常识学科教育、社会认知教学、思维能力培养

图5 "随班保教＋幼儿园内个别训练"模式

○ "全程随班保教"模式

孤独症儿童全日融入班级，由特殊辅助教师在幼儿园生活、活动、教学中实施个别辅助，不设专门的个别训练课程。

这种方式主要适用于轻度孤独症儿童和类似孤独症儿童。这些孩子一般会在年龄较小的时候被送进幼儿园，老师和父母都会觉得幼儿园环境比特殊训练机构更加适合这类孩子。他们的入园年龄可以提前到3岁左右。

轻度孤独症和类似孤独症儿童的基本特点是理解能力一般比较好，他们的主要障碍是语言、交往能力与同龄儿童存在差距，因而，辅助教师的工作重点是加强对他们与班级同伴交往的个别指导。这部分孩子可以不设置以认知补偿为目的的个别训练课程。

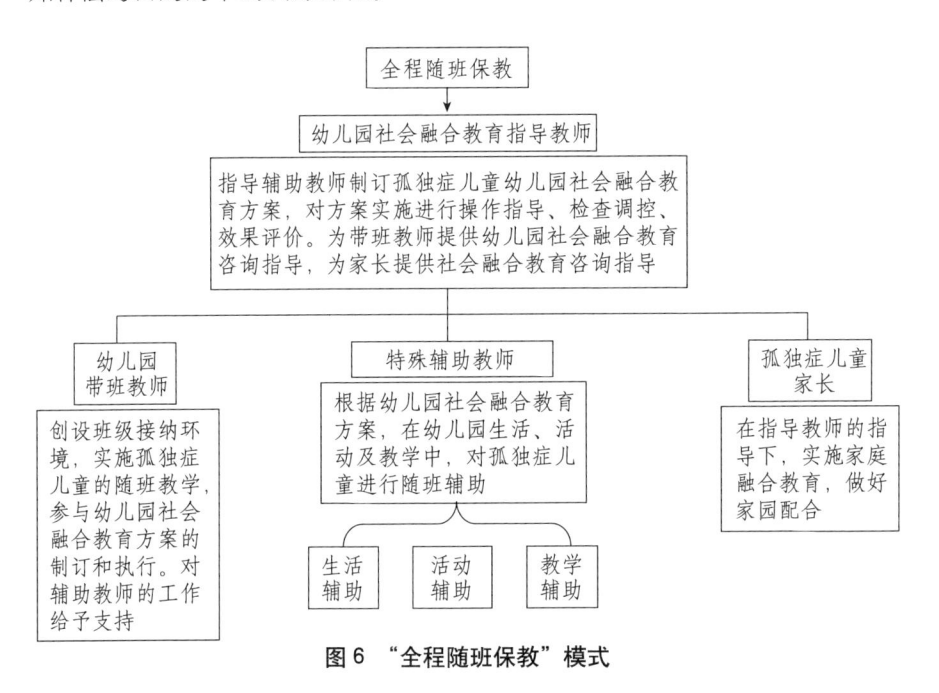

```
                    全程随班保教
                         ↓
              幼儿园社会融合教育指导教师
        ┌─────────────────────────────────┐
        │ 指导辅助教师制订孤独症儿童幼儿园社会融合教 │
        │ 育方案，对方案实施进行操作指导、检查调控、  │
        │ 效果评价。为带班教师提供幼儿园社会融合教育  │
        │ 咨询指导，为家长提供社会融合教育咨询指导    │
        └─────────────────────────────────┘
           ↓              ↓                  ↓
       幼儿园           特殊辅助教师         孤独症儿童
      带班教师                              家长
   ┌──────────┐   ┌──────────────┐   ┌──────────┐
   │创设班级接纳环│   │根据幼儿社会融合教育│   │在指导教师的 │
   │境，实施孤独症│   │方案，在幼儿园生活、│   │指导下，实施家│
   │儿童的随班教学│   │活动及教学中，对孤独│   │庭融合教育，做│
   │参与幼儿园社会│   │症儿童进行随班辅助  │   │好家园配合   │
   │融合教育方案的│   └──────────────┘   └──────────┘
   │制订和执行。对│       ↓     ↓      ↓
   │辅助教师的工作│     生活   活动   教学
   │给予支持     │     辅助   辅助   辅助
   └──────────┘
```

图 6 "全程随班保教"模式

上述三种模式均可复制，尤其第一种和第三种模式应用更为普遍。需要注意的是，每一种模式都需要由社会性教育的专业教师为孩子的幼儿园社会融合教育做"总设计师"，其职能是统合幼儿园、辅助教师及家长各方资源，使其相互配合、形成合力，从不同的角度为孤独症孩子的幼儿园融合教育助力，这样才能产生最佳的效果。

"总设计师"可以由家长、幼儿园教师或者辅助教师承担，也可以由其他人员承担。

○ 融合比例

幼儿园社会融合教育的操作原理就是利用正常幼儿形成的人际交往氛围来影响孤独症儿童的发展。因此，它对教育环境的要求是正常幼儿人际交往的氛围必须保持足够、明显的强势。另外，如果要求辅助教师随时随地在班级中，就要考虑班级管理问题，鉴于此，每个班级中安置的孤独症孩子数量要得当。

从全国看，许多幼儿园存在着大班现象，当然也有的幼儿园实行小班教学。我国幼儿园的班级人数各园不同，差异很大。我们以每班 30 名幼儿的班级为参照，建议孤独症儿童适宜控制在 1~3 名。每个班级中安置的孤独症幼儿数量还要根据孤独症幼儿本身障碍程度的轻重来考虑。有的孩子障碍程度比较重，一个孩子就需要一个专门的辅助教师，这种孩子会使教师在保育、教育和管理上的任务都比较重，所以，建议一个班安置一名为宜。有的孤独症幼儿症状程度比较轻，一名辅助教师可以同时辅助 2~3 名幼儿，这种情况下，可以考虑一个班内安置 2~3 名孤独症幼儿。

幼儿园"孤独症社会融合教育"操作的实验效果

通过近3年的幼儿园社会融合教育实验,参加实验的孤独症儿童在幼儿园一日生活常规的建立、幼儿园教育活动的参与、幼儿园教学活动的跟随等方面取得了显著的进步。幼儿园社会融合教育操作,可期取得如下效果。

○ 提高孩子的环境适应能力和生活自理能力

幼儿园社会融合教育能使孤独症孩子改变固有的不良生活习惯。比如,有的孩子入园的时候顽固性挑食、进餐很困难,还有的孩子从不睡午觉,通过幼儿园结构化生活的调节,通过辅助教师的帮助,特别是通过其他孩子的榜样示范,孤独症孩子的不良生活习惯会逐渐消退,直至消除。

一个在家从来不睡午觉的孩子,入园以后3个月内,午睡时总是自言自语,后来逐渐好转,大约半年以后,能够和其他小朋友一样按时躺在床上,虽然还不能入睡,但是在安安静静的睡眠氛围中,经过老师的提醒,可以不再发出声音,自我控制能力有了很大的提高。而挑食的孩子经过辅助教师的精心调理,基本都能够在幼儿园正常吃饭且吃饱、吃好,这使孩子生活上的适应性有所提高。所有参加实验的孩子,生活自理能力都有明显提高。

孤独症儿童入园时,生活自理能力普遍落后于同班幼儿,辅助教师在一日生活中,要充分利用每个生活环节,给孤独症孩子自己动手为自己做事情的机会,在孩子不会做的时候耐心辅助,而不包办代替。

提高生活自理能力是幼儿园社会融合教育的目标之一。所以,在孩子不会的时候，辅助教师坚持只给示范、给提示、给辅助，然后让孩子自己完成或者和孩子共同完成，教师给予及时鼓励，满足孩子的成就感，使孤独症孩子的自理能力得到很好的锻炼。一年后，所有孤独症孩子在语言提示下，都能够自己解决常规的生活自理问题。例如，洗手（挽起袖子—打开水龙头—使用洗手液—取下自己的毛巾擦手）、刷牙（找到自己的杯子—接水—挤出牙膏—刷牙—漱口—放回杯子）、吃饭（使用勺／筷子—独立吃饭—将碗放回指定位置）、饮水（找到自己的水杯—打开水龙头接水—喝水—把水杯放回原处）、睡觉（找到自己的拖鞋—换上拖鞋—脱衣服—找到自己的床—睡眠—穿衣服—换鞋）等。当然，做同样的事情，他们的速度要比其他孩子慢一些，有的需要辅助教师的督促和提醒。

在理解、遵守幼儿园的生活常规上，孤独症孩子也有很大进步。幼儿园的生活常规带有程序性、结构性、规则性特点，从入园到离园，一日生活常规每天都会重复，便于孤独症儿童理解和执行，这对培养他们做事的连贯性有很好的帮助。入园半年以上，轻度孤独症孩子不再需要提醒，能够通过带班教师的集体指令，或者跟随班级小朋友执行各项常规。比如，早晨进园以后配合医生做常规健康检查，领取自己的健康卡，入班以后将健康卡交给老师，打开自己的柜橱，放书包，脱掉外衣，进班找到自己的椅子坐好，等等，这些一般都能够独立完成。

◯ 提升孩子的社会角色认知能力

班级教师和辅助教师要强化孤独症孩子自己的班级概念，强化孩子与本班教师、小朋友的关系，强化孩子户外活动时紧跟班级的意识。

入园的时候，孤独症孩子没有班级概念，户外集体活动时离开班级随意乱跑的现象经常出现。经过辅助教师的反复强调，即使程度较重的孩子，一段时间以后也可理解自己属于哪一个班级，能够主动跟随班级行动，不再离班乱跑。

在生活、活动、教学中，班级教师经常要给幼儿进行角色分配，让幼儿在不同的场合中理解不同角色的意义，理解角色规范和角色行为。孤独症儿童应同样参与角色分配，在辅助教师的辅助下，他们也要完成自己的角色行为，长此以往，增强孩子的角色体验。比如，孤独症孩子也同样轮流做值日生，饭前和老师一起擦桌子，给小朋友分发碗筷，把饭菜端到每个小朋友的面前。做这些事情帮助他们理解了角色、体验了角色，增强了角色意识、形成了角色概念。

在班级中，教师的集体指令经常会包含角色概念，比如，"男孩子站队，女孩子去喝水""红队小朋友和绿队小朋友比赛""第一组的小朋友先去拿水果"等，在不同的场合，教师会使用不同的标准进行角色分类。在辅助教师的辅助下，孤独症儿童能够理解在不同的场合和不同的活动中自己的角色，提高他们的社会性发展水平。

○ 促进孤独症儿童自我意识的发展

幼儿园融合过程中有着非常好、非常多的自我意识教育的机会，比如，建立孤独症儿童物品所有权的概念。

每个孩子都有属于自己的物品，自己的喝水杯、自己的毛巾、自己的牙膏、自己的椅子、自己的柜橱、自己的床等。经过教育培养，就算是程度最差的孤独症孩子也能够分辨出哪些是自己的东西，哪些是别人的东西，形成管理自己东西的意识，做到别人的东西不随便拿，自己的东西不随便给。

在随班保教中，辅助教师引导孤独症孩子关注教师对其他幼儿的评价态度、评价语言，引导孤独症孩子关注正常幼儿的行为表现和手工作品，通过对正常幼儿的行为和作品的评价，引导孤独症孩子学会"比较"。孤独症孩子也能关心自己的作品，他们也会期待教师的表扬。通过"比较"，提高孤独症孩子对自我行为的认知，促进孤独症孩子自我概念的发展。

○ 发展孤独症儿童的社会参照和社会模仿能力

培养孤独症儿童学会关注他人、参照他人、模仿他人，既是幼儿园社会融合教育的重要目的，也是教师辅助孩子的教育方法。在幼儿园随班教中，辅助教师常用的辅助语言是"看看别人怎么做""你要和别人一样""和大家一样"等，不是直接动手帮助孩子，也不是直接告诉孩子怎么做，而是培养孤独症孩子的关注、参照和模仿意识，重在培养孤独症孩子的社会行为模仿能力。

接受幼儿园社会融合教育后，轻度、中度孤独症儿童都可在不同程度上形成社会模仿能力。例如，在全班都很安静的课堂上，孤独症孩子也能够受到感染而控制自己的情绪和行为。在教学活动中，孤独症孩子在自己不能完成手工作业时，就看同伴是怎么做的，学会用模仿的方法完成自己的"任务"。

○ 提高孤独症儿童的语言交往能力

在幼儿园班级教学活动中，班级教师的指导语言主要是一对多，这就会促进孤独症孩子集体注意力的发展。辅助教师从开始时对孤独症孩子个别重复班级教师的指令，到逐渐提醒孩子"听老师在说什么"，让孩子重复教师的指令，如此可提高孤独症孩子对集体指令的注意能力和理解能力。

辅助教师在幼儿园生活中，要给孩子创设机会发展孩子的语言沟通能力。例如，教师与家长配合，让孩子向家长转述幼儿园的要求。班级教师需要和家长交流的信息，辅助教师都要对孩子本人反复强调，并通知家长帮助孩子进行转述训练，让孩子学会"学舌""传话"，提高他们的语言沟通能力。经过教育训练，孤独症孩子在有需要和要求的时候，基本上都能不同程度地向教师说明自己的需求，或请求老师的帮助。

在班级教师的配合下，辅助教师可以给孤独症儿童寻找伙伴，并指导伙伴和孤独症儿童交往，这在促进孤独症孩子交往方面会起到重要作用。比如，孤独症孩子不理解肢体语言，有的时候其他孩子用一些动作表达友好，孤独症孩子会产生误解，甚至发生攻击对方的行为。经过辅助教师的帮助，孤独症孩子会逐渐理解同伴动作的意义，并做出正确的反应。

幼儿园"孤独症社会融合教育"操作方案的构成

○ 操作的层次划分

一位母亲为 4 岁的孤独症儿子请了一位幼儿园融合辅助教师，当孩子举着小手在角落里转圈时，这位辅助教师置若罔闻，她认为孩子不哭也不闹，不招惹其他孩子也不纠缠老师，总是自己"玩"，反倒很省心。这个时候，她不知道该怎样去辅助孩子，不知道辅助教师应该怎样工作。

一个 5 岁孩子的妈妈陪孩子上幼儿园，她要么就照顾孩子的吃喝，要么就生拉硬拽，逼孩子参加同伴的游戏。到底孩子上幼儿园的目标是什么？孩子在幼儿园应该学习什么？应该怎么辅助孩子？这个妈妈的脑子里并不清楚。

如果辅助教师和家长没有清晰的幼儿园社会融合教育目标，没有可操作的幼儿园社会融合教育方案，就不能起到实质性的辅助作用，也就不能取得应有的融合效果。因此，幼儿园社会融合教育操作，必须有一套可以执行的融合教育方案。

我们将孩子每天从入园到离园的过程，按照不同的内容和形式分为生活、活动和教学三个基本部分。"生活"是指孩子在幼儿园内的饮食起居、生活常规，比如吃饭、睡觉、饮水等。"活动"泛指除了课堂教学以外的各种内容、各种形式的游戏、活动，比如做集体操、班级游戏、自选活动等。"教学"专指幼儿园的集体教学活动。到了大班，许多教学活动是以课堂教学的形式开展的。

孤独症儿童在生活、活动、教学三个方面，都与普通儿童存在明显的差距，因此，孤独症儿童的幼儿园社会融合教育可分解为三个方面，即生活中的融合教育、活动中的融合教育和教学中的融合教育。三大融合就是幼儿园社会融合教育三个层次的划分。

幼儿园三大融合的操作定义

"幼儿园生活融合"的操作定义

"幼儿园生活融合"指的是在幼儿园饮食起居中，通过对孤独症儿童的特殊辅助，使他们逐渐做到生活自理程度与普通儿童同步。

生活融合不但是孩子接受幼儿园随班保教的基础，而且是孤独症康复需要的社会功能底线。无论何种程度的孤独症儿童，生活融合都应该是最先实现的，也是最容易实现的。生活自理是孩子自己动手满足自己的生理需要，主要是孩子自己独立操作，它对同伴之间合作的要求不多。幼儿园有关生活自理的要求，很多时候是由教师通过集体指令方式发出的，孤独症儿童在集体指令的听取和理解上都有一定的困难，但是比较而言，孩子理解生活方面的集体指令比理解游戏活动中的指令、教学中的指导语困难要小得多，即便一开始孩子有些困难，经过一段时间辅助以后，也基本能够理解教师的生活指令。

"幼儿园活动融合"的操作定义

"幼儿园活动融合"指的是在教师辅助与个别指导下，孤独症儿童在关注、理解、跟随、参与幼儿园各种内容、各种形式的活动上，其状况有所改善。

大多数孤独症孩子实现幼儿园活动融合的难度比生活融合的难度要大。其原因是生活需要是孩子的基本需要，吃饭、喝水、大小便，这都是和生理需要关联在一起的，孩子有配合教师完成自理的内部动机。另外，教师发出的关于生活方面的指导语一般比较简单，每天基本的生活自理指令大体一致，重复率较高，孩子理解起来比较容易。而参与集体活动，孤独症儿童却存在着很大的障碍，其原因是：第一，从动机上看，很多孩子本身就存在着严重的动机缺失，或者动机不足，很多孤独症孩子没有参与活动的兴趣。第二，教师关于活动的指导语因活动内容不同而随时变化，且指导语的重复少，导致孤独症孩子对活动规则的理解常出现障碍。有的孩子即便理解了活动的程序、规则，但是对活动意义的理解还会存在困难。特别是"规则游戏"，它并不是单个人的活动，要涉及同伴互动、同伴配合。参与、完成游戏需要孩子有对游戏角色的想象力，有对角色行为的模仿能力，有对游戏意义的理解力，有基本的语言表达能力等，这些心理能力的缺失，使孤独症孩子难以和普通儿童在游戏中形成平等的交流与合作关系，更难以和普通儿童就同一游戏产生相同频率、相同强度的快乐体验。因此，孤独症儿童活动融合的难度较大。

从实验效果看，在游戏中，经过辅助，典型的孤独症儿童也只能有简单的跟随、从众和模仿，且维持的时间很有限。而类似孤独症儿童基本可以脱离辅助实现幼儿园一般性活动的融合，但规则比较复杂的游戏活动仍然需要教师的个别指导。

孩子在活动融合方面的进展，一般会比生活融合延迟。活动融合难度比较大的孩子，在活动融合方面应只要求他们能够关注别人的活动，要求他们参与其中往往是不太现实的。

"幼儿园教学融合"的操作定义

"幼儿园教学融合"是指经过辅助，在幼儿园集体教学方面促进孤独症儿童与班级幼儿同步化，包括教学秩序的理解与遵守同步化、教学内容的理解与执行同步化。实现教学融合，对孤独症孩子的有意注意能力、自我控制能力、认知理解能力等都提出了比较高的要求，因而，对大多数特殊儿童来说，实现教学融合的难度比较大。

"幼儿园教学融合"有三个基本要求：

第一，孩子需要按照教师的要求遵守课堂规则，基本能够控制自己的情绪和行为。上课与游戏活动不同，课堂教学更强调共同注意和统一行动，特别是幼儿园大班的教学有幼小衔接的作用，其规范化特点很明显。

第二，教学融合需要孩子理解教学内容，对教师所教的知识具有与普通孩子大致同等的理解水平。幼儿园大班阶段，因为幼小衔接的需要，教学融合重点是要求孤独症儿童有基本的学习习惯和学习能力。

第三，教学融合需要孤独症儿童具有一定的共同注意能力，这对很多孤独症儿童是一个难题。

在教学融合的几个基本要求中，本实验中典型的孤独症儿童经过一年左右的时间，基本能够做到理解并遵守课堂规则，但是在注意能力和课业学习能力上，仍然与同伴存在较大的差距。

幼儿园三大融合的关系

三大融合的关系是相辅相成的。生活、活动、教学虽然内容不同、形式不同，但是，三个方面都需要一些基本能力的支持。比如，三个方面都需要孩子有一定的有意注意能力、思维理解能力、指令执行能力、情绪控制能力、行为模仿能力等。反过来说，三个方面中，无论对孩子的哪个方面给予促进，都可以提升孩子的基本能力。

一般来说，一个孤独症孩子如果生活融合程度好，其他两个方面的融合程度也会同步提高。如果我们提升了孩子某一方面的融合程度，也会同时促进其他两个方面的进步。比如，我们要提高孩子参与游戏活动的能力，并不只是单纯辅助孩子参与游戏活动，而是要从三个方面同时促进孩子的发展。

需要指出的是，由于孤独症孩子的类型不同，障碍程度有差异，不同的孩子在三个方面融合上的起点是不同的，在三个方面上表现出来的困难也是不同的。有的孩子可能在活动融合上的困难最大，而有的孩子在教学融合上的困难最突出，辅助教师要根据孩子的个体差异制订符合实际的辅助计划。

○ 操作方案的构成

幼儿园社会融合教育方案包括幼儿园生活融合教育方案、幼儿园活动融合教育方案和幼儿园教学融合教育方案。每个方面的融合教育方案都包括状况评价、辅助计划和执行记录三个组成部分。

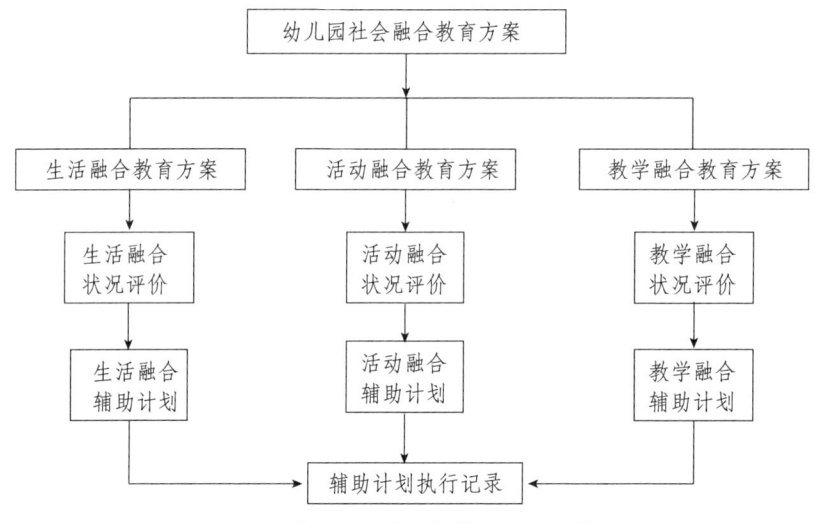

图7 幼儿园社会融合教育方案构成

每个方面的融合教育方案的基本构成是：

第一，起始性评价。通过观察、了解、评价孤独症儿童在社会功能、智力水平上的现状，清楚他们与普通幼儿的差距，为制订个别辅助计划提供依据。

第二，个别辅助计划。根据孩子现有基础，制订三大融合的个别辅助计划。辅助计划包括改善、提高孩子社会功能及思维能力的教育训练内容和操作方法。个别辅助计划中包含提高目标、辅助内容和辅助措施等。

第三，计划执行记录。辅助教师记录个别辅助计划的执行情况，记录孤独症儿童社会功能、思维能力的改善状况、存在问题及辅助教师的辅助措施、效果等。这是辅助教师对个别辅助计划的落实环节。

总之，通过制订三个方面的融合教育方案，辅助教师、班级教师和家长都能够明确每个孤独症儿童幼儿园社会融合教育的目标，明确辅助教师的辅助工作任务，再通过对幼儿园社会融合教育方案的执行，幼儿园融合教育的目标得以落实。幼儿园社会融合教育方案是幼儿园社会融合教育质量的保证，最终我们要以孩子在三个方面的改善程度检验孤独症儿童幼儿园社会融合教育的效果。

　　有的孤独症儿童除了随班保教之外，还要安排个别训练。个别训练也要制订具体的操作方案，一般应包括语言能力训练、数学能力训练、常识学科教育、社会认知教育和思维能力培养几个主要方面。个别训练是对个体的补充性训练，孩子之间差异很大，需要因人而异、灵活掌握。

幼儿园"孤独症社会融合教育"起始性评价的操作方法

○ 起始性评价的操作解析

起始性评价是幼儿园社会融合教育方案的组成部分,也是实施过程的组成环节。起始性评价即在幼儿园社会融合教育开始的时候,对孤独症儿童在幼儿园生活、活动、教学中的表现进行评估,作为制订个别辅助计划的依据。

经过一个阶段(一般是一个学期)的幼儿园社会融合教育之后,要对孤独症儿童的改善和发展水平进行再一次评价,称为终结性评价。当制订下一个阶段的个别辅助计划时,前一个阶段的终结性评价自然也就变成了下一个阶段的起始性评价,并作为制订新的辅助计划的依据。

起始性评价怎样操作?

第一,在孩子入园以后,需要有一个对环境的适应过程,因此,在入园一周到一个月内完成起始性评价皆可。如果时间太早,孩子的表现不稳定,起始性评价会有失客观。

第二,起始性评价进行的顺序是先完成生活融合起始性评价,然后做活动融合起始性评价,最后做教学融合起始性评价。起始性评价需要填写幼儿园生活融合起始性评价表、幼儿园活动融合起始性评价表和幼儿园教学融合起始性评价表。

第三,起始性评价的作用有两个,一是为制订个别辅助计划做依据,二是当幼儿园社会融合教育操作一个学期后，孩子会发生变化，家长和教师要将发展变化的情况与孩子入园时的起始性评价进行比较，以此来评价幼儿园社会融合教育的操作效果。其实，这也是前一个阶段的终结性评价。

第四，对每个孩子的状况评价，都应该以同班普通儿童作为参照。评价项目和具体内容的详略也可以因地制宜、因人而异。本书为评价内容提供了框架思路及操作参考。

第五，重在评价孤独症孩子在幼儿园生活、活动和教学中表现出来的动态状况。

"幼儿园生活融合方案"起始性评价操作参考

下面列出了"幼儿园生活融合方案"起始性评价的基本内容。因为全国各地幼儿园的生活设施、园舍环境和生活常规的要求等存在差异，因此教师要因地制宜，根据本园的实际情况、根据特殊儿童的具体情况，参考本内容，制订自己的起始性评价项目。

1. 孩子是否知道幼儿园的一日生活内容？

● 孩子知道早上要去幼儿园，晚上要回家吗？喜欢来幼儿园吗？下午孩子会期待妈妈来接吗？

● 孩子知道幼儿园一日生活的大致顺序吗？知道入园以后，先做什么、后做什么、再做什么吗？

● 孩子知道幼儿园生活的各种场所吗？知道不容许拿的东西不能拿，不容许去的地方不能去吗？

● 孩子知道幼儿园里人们的各种角色吗？知道班里的老师都有谁吗？知道班里小朋友的名字吗？

2. 孩子如何满足自己的生理需要？

● 孩子关注其他人在做什么吗？他能注意到其他小朋友在吃饭、喝水吗？

● 孩子是否会主动跟随、模仿别人去做同样的事情呢？是否需要特别提醒呢？

● 如果要求孩子和小朋友在相同的时间里做同样的事情，孩子能做到吗？他能和别人一起吃饭、一起睡觉、一起如厕、一起洗手吗？

● 孩子对老师的集体指令有相应的行为反应吗？需要对他单独重复指令吗？

3. 孩子在幼儿园的生活自理能力如何？

● 在生活自理方面，同龄小朋友会做的事情，孩子会做的有哪些？

● 在生活自理方面，同龄小朋友会做的事情，孩子有哪些不能做？正在学的事情有哪些？将要取得进展的事情有哪些？

● 孩子有学习自己做事情的愿望吗？孩子对辅助有依赖吗？

4. 您过去是怎么做的？以后怎样做？

● 在幼儿园日常生活的每个环节中，孩子哪些地方需要您特别帮助呢？

● 是孩子请求时您才帮助他的，还是您经常主动去辅助他呢？

● 孩子在生活自理上有哪些进步？您会分析这些进步的原因吗？

● 您知道在孩子现有的基础上，哪些能力还应该提高吗？您打算怎么做？

○ "幼儿园活动融合方案"起始性评价操作参考

怎么做幼儿园活动融合的起始性评价呢？下面列出了幼儿园活动融合方案起始性评价的基本内容。全国各地幼儿园的场地设施、活动内容的安排都存在差异，因此教师要因地制宜，根据本园的实际情况、根据特殊儿童的具体情况，制订自己的幼儿园活动融合起始性评价项目。

1. 孩子喜欢幼儿园活动吗？

● 孩子知道幼儿园常规的活动内容有哪些吗？

● 孩子对幼儿园里的哪类活动感兴趣呢？感兴趣的表现是什么呢？原因是什么呢？

● 孩子喜欢单独活动还是喜欢追随同伴呢？追随的方式是什么呢？

2. 孩子明白活动的具体要求吗？

● 孩子是按照老师的集体指令进入活动的，还是靠老师的个别指令进入活动的？会模仿他人进入活动吗？

- 孩子能按照老师的指令改变活动的内容或者停止活动吗？
- 孩子能理解老师对活动规则的讲解吗？可以遵守活动规则吗？

2. 在活动中孩子会处理自己和同伴之间的关系吗？他是怎么做的呢？

- 孩子知道主动模仿或者追随其他小朋友吗？
- 别的小朋友和孩子说话、拉手、邀请他、靠近他做事情的时候，他怎么反应呢？他会走开吗？
- 孩子能和同伴配合，共同完成一个简单的游戏活动吗？
- 孩子在活动中有哪些异常的行为表现？

3. 孩子有参加集体活动的能力吗？

- 孩子对集体活动的氛围有关注的表情吗？
- 孩子对集体活动有主动参与的行为吗？
- 孩子可以独立参与的活动有哪些呢？需要在辅助下参与的活动有哪些？
- 孩子不能独立参与活动的原因是什么呢？没有参与兴趣？没有参与能力？

4. 您是怎么做的？

- 您能分辨出哪些活动是孩子力所能及的吗？
- 您事先了解活动内容时，能预料孩子在这项活动中会怎样表现吗？
- 您事先了解活动内容时，知道这个活动可以让孩子学习什么吗？
- 您知道在活动中怎样利用同伴给孩子做榜样、做示范吗？
- 孩子在活动内容上有哪些进步？您会分析这些进步的原因吗？
- 您知道在孩子现有的基础上，哪些活动表现还应该提高吗？您打算怎么做？

◇ "幼儿园教学融合方案"起始性评价操作参考

下面列出了幼儿园教学融合方案起始性评价的参考内容。这里所说的教学，主要指有组织、有计划的集体教学。因为各地幼儿园的课程模式、教学内容存在很大差异，有的幼儿园以综合课、主题活动为主，有的幼儿园以分科课程、集体教学为主，教师要因地制宜，根据本园的特点、根据特殊儿童的具体情况，制订自己的起始评价项目。

1．孩子具有上课学习的意识吗？

● 孩子知道上课的内容和具体要求吗？

● 孩子知道下课的内容和具体要求吗？

● 孩子知道上课和下课的区别吗？

2．孩子具有上课学习的行为习惯吗？

● 当老师告诉全班幼儿上课时，孩子能模仿同伴找到自己的座位吗？

● 孩子在集体教学时，会取放、收拾自己的文具用品吗？

● 孩子在上课时有刻板化的动作吗？

● 孩子在上课时会反复发出怪声吗？

● 孩子在上课时闹情绪吗？是偶尔还是经常？

● 孩子知道老师讲课时，自己不能随便乱跑吗？

● 老师讲课时，孩子能用目光注视老师吗？

● 老师提问时，孩子能跟随同伴举手吗？

● 孩子有想得到老师表扬的表现吗？奖励他小红花时，他有高兴的表示吗？

3．集体教学中，老师讲授的内容孩子能学会吗？

● 老师讲授知识内容时，孩子能听懂吗？

● 老师布置的作业练习，孩子能完成吗？

● 老师课堂提问时，孩子能回答吗？当幼儿集体回答老师提问时，他能跟随吗？

● 老师布置手工活动作业时，孩子能动手做吗？当同伴全动手做时，他是怎么表现的？

● 当全班幼儿集体做律动时，他能跟着一块儿做吗？

● 孩子能不能跟随集体上课？主要问题是什么？怎么解决？

● 如果要让孩子跟上集体教学，辅助人员课前应做什么？上课时做什么？课下又做什么？

- 孩子需要个别训练吗？个别训练课应该安排什么内容？
- 孩子在课程内容上有哪些进步？您会分析这些进步的原因吗？
- 您知道在孩子现有的基础上，哪些表现还应该提高吗？您打算怎么做？

幼儿园"孤独症社会融合教育"个别辅助的操作方法

个别辅助计划制订的操作流程

第一,在对孤独症幼儿进行起始性评价的基础上,制订生活融合辅助计划、活动融合辅助计划和教学融合辅助计划。

第二,辅助计划的基本思路和结构是以同班幼儿的生活、活动和教学中所表现的社会功能、智力发展水平为参照,以对孤独症孩子的起始性评价为基础,提出孤独症儿童在三大融合方面的提升目标,再根据目标要求检查孩子目前与目标之间的差距,确定辅助教师的辅助工作内容和实施步骤。

第三,辅助计划的时间周期安排上,一个辅助计划的时间周期一般为一个学期(或半年)。当一个学期结束时,要对辅助计划执行情况进行总结,对孤独症孩子在生活融合、活动融合和教学融合三个方面的改善状况和发展水平进行终结性评价。然后,把终结性评价变为制订下一个学期辅助计划的起始性评价,重新制订下一个学期的辅助计划。

第四,前后两个阶段的辅助计划在内容上要相互衔接。例如,某一个方面的具体能力在上一个阶段已经达到设计目标时,下一个阶段就要根据孩子已经具有的水平,再提出新的目标要求。新目标是前一阶段的发展和提高。当然,随着孩子年龄的发展和整体水平的提高,在下一阶段的辅助计划中也要提出新的辅助内容和发展要求。这样,前后不同阶段的特殊辅助计划既有连续性，也有程度上的发展性、内容上的拓展性。

第五，辅助计划的详略可以由辅助教师根据孩子的具体情况，因人而异地确定。

○ 个别辅助的操作计划

表1 "幼儿园生活融合辅助计划"参考

幼儿姓名	×××	年龄	6岁	班级	大班	辅助教师	×××
现有基础	在幼儿园生活自理中，孤独症幼儿表现出来的障碍程度和现有状态。 1. 自己不能独自完成自理项目。比如，无法按照班级老师要求用香皂洗手、洗手后用毛巾擦手的常规要求。穿衣服时需要有人在旁提醒和监督，否则中途会中断所做的事情，缺乏做事的执行能力。 2. 不知道自己在班级中的角色以及角色规范。比如，想去洗手间时，不会征求老师同意后再去洗手间。 3. 听集体指令的能力差。比如，当老师向全班小朋友下达两个以上指令时，孩子没有主动听取老师指令的能力，经常需要个别化重复指令。 4. 对人际关系与交往规则的理解有待提升。比如，遇到不喜欢吃的菜时会把菜夹到其他小朋友的碗里。 5. 孩子有故意的不当行为。比如，把水故意洒在地上。 6. 事情做不好受挫折后，闹情绪发脾气。比如，看见别的小朋友会摆一种形状的积木，自己不会，就会破坏其他小朋友的积木造型。 7. 无法区分老师的批评对象。比如，听见老师批评其他小朋友，以为是批评自己，然后就会闹情绪。							
提高目标	在幼儿园生活常规的理解、执行能力方面，在幼儿园生活自理能力方面，希望孤独症孩子有所改善、提高。 1. 教孩子在老师的集体指令下完成吃饭、穿衣、洗漱等自理内容。 2. 教孩子学会用语言向老师提出请求，以此满足自己的需要。 3. 将在老师辅助下才能完成的生活自理内容，提高到不再辅助或较少辅助就能完成。 4. 继续让孩子理解集体生活中的各种规则，减少孩子的不当行为。 5. 教孩子区分老师说话的对象，有时候是对全体说的，有时候是对个人说的。以此提升理解能力，减少孩子的情绪。 6. 培养孩子的自我意识，学会区分物品的归属。 7. 教孩子客观认识自己的能力，理解个人的努力和提升能力之间的关系。							

续表

辅助任务	教师为了实现提高目标,对孤独症孩子的辅助内容。 1. 辅助孩子听取、理解、执行老师的集体指令。 ● 辅助孩子注意听老师的集体指令。在老师将要下达指令之前,提醒他仔细听老师要说什么。 ● 辅助孩子理解老师的集体指令。听完之后如果他不做出反应,问他老师刚才说了什么,让其回答。如果他回答不出来,直接告诉他老师说了什么,然后再帮助孩子理解集体指令的意思。 ● 辅助孩子执行老师的集体指令。比如,老师说"小朋友去小便、洗手、喝一大杯水",教孩子按指令内容顺序逐一执行。 ● 孩子完成老师集体指令后,给予表扬。如果他按指令要求或模仿别人完成指令,即刻给予表扬。 2. 培养孩子对班级常规规则的理解。 ● 提醒孩子,课上想上洗手间时,事先征求老师同意再去。 ● 在自己没有分到筷子、午餐、加餐的情况下向老师报告。 ● 餐前便后用香皂洗手并用毛巾擦干。 ● 进园以后自己脱去外衣,放到自己的柜子里。 ● 吃完饭自己将碗筷送到老师指定的位置。 3. 培养孩子理解班级中的人际关系及交往规则。 ● 教他理解老师喜欢按要求做事的孩子。故意把水洒在地上,老师不喜欢。不想喝水了,可以把剩余的水倒入马桶或水池里。 ● 教他理解想和小朋友玩就要做小朋友喜欢的事情,而不是自己想做什么就做什么。把自己不愿意吃的饭菜放小朋友碗里,闻小朋友衣服、头发等行为,小朋友不喜欢。让他明白,不想吃的饭菜可以剩碗里,也可以倒垃圾桶里。跟小朋友玩可以跟小朋友说话打招呼。 ● 培养孩子穿衣服的速度及质量。比如,锻炼孩子提裤子的速度以及如何处理衣服的里外关系。 ● 多带着孩子观察主班老师对其他小朋友说话的情景,教他理解老师说话的对象。比如,看到老师在对别的小朋友说话时,辅助教师随时带他观察或提问他"老师在对谁说话",让他正确区分。 ● 多找机会,肯定孩子的进步。比如,辅助教师和带班老师增加表扬的次数,放大孩子的进步,要么当众表扬,要么个别表扬。 ● 建议家长在家里逐步撤销辅助,尽可能让孩子独自完成各种自理活动,如擦屁股、系鞋带、吃饭、喝水、洗漱等。

表2 "幼儿园活动融合辅助计划"参考

幼儿姓名	×××	年龄	6岁	班级	大班	辅助教师	×××
现有基础	\multicolumn{7}{l}{孤独症幼儿在幼儿园的各种活动中表现出来现有的能力状态。 1. 活动中的专注性比较差。比如，在幼儿园活动中注意力老是溜号，需要老师帮助他维持注意力。 2. 活动中的连贯性比较差，容易中断。比如，午睡后穿衣服，穿两下就愣神了。 3. 活动中喜欢独处，不喜欢追逐小朋友。比如，户外活动时，不喜欢找小朋友玩。 4. 理解能力简单，对稍复杂一些的活动规则无法理解。比如，活动中只能理解同伴的简单话语。户外活动时，经过示范讲解后，能执行一些短时间可完成的简单活动。 5. 和同伴处于平行交往阶段，不会合作。比如，同伴与他交流，有时他不予理会，有时在辅助教师辅助下鹦鹉学舌、简单应对。 6. 在与伙伴的交流中，自我中心化比较严重。比如，有时会无原因笑个不停，有时又只顾说自己想说的话，不管对方听不听。 7. 自言自语。比如，会无缘无故做踢腿的动作，并伴随一些不合时宜或无意义的语言。}
提高目标	在幼儿园各种活动的参与意识、参与能力方面，预计要达到的改善、提高的目标。 1. 需要增加孩子对集体活动参与的兴趣。 2. 在特殊辅助下，具有参与集体活动的基本能力。比如，可以听懂老师的指令，理解活动规则，并执行活动。 3. 在特殊辅助的条件下，能和同伴进行简单的语言沟通，有简单游戏的合作能力。 4. 能表达自己的需要和感受。比如，"我不和你玩了""这个不好玩，我不想玩了"等。 5. 有维持几分钟游戏活动的注意力。 6. 在活动过程中学会站在对方角度思考问题。比如，教孩子理解"我想跟小朋友玩，要看小朋友想不想跟我们玩"。 7. 减少孩子的自言自语，学习使用功能性语言解决问题。比如，"老师，我不想玩跳绳了，我想滑滑梯"。
辅助任务	特殊辅助教师对孤独症孩子的辅助内容。 1. 帮助孩子了解幼儿园常规的集体活动内容，提前熟悉、理解活动规则。 2. 辅助教师要提高孩子参与活动的兴趣和积极性，对于孩子能完成的部分给予高度表扬，给孩子信心继续玩下去。 3. 根据孩子的认知理解能力，坚持给孩子讲解活动规则，坚持给孩子做动作示范，辅助孩子参与集体活动。 4. 在活动的过程中对孩子进行监控、调节，维持孩子参与活动的注意力。 5. 创造机会让孩子和小朋友之间互相帮助，让孩子理解同伴对他的态度和要求。试着表达自己简单的要求和感受。 6. 和同伴简单合作，比如，共同看一本书，共同搭一个积木造型等。 7. 运用具体事例，教孩子学习站在别人的角度考虑问题。

表3 "幼儿园教学融合辅助计划"参考

幼儿姓名	×××	年龄	6岁	班级	大班	辅助教师	×××

现有基础	在集体教学活动中，孩子表现出来的现有行为状态。 1. 对于不感兴趣的课程，注意力很容易转移，大多数时候游离于课堂。 2. 上课时必须由辅助教师多次提醒，帮助他维持注意力。 3. 以自我为中心，有时会忽略老师提的要求，做自己喜欢的事情。 4. 学习能力与其他孩子相比有差距，有些知识接受得慢一些。 5. 上课时有刻板化的小动作。 6. 在上课时会无意识地发出无意义的怪声。 7. 在老师讲课时，孩子很少用目光注视老师。 8. 老师提问时，孩子没有举手回答问题的行为反应。 9. 在老师布置手工活动作业时，孩子有时不能坚持动手做完。
提高目标	在幼儿园教学活动融合方面，预计要提高孩子的哪些能力，及对提高程度的预期。 1. 对有些课程有一定的兴趣爱好，能感觉到学习的快乐。 2. 有较好的行为控制能力，遵守上课的要求，在提醒下能纠正自己的刻板化小动作。 3. 教师讲授时，能用目光注视教师。经过辅助提醒，能保持几分钟共同注意。 4. 遵守上课的纪律要求，基本上纠正自言自语出怪声的行为。 5. 老师提问时，能模仿同伴做出举手的正确反应。 6. 认知能力和同班多数孩子同步，或者经过辅助能达到同步。 7. 学习中遇到不懂的问题会问老师，或者会问同伴。 8. 上课时保持平稳的情绪，一般不发脾气。
辅助任务	教师为了实现孩子的改善、提高的目标，需要对孤独症孩子实施的辅助内容。 1. 继续提高孩子认知，培养孩子的学习能力。 2. 继续用及时提示、反复强化的方法，辅助孩子理解上课的行为规范，让他遵守课堂纪律。及时纠正孩子在课堂教学中的刻板化小动作和出怪声的行为。 3. 引导孩子观察同伴注意听讲的表现，引导他模仿其他孩子上课的正确表现。 4. 辅助教师与带班教师相互配合，用表扬、强化、辅助的方法鼓励他举手回答问题。 5. 对于孩子在集体教学中没学会的知识内容，课下及时补习。有些知识可以用分解的方式，帮助、启发孩子理解。 6. 建议家长配合辅助教师对孩子在集体教学中没学会的知识内容，在家庭环境中个别化、有针对性地重点突击，实现家园共育。

幼儿园"孤独症社会融合教育"执行记录的操作方法

○ 执行记录的操作意义

执行记录就是在方案的执行过程中,辅助教师做的辅助任务完成情况记录,记录辅助教师做了什么、怎么做的,孩子是怎么表现的、出现了哪些变化等。

执行记录实际上是记录辅助计划的实施过程。一个方案的实施,关键要看执行过程,只有注重过程的控制、调节,才能够达到预设目标,取得预期效果。

做好执行记录,更有利于特殊辅助教师在辅助过程中总结经验教训、发现教育规律,更有利于辅助教师主动地控制、调节自己的辅助工作,同时,也给阶段结束后对孩子的发展状况进行终结性评价打好了基础。

执行记录也是幼儿园带班教师、辅助教师和家长进行信息沟通的载体,是实现家园配合的一种措施。

○ 执行记录的操作方法

辅助教师制作计划执行记录表,定期填写执行记录,主要分为两个部分:一部分是教师的辅助措施,另一部分是孩子的行为表现。辅助教师还可以填写对辅助效果的分析、体会。

建议辅助教师至少每个星期根据执行记录和家长做一次沟通,向家长提出配合教育的建议,以此来提高家园配合的水平。

表4 "幼儿园社会融合教育"执行记录参考

辅助教师	×××	幼儿姓名	××	年龄	7岁	班级	大班
记录时间	年 月 日	在园时间	上午 时—下午 时			天气	

生活融合计划执行情况	**主要记录内容**:1.孩子执行生活常规的一般情况。2.当前主要学习项目的进展情况,孩子的进步表现和存在的问题。3.教师的辅助措施、辅助方法、辅助行为。 **孩子的表现**: 入园后的常规:在辅助教师语言提示下,会脱羽绒服,会把衣服和书包放到橱柜里。小便、洗手、挂毛巾后,能回到班级里找自己的椅子坐下吃饭。 中间休息时的常规:通过提示,她观察别的小朋友,虽然动作慢了一些,但也能和别的小朋友同步。 午饭时的常规:吃午饭时,老师要求她给每一张桌子上发6双筷子,但她理解有限,有的桌子上刚发两双筷子就去发下一桌,经辅助教师语言提醒后,能回去补发。 午饭后的常规:刷牙时,可以吐出泡沫,漱口水在嘴里"咕噜咕噜"以后吐出来。 **进步表现**:提裤子、披衣服比昨天进步了。可以在语言提示下,找到对角来折叠。洗脸时懂得弯下腰,几乎不弄湿衣服,这是进步的表现。 **存在的问题**:吃饭慢,耽误了每天上午的第一节课。 **辅助措施**: ● 针对吃早饭慢,辅助教师根据孩子的动机,采取谈话的方法,来帮助她自我调节。比如,辅助教师问她:"想不想去上课呀?"她回答:"想。"辅助教师继续跟她讲:"别的小朋友都去上课了,只有你还在吃饭,你快点吃,才能和别的小朋友一样去上课。" ● 培养她使筷子时的用力得当和动作协调能力。除在进餐时培养外,还可以在平时跟孩子玩一些使用筷子夹东西的小游戏,以此达到锻炼目的。
活动融合计划执行情况	**主要记录内容**:1.孩子在班级活动中的表现。2.当前主要学习项目的进展情况,孩子的进步表现和存在的问题。3.教师的辅助措施、辅助方法、辅助行为。 天气太冷,没有户外活动,孩子们只是在楼道里跑跑步、做做热身运动。 **孩子的表现**:班级活动多数都能跟随。需要辅助教师在活动开展前跟她个别化、针对性地讲活动规则,多数可以跟随大家一起活动,偶尔会离开队伍。 **进步表现**:较之前跟随大家的时间延长了一些,在辅助教师的要求下可以控制自己尽可能不离开班级单独活动。 **存在的问题**:遇到她喜欢的老师,或者是她喜欢的幼儿园的保安,也有控制不住跑出班级活动地点的时候。活动过程中经常大声说"憋不住了,要小便"。

	辅助措施： ● 活动之前，事先告诉她在班级中的角色、角色关系以及活动规则。比如，告诉她"你是大一班的小朋友，小朋友都要听老师的话，老师让干什么就干什么"。 ● 活动中，让她参照模仿其他小朋友。比如，活动中告诉她"你和小朋友们一样，大家做什么，你也做什么，小朋友们都不离开队伍，你也不能随便离开"。让她重复"我不能随便离开队伍，小朋友干什么，我就干什么"这句话。如果孩子自我控制失败，辅助教师发现孩子要跑开，可以帮助她自我调节控制自己。如果她没经本班任何一位老师允许跑出去了，就将错就错，故意让她和别的班的老师走，让她自己体验班级老师、小朋友、环境的变化后，辅助教师再顺势有针对性地引导。 ● 活动后，按照事先约定，给予她一定的物质强化和社会强化，深化孩子的自我意识培养。 ● 针对孩子大声说"憋不住，要小便"的问题，从以下两方面做起：首先，确保活动前已经小便过，顺势明确告诉她"已经小便了，就不能再说'憋不住'的话了"。其次，告诉她即便憋不住了，也不能在任何场合大声说，可以跟老师悄悄说，让孩子理解悄悄话、理解隐私、理解面子。
教学融合计划执行情况	**主要记录内容：** 1.孩子在班级课程中的表现。2.主要学习内容的进展情况，孩子有什么进步和好的表现，存在的问题是什么。3.教师的辅助措施、方法。 **孩子的表现：** 上课前帮老师擦黑板。老师主动请她帮忙，擦完后，老师表扬了她，她特别高兴。之后提醒她下次可以主动帮老师擦黑板。 **进步表现：** 辅助教师给她第一节课、第二节课的概念，加入"刚才""过一会儿"的概念，休息的时候不断强化，感觉她已经明白了"第几节课"的概念。 **存在的问题：** 上课时还是会走神。写字时眼睛老是看有影子的地方，因此，写字会中断，用时过长。 **辅助措施：** ● 辅助教师不断提醒，帮助她维持注意力。 ● 教孩子理解"在什么时间就干什么事情"。上课时就认真上课，写字时就认真写字，看影子时就认真看影子。 ● 给予孩子适当的物质强化和社会强化。比如，认真连贯完成抄写作业奖励巧克力，同时，表扬孩子做事注意力集中、连贯、认真，老师喜欢！
备注	记录教师在一日辅助工作中的心得体会、感受、感想，记录教师对孩子情况的分析等，记录辅助教师对家长和指导教师的教育建议。 1.孩子在幼儿园的一日生活中需要学习的内容太多。 2.孩子的进步不是一蹴而就的，需要反复学习、反复积累。 3.孩子各种不当行为的背后，是她的社会认知、自我意识亟待提高的问题。 4.孩子的生活自理能力、学科知识、注意力、自我意识等能力的培养需要在甄老师的指导下，幼儿园班级全体教师和家长统一目标，合力培养。 5.孩子每天的一点点进步，都是对辅助老师的莫大鼓励。

幼儿园"孤独症社会融合教育"操作的质量溯源

幼儿园社会融合教育是促进孤独症儿童社会性康复的有效途径之一,但是,要做出品质具有一定的操作难度。近10年来,在国家政策法规的保障下,幼儿园已经对特殊儿童敞开了大门,"进入幼儿园"已经不再是家长的梦想。今天,家长们心心念念的"幼儿园融合",其重心应该聚焦在如何通过幼儿园融合,"融"出孩子社会性康复的质量,怎样通过幼儿园融合,"融"出孤独症孩子社会功能提升的效果。

幼儿园社会融合教育的操作需要幼儿园教师、辅助人员及家长的三方合力。其品质从哪里来呢?上到战略定位,如"孤独症儿童上幼儿园的目的是什么""在幼儿园融合的过程中,我们应该着重教孩子学习什么""辅助教师的工作重点应该放在哪里",下到战术方法,如"班级活动孩子不跟随怎么办""上课听不懂、乱跑怎么办""孩子挑食、拒绝午睡怎么办",幼儿园融合品质皆需从幼儿园教师、辅助人员及家长的"孤独症社会融合教育"理念、能力及方法上溯源。

○ 家长对社会融合教育质量的影响

孩子、家庭是幼儿园社会融合教育最大的受益者,家长应该是幼儿园社会融合教育最强有力的推动者。家长总希望自己身边有现成的"融合幼儿园",总期待幼儿园为孤独症孩子建设好融合教育的无障碍通道,但事实上,这个条件并非坐等可得。即便在幼儿园敞开大门的今天,要提升幼儿园社会融合教育品质，家长仍然是第一推动力。

家长自己要把社会融合教育的基本原理、操作方法学懂、学透，这样不但能够配合带班教师、辅助教师工作，必要的时候，还能及时给予老师们社会融合教育专业知识的支持。同时，幼儿园社会融合教育必须与家庭社会融合教育并驾前行、相互补充。家园合作，孩子才能获得最佳的社会性康复效果。

孤独症儿童的家长一直以来都是自我学习最努力、最勤奋的家长，这一点毋庸置疑。但家长有什么理念、备什么能力、学什么知识，才能切实助力幼儿园社会融合教育的品质呢？毫无疑问，如果家长的社会性教育缺课，将会使孩子的社会融合教育效果大打折扣。

幼儿园社会融合教育要求在随班保教中给予孩子个别化辅助，谁来承担特殊辅助的职能呢？从全国看，短时间内，胜任幼儿园社会融合教育的辅助教师难以到位，不得已，很多家长需要自己入园辅助孩子，而家长辅助的操作质量，势必影响幼儿园社会融合教育的品质。因而，社会性教育当是家长们的必修课。

○ 幼儿园教师对社会融合教育质量的影响

毫无疑问，没有幼儿园及教师对孤独症儿童的接纳，孤独症儿童幼儿园社会融合教育就等于梦想。幼儿园和教师怎样对待迫切需要融入幼儿园的孤独症儿童呢？回首过去，我们已经走过了"拒收入园""被动接收"两个阶段。

早年，幼儿园拒收孤独症儿童的原因主要是：首先，不理解孤独症孩子入园融合的目的；其次，教师不会处理因孤独症儿童的特殊性而造成的教学及管理上的矛盾；最后，没有解决孤独症儿童个别辅助的思路和方法。后来，随着全纳教育理念的影响，很多幼儿园不再拒收孤独症儿童，但是，大部分幼儿园和老师并没有主动解决好上述三个问题。很多孤独症孩子虽然进了幼儿园，只是看起来"有融合"，但实际"没质量"。家长觉得有幼儿园接收孩子已经感激不尽，有的妈妈甚至面对老师时仍然是诚惶诚恐，对孩子的融合质量不敢有"非分之想"。

那么，第三个阶段何时到来呢？经过家长的努力，随着国家教育立法的推进，名副其实的孤独症儿童幼儿园社会融合教育的时代已经到来了。从2006年甄岳来老师的实验起步，到零星幼儿园及教师的跟进，逐渐到家长特别是普教、特教行业对"孤独症社会融合教育"的认同，孤独症儿童幼儿园社会融合教育终将迎来百花盛开的春天。

孤独症儿童幼儿园社会融合教育的品质，溯源幼儿园和教师，回首过去、面向未来，我们有如下期待。

第一，幼儿园和教师以正确的儿童观、教育观为导向，精准解读孤独症儿童幼儿园社会融合的内涵，从孤独症儿童、孤独症家庭、普通儿童的发展及幼儿园职能等多个角度，辩证地理解孤独症儿童的幼儿园社会融合教育的意义。

第二，幼儿园和教师都需要获得孤独症儿童幼儿园社会融合教育操作思路及方法上的支持。再好的理念，没有可行的操作思路、操作方案、操作方法，都无法落地实施，经过甄岳来老师的实验研究，已经为幼儿园及教师解决了实施操作层面的问题。

第三，为孤独症儿童解决辅助教师问题。

广开思路招纳。辅助教师可以由家长、孤独症儿童的家庭教师、特殊机构的教师及本幼儿园教师担任，幼儿园要积极招纳他们入园辅助。

助力措施到位。辅助教师需要熟悉幼儿园的环境、人员、工作流程、各项规章制度要求，特别是教育教学内容、方法等，幼儿园及带班教师要助力辅助教师，帮助他们胜任辅助工作。

协同配合工作。班级教师与辅助教师需要密切合作、默契配合，这样教育孤独症儿童的工作难度会成倍降低。比如，共同制订孤独症儿童幼儿园社会融合教育方案，班级教师从面向全体的角度发出集体指令后，辅助教师必要时将集体指令转化为一对一个别化指令，并辅助孩子向班级教师提问、求助等。

幼儿园对孤独症儿童从"被动接收"到"主动接纳"，这是孤独症儿童幼儿园社会融合教育品质提升的关键点。

○ 康复机构对社会融合教育质量的影响

不计其数的特殊训练机构，一直是孤独症康复训练的主力军。传统机构的训练模式、训练内容、训练效果等，经过近30年的检验，显现出诸多弊端与局限，机构不经改革，越来越不适应孤独症儿童社会性康复教育的需要。因而，近10年来，机构在不断自我革新，从"封闭式的形式化训练"向"开放式的社会功能培养"转型，这是一个必然的趋势，也是机构面临的一场重要的变革。

特殊训练机构与幼儿园社会融合教育的品质有什么关系呢？很多机构意识到检验孤独症康复的标准不是别的，就是看孤独症孩子回归社会、融入社会生活的宽度与深度。其中，支持、帮助更多的适龄孤独症儿童进入幼儿园融合，这是孤独症康复机构的职能之一，为此，很多机构开设了孤独症儿童普教融合预备班，为孩子们进入幼儿园融合、学校融合做准备。但是，如果机构仍然停留在旧的形式训练的模式上，不去深入研究、实践社会性康复教育，则很难实现支持孩子对接普教融合的目标。

还有的机构看好普教融合辅助教师的巨大缺位，希望向普幼、普校输出融合辅助教师，有的特殊训练机构增加了融合辅助教师培训业务。毫无疑问，不管给他们冠以什么名称，普教融合辅助教师这个岗位的根本职能就是教育、帮助孤独症孩子学习在真实社会环境中凭借社会功能去生存、去生活。他们要为孩子创设环境、维护环境，他们要教孩子处理关系、解决问题，他们要练孩子的社会功能，他们要拔孩子的思维能力。由此可见，融合辅助教师自身优秀的社会性（社会功能），是他们胜任这一职业的必要前提，因为"老师先有，学生才可能有"。

融合辅助教师是否具有社会融合教育的理念与能力，无疑影响着幼儿园社会融合教育的内在品质。如果特殊机构让惯于形式训练的特教老师去辅助孤独症孩子进行幼儿园社会融合教育，对老师来说实在是勉为其难。

辅助教师对社会融合教育质量的影响

个别辅助是孤独症儿童融入随班教育环境的桥梁，是幼儿园社会融合教育中关键性构成要素，如果没有个别辅助，就没有完全意义上的幼儿园社会融合教育。

个别辅助的方式有两种：第一，辅助教师与班级教学、班级生活、班级活动同步，在随班保教中对孤独症儿童给予个别辅导；第二，为孤独症儿童设置个别训练课程。

孤独症儿童上幼儿园，目的不是为了"托养"，而是为了"教育康复"，只有通过特殊辅助的桥梁作用，才能有效地达成社会性教育康复的融合目的。

典型孤独症孩子几乎没有共同注意能力，没有参与动机，不能主动吸收外界信息，经常是"充耳不闻、视而不见"，对教师的语言调节和信息刺激理解迟钝、感受麻木，不能及时做出相应的行为反应，这使得他们接受集体教育存在很大困难。他们一方面需要高强度的信息刺激，另一方面需要专门的辅助人员随时随地对他们进行督促、提醒。老师的集体指令需要随时随地给孩子"翻译"，老师的授课内容需要一对一给孩子重复解释。班级教师需要面向全体，难以给予孤独症孩子更多的关照，而一般性的管理力度和教育强度又不足以满足孤独症儿童的随班学习、随班活动、随班生活的需要。没有特殊辅助，孤独症孩子虽然身处班级，仍会有大量时间处于自我封闭、游离环境的状态，因此，特殊辅助就成了保障孤独症儿童随班保教品质的必要条件。

在幼儿园一日生活中对孤独症儿童进行社会性教育，是随机性很强的情景教育，需要随时随地抓住机会，需要高密度重复，需要在生活情境中反复地示范、练习、巩固、提高。如此，只有个别化的辅助才能够做到这一点。

通常，孤独症儿童的理解能力与普通儿童相比，存在明显的差距，大多数孤独症孩子难以跟上班级的课程，他们需要通过个别教育进行补偿。障碍程度较重的孤独症儿童除了需要随班保教中的特殊辅助外，还需要每天安排单独的"个别训练"，这也属于特殊辅助的范畴。

从另外一个角度看，辅助人员随时随地矫正、调控孩子的问题行为，随时随地疏导孩子的不良情绪，也是维护班级教育的正常秩序、协调孤独症儿童与正常幼儿关系的有效方式。

辅助人员首先要具备对孤独症儿童的爱心、责任心，具备对孩子的理解和接纳的情感态度，同时，还需要了解幼儿教育的一般规律，了解普通儿童的心理发展过程和特点，并熟悉幼儿园的管理方式、工作流程和各种规章制度等。担任辅助教师职责的可能人选有幼儿园教师、特殊训练机构教师、孤独症儿童的家庭教师及家长等，但不管谁来担任幼儿园社会融合教育辅助教师，胜任幼儿园社会融合教育辅助教师工作的必须是用社会性教育理念武装起来的、具有社会性教育能力、掌握社会性教育方法的社会性康复教师。

链接：
青岛市"幸福之家"幼儿园融合教育探索

刘树芹老师创办的青岛市"幸福之家"幼儿园，对孤独症儿童幼儿园社会融合教育模式进行了大胆的创新。自2007年开始，"幸福之家"首创了普通儿童与特殊儿童人数比例为1：1的融合模式，使在园孤独症等特殊儿童人数与普通儿童人数"平分秋色"。"幸福之家"独具特色的幼儿园社会融合教育模式的创建与运行，就下列关系到幼儿园社会融合质量的关键问题进行了深入的实践、研究与探索。

第一，幼儿园怎样在"实现全体幼儿身心健康、全面发展，让每一个孩子成为更好的自己"的宗旨下，去追求"特殊儿童与普通儿童的相互促进、共同成长"。

"幸福之家"的教育模式、课程安排、教学形式、教学方法等，既要遵循普通儿童身心发展规律，又要特别兼顾孤独症儿童社会性发展的特殊需要；既要保证普通幼儿学前教育的质量，又要有针对性地满足特殊儿童的个性化补偿。并轨齐驱，使得幼儿园中的普、特融合具有了更深刻的含义。"幸福之家"对幼儿园中普通教育与特殊教育关系的处理，使得幼儿园社会融合教育迈向了更高的水准。

第二，幼儿园怎样让孤独症儿童充分享有"接纳、理解、包容和关爱"的健康、宽松的康复成长环境，享有与普通儿童平等的教育机会。

在"幸福之家"幼儿园融合教育中，普通儿童与特殊儿童没有明显的人数差距，客观上造成了家长、教师、孩子之间没有明显的"优劣反差、特殊歧视"心理。更为重要的是，在所有孩子面前，"幸福之家"从坚信"每个孩子都有自己的学习能力，都有自己的特有价值"这一融合理念出发，教师将关注的重点放在每个孩子自己的优势而非缺陷和不足上，这就给孤独症儿童的社会性发展营造了良好的人文大环境，使其社会性康复潜能有了良性的康复条件。

第三，怎样让普教老师了解特殊儿童的发展障碍，了解他们的康复需要及干预方法，怎样让特教老师了解普通儿童的发展规律，从而助力特殊儿童社会性康复目标的达成。

"幸福之家"的"随园保教，现场教学"，应用了"在全班幼儿的发展目标之下，设计特殊儿童的个性化目标"的融合促进方法，在各种集体教育、教学、游戏、活动及生活过程中，资源教师（辅助教师）辅助特殊儿童，配合主课教师，随机运用多种支持策略。普教教师与特教教师共同商讨，以特教教师主导，其他教师联手配合，共同培养特殊幼儿的各种社会功能。解决普通教育与特殊教育在教师层面的"默契融合"，这是幼儿园社会融合教育的又一个高难度的问题。

第四，如何使特殊儿童和普通儿童之间建立长期稳定的同伴关系，如何发挥"近朱者赤"的榜样作用。

"幸福之家"采取"一帮一，结对子"的形式，调动普通幼儿的示范作用，供孤独症儿童观察模仿。在特殊儿童出现情绪、行为等问题时，更利于普通幼儿学会给予关注，利于他们乐于助人的优良品质的形成，且提高了普通儿童独立解决问题的能力，提高了普通幼儿的自尊、自信以及社会责任感。这是幼儿园社会融合教育的双赢效果。

"幸福之家"独创的1∶1幼儿园融合教育模式，挑战了孤独症幼儿园社会融合教育的最高难度，其对上述问题的探索证明了：在孤独症幼儿园社会融合教育的道路上，其模式不拘一格，多种多样；普通幼儿与特殊儿童可以实现互利双赢，这正是幼儿园社会融合教育的最佳效果；因主客观条件的不同，幼儿园社会融合教育的层次、深度可有较大的差别；幼儿园社会融合教育的操作不同，在促进孤独症儿童社会性康复上起的作用也会有所不同。

(韦玉翠承担了本章的写作、修订、编审工作)

第四章

"普校就读篇

孤独症学生"普校社会融合教育"实况聚焦

上学,对一个孩子来说天经地义,因为接受教育是每个孩子生而具有的权利。然而,天灾降临在这样一些孩子身上,使他们不幸患有孤独症,他们能够和普通孩子一样上普通学校吗?聚焦孤独症学生的普校生活片段,我们看到了这样的镜头。

○ 心惊胆战说上学

镜头1 一个小学五年级的孤独症孩子,由妈妈在班里陪读。因为自控能力差,孩子有时会在课堂上发出声音,影响老师上课。老师经常警告家长和孩子,他们随时可能被"请"出校门。父母每天如履薄冰,终于有一天,妈妈收到了"最后通牒"。父亲惶恐而沮丧地说:"我知道这一天迟早要来,每天都做这样的噩梦,终于还是来了。"

镜头2 一个四年级的孤独症学生,父母提出陪读,被学校拒绝。孩子因为有情绪障碍,兴奋的时候会有不当动作、声音和表情,老师认为她干扰了其他学生,虽勉强同意她留在学校里,但是不得进入教室,只能由母亲单独给孩子在单独的教室"上课"。孩子经常和妈妈说:"我想去班里上课。"每次听到这句话,妈妈的心都会剧烈地疼痛。最后,母女还是无奈地离开了学校。

镜头3 一个原本在班上成绩不错的初中孤独症男孩,因为语言和交流存在障碍,时常受到班里学生的欺负,不是自行车胎被扎,就是水杯莫名其妙不见了，要不然就是在厕所里遭到从背后袭来的拳脚。这样的事情接连不断，为了保护孩子，妈妈辞去了工作，直到孩子上初三，妈妈一直在学校陪读。但是，陪读是一份比任何工作都艰辛的"工作"。只有中等学历的母亲，要自己给孩子辅导每一门功课。孩子的成绩优良，但是，因为他是一个特殊的学生，一直难以得到老师的认可。母子二人迎着冷漠和歧视的目光，走过了9年。孩子毕业以后，妈妈就像经历了一场耗时9年的残酷战争，心力交瘁。

镜头4 一个刚进入职业高中的孤独症男生，看到一个女教师乌黑飘逸的长发，非常喜欢，忍不住从背后摸了老师的头发。这个刚做教师的年轻女孩回过头来，看到一个人高马大的男生站在自己身后，立刻高声尖叫起来。于是，孤独症男生被劝退学。

……

学校的大门对每个孩子敞开着，然而，孤独症孩子要上学，这扇门需要父母用智慧和勇气去开启。客观地说，由于孤独症儿童本身社会性障碍程度不同，并非所有的孤独症孩子都适合进入普通学校。但是，那些障碍程度较轻或者障碍程度中等的孤独症儿童，给予他们一定的辅助，他们原本是可以在普通学校里接受义务教育的。在中国，这部分孩子成千上万，但是当前能够进入普通学校并坚持完成义务教育的，为数很少。就是这为数有限的维持在普通学校就读的孤独症学生，也会让父母天天心惊胆战，甚至处处如履薄冰。

上学，将把孤独症学生自己和他们的父母带入一段不同寻常的人生旅程，当然，也带给了他们不同寻常的人生体验。学校是打造"社会人"的熔炉，每个父母都清楚懂得，将社会性发展有缺陷的孤独症孩子投入正常群体中去锻造，这不同于普通孩子上学，它有着关乎孤独症孩子康复的意义。但是，在孤独症孩子的社会性水平与普通孩子的巨大差异面前，父母陷入了两难的境地——为了康复得更好，要千方百计地创造条件让孩子进入普通学校，但这无疑又是将自己和孩子放在了与学校环境的碰撞之中。提高孩子对学校生活的适应能力、提高孩子的社会性并非一日之功，怎样请求学校、老师给予孤独症孩子上学以最大的理解和宽容，这又让父母自觉难以把控。于是，一个孤独症孩子上学，往往伴随着父母的自卑、疲惫与焦虑纠结在一起的心痛。

正是在孩子与环境冲突的夹缝中，很多父母不堪心理重负，动摇了"让孩子继续上学"的选择。但是，一旦孩子离开学校，在解脱的同时，父母又会经受另外一种痛苦的煎熬，那就是孩子的退化、时光的荒废。"教起来艰难，放下去可惜"，这就是普通学校里的孤独症学生让家长面临的两难处境。

将孩子送进普通学校，既是充满期待的目标，也是充满挑战的选择！

○ 义无反顾上普校

孤独症孩子的上学之路荆棘丛生，可为什么有那么多父母义无反顾呢？

镜头1 一个在中等专业学校读书的孤独症学生，生活自理、学习努力、成绩良好，孩子从中获得了自我成就感。虽然语言表达困难较大，不能与同龄人顺畅沟通，但他的行为基本正常，能理解人与人之间的关系，在母亲的辅助下能主动调节与老师、同学的关系，在班级里与人相处和谐，母子得到了老师和同学的理解、宽容，赢得了老师和同学的钦佩。

想起孩子入小学的困难经历，母亲感慨地说："入小学面试的时候，孩子问题很多，不听指令、不看老师，每到一个地方眼睛就盯住门的把手死看，谁叫都不理睬。当初我带着儿子辗转了好几所学校，都被拒绝了，没有办法，最后转移到农村的学校，孩子上学的时候都9岁了。从小学到中学我一直陪读，虽然非常艰难，但是孩子越来越好了，行为、情绪都在明显改善。孩子越来越懂事了，学习成绩也一直不错。虽然上学道路艰辛，但是我不后悔，孩子有今天，幸亏上学……如果孩子没有上普通学校，今天是什么样子，我不能想象。"

镜头2 在大学课堂上，坐着一位举止端庄、学习认真的女生，在老师的同学眼中，她礼貌而文静，独立而乐于助人。大学毕业以后，她与同龄人一样渴望自食其力、渴望实现自我价值，最终她找到了一份自己喜欢的工作。在工作中，她以自己的努力、好学、勤恳、友善、合作，赢得了领导的理解和认可，在领导的帮助下，她与同事、顾客和谐相处，基本实现了社会生活自立。

但是，她曾经是一名孤独症儿童。进入小学以后，老师曾不断告诫她的家长："带着她去检查一下智力吧，她继续升学很困难。"这是一个老师、同学眼里的"丑小鸭"。小学阶段，她的注意力障碍非常严重，几乎不能在课堂上学到东西，所以放学回家后，不得不在家里"上夜校"，母亲每天都要陪读到深夜。为此，母亲也曾多次怀疑过女儿是否能在普通学校坚持下去。但是，孩子坚持读完了普通小学。升入中学以后，虽然她还是一个和普通学生有着明显差异的孩子，但她的行为、情绪、注意力、交往能力都得到了很大的改善，特别是自我认知、自我控制、生活能力的提高，使她向"社会人"迈进了一大步。中学毕业的时候，班主任老师感慨地对她的父母说："如果没有你们坚持把她留在普通学校里，她不会康复得这么好，她的成长可能会是另外一条轨迹。"直至高中、大学，她向社会化前进的脚步越来越坚定……

这样的孤独症学生及其成长历程不止一个、两个。孤独症学生普校社会融合教育成功的关键因素是什么？我们能否把更多的孤独症孩子成功地送入普校，又能否让更多孤独症学生成功地完成他们在普校里的社会融合教育呢？

孤独症学生"普校社会融合教育"的操作依据

一个初中孤独症学生,在学校里遭遇了几个学生的群体殴打,浑身是伤。妈妈眼在流泪,心在流血,不禁问自己:"孤独症孩子一定要上学吗?我的孩子一定要在普通学校里上学吗?"很多普通学校的教师怀着同样的不解:"孤独症学生不但学习吃力,还时常遭遇同学的歧视,家长为什么要让他们上学呢?"

上学的压力可增强孩子与环境相互作用的力度

虽然孤独症孩子具有显著的社会性发展障碍,但是,他们同时也有着很大的社会化潜能。现有的成功个案,让我们看到了这样一个规律:孤独症人的社会化道路比正常人曲折,且过程漫长。绝大多数孤独症患者最终的社会化程度虽然不及正常人,但是,他们确实具有一定的社会化潜能,而后天给予他们得当的教育,是让这种潜能充分发挥出来的必要条件。那么,在哪里接受教育,什么样的教育条件能够最大程度地开发孤独症孩子的社会化潜能?对一部分孤独症孩子来说,选择在普通学校就读,正是最适合他们社会功能康复的途径。

在普通学校里,虽然孩子、家长、老师都觉得紧张并有压力,但是,潜能正是在适度的压力下被挖掘出来的。普通学校的各种要求都高于孤独症学生本人的能力,一旦进入普通学校,孤独症孩子就会明显显现出他们与环境要求之间的差距,最突出的是三个问题:不同程度的交往障碍、学业困难、情绪和行为困扰。显然，在学校里，对于孩子的问题，家长、老师都不会等闲视之。要跟上班级，就必须下功夫改善，必须极力提高孩子的社会功能。

与不在普通学校就读的孩子比较，在普通学校就读的孤独症孩子，其家长体验着更多的焦虑感、紧迫感和危机感。这一方面会转化成帮助孩子成长的强大动力，另一方面，这种强大的外在拉力和推力运用不当的时候，也会造成家长和孩子的沮丧和挫折感。但往往正是在这种困境中历尽磨难、艰难跋涉之后走出来的孤独症孩子，他们的社会性发展显著好于没有普校社会融合教育经历的孤独症学生。

○ 高结构化生活能缩小孩子的自闭时空

孤独症学生在社会性发展上表现出了极端的被动性，他们一般没有兴趣、爱好，不会主动求知，在外界没有强制性要求的时候，他们会自然而然地进入自闭状态，自我刺激、自我沉迷而不能自拔，比如长时间刻板、单调地摆弄某种物品。在普通学校就读，孩子要适应学校的每日生活，按照课程表上课、完成作业，不管孩子能否做到在校有效学习，强制孤独症孩子适应这样一种结构化的生活，本身就要占用他们用来孤独、自闭的时间和空间。在学校里，孩子即便只是被动地、间断性地感受着外界信息刺激，仍然可以一定程度上迫使他们走出自我沉迷。长此以往，孩子对学校生活的适应性也就得到了不同程度的提高，日渐走出自闭。一个孤独症学生的父亲看着天天上学而忙忙碌碌的孩子，深有感触，他说："自从上学，一天到晚事情很多，直到半夜功课都还没有做完，她现在没时间自闭。"

在对孤独症儿童各种康复环境的比较中发现，其他环境的强制性远没有在普通学校就读明显。越是具有随意性的环境，家长和孩子的妥协越会经常发生。妥协，就是家长对孤独症的让步；让步，就等于使孩子有更多处于自闭状态的时空。上学将家长和孩子推向了一种带有强制色彩的生活，适度的外在强制、高结构化的学校教育充实了孤独症孩子散漫而空洞的意识，有利于矫正孤独症孩子严重的自我迷失缺陷。

显著地减少孩子的自闭时空，就能有效地打破孩子的自闭状态！

○ 学校是孩子学习社会规则的最佳途径

比较孤独症孩子生活、训练、就读所到的其他场所，普校集体生活中的规则性最鲜明、最强烈。孤独症学生缺乏规则意识，经过学校规则日积月累的规范，很多孤独症孩子可以从上课坐不住，到最后成为一个注意力基本正常、行为基本规范的"普通学生"。

在某种意义上，可以把班级看成一个小社会，在这里学习接受班级集体规范成为孩子接受更加复杂的社会规范、融入更丰富的社会环境的起点和基础。如果在学校里遵守规则的意识、能力、习惯没有培养起来，很难想象在学校的围墙以外孤独症孩子能够有很好的社会规范的理解和执行能力。也就是说，孤独症学生在校园内形成的规则意识和自我控制、遵守规范的能力，会迁移到学校以外的其他社会场所中去，一般经过学校生活长期规范过的孤独症学生，更可能长久地保持遵守社会规范的习惯。

孤独症孩子严重缺乏主动性和自觉性，上学如同让他们搭乘一列方向明确、动力十足的火车，虽然被动，但是依靠外界强大的牵引力，给他们的生活以确定的方向和充实的内容。每一天甚至每一时，他们都要执行确定的指令，完成确定的任务。学校生活模式促使孤独症孩子逐渐学会做事情的目的性、计划性、连贯性，可以促进他们执行能力的提高。

○ 就读有利于孩子学习社会交往

孤独症学生在普通学校就读，其实就是将特殊教育寓于普通教育中，这是社会融合教育的形式之一，也是最有利于孤独症儿童社会性康复的教育方式。孤独症属于社会功能障碍，其社会功能康复不同于其他任何残障的康复，它最需要的是正常人际交往环境的支持，这一点极其特殊。

人际交往是在人际关系中学会的。在学校，老师和同学之间、同学和同学之间形成了不同于家庭中的人际关系，孩子置身于同学、师生之间，有了学生的角色规范和角色行为，这是家庭血缘关系等其他范畴的人际关系都不能替代的。人际关系是立体化、全方位的，孩子对人际关系的体验和感受也应该是立体化、全方位的。要让孩子感知、理解老师和妈妈有什么不同，同学和自己家的、亲属家的兄弟姐妹有什么不同，尽可能从多角度、多层面让他们认知各种人际关系。缺少对任何一个领域中人际交往的学习，孩子的社会交往功能都是残缺不全的。

与学校同龄伙伴的交往，绝不仅限于"在一起玩"。大多数孤独症孩子可能一生都不能学会与同龄伙伴建立情感交流，但是在学校里，学会向同学借用铅笔、学会问同学一道数学题，都是在学习交往。学会远离喜欢挑衅的同学，学会遇到欺负时向老师告状，学会向妈妈转述学校里发生的事情，这些也是在学习交往。有的家长设想让孩子在家"上学"，但是，这种形式的"上学"与学校的上学意义是不同的，因为它欠缺了"学校中的交往"，缺少了"学校里的自我角色"这一内容的学习。

○ 同学示范为孩子提供社会模仿的学习平台

社会模仿是指孩子在榜样的强势影响下，学习正确地处理人和物的关系、处理人和人的关系。要实现人的社会化，社会模仿能力至关重要。经过早期规范化训练的孩子，几乎都接受过人工动作模仿训练，而社会行为模仿是人工动作模仿的最终归宿。孩子社会模仿能力越强，对社会生活的适应性就越强。孤独症孩子只有学会"看别人是怎么做的，我就怎么做"，才能产生社会化的飞跃。社会模仿要有榜样，学校生活恰好给孤独症孩子提供了社会模仿的学习平台。在班级中，同学的各种正常行为，实际上都给孤独症孩子提供了最直接的示范，他们会逐渐以集体、他人作为参照来调节自己的行为。在鸦雀无声的课堂上，孤独症学生以别人为榜样，往往自己也会动作小心；在集体操的队列中，孤独症学生也会仿照别人举手投足；上课铃声响了，看到别人都跑进了教室，孤独症学生也会尾随其后；等等。虽然孤独症学生还难以恰当地融入同龄人的交流，但是在旁观中，他们越来越理解同龄人行为举止的意义，越来越理解同龄人语言表达的方式，他们对同龄人的参照、跟随、配合意识及能力都会得到一定程度的改善。

总之，普校是学龄孤独症儿童社会化的重要渠道。事实上，一部分孤独症学生可以在普通学校就读，在正常群体中完成学业，且不乏单科成绩或者综合成绩班级领先的孤独症学生。以"上学"为核心，可以构成部分孤独症孩子生活、康复方式的主旋律，虽然将孤独症学生纳入现行的普通教育，从教育内容、教育方法、考核标准等诸多方面来看还有很多不适合之处，但是，"改变自己，适应社会"是一个人社会化的首要原则。上过学的孩子证明了，正是在上学的忙碌中，在上学的压力和磨难中，孤独症学生逐渐提高了社会适应能力。

　　整体来看，在普通学校就读，对于孤独症学生社会功能改善的促进作用，较其他环境有独到的优势。但是，孤独症孩子上学需要社会环境的支持。如果没有社会环境的支持，没有满足普通学校里孤独症学生的特殊教育需要的可行性操作方案，孤独症孩子上学还是走不出依靠家长的个人付出艰难支撑的困境。这也就意味着大量具有社会性发展潜能的孤独症学生，因为没有普通学校的康复环境而无奈地痛失良好的康复机会。

孤独症学生"普校社会融合教育"时代的到来

○ 孤独症康复需要教育救助

　　孤独症孩子需要上学,这是毫无疑问的!孤独症孩子能够上学吗?其实,从某种意义上说,这不是孤独症孩子能不能上学的问题,而是学校是否接纳孤独症孩子上学的问题。

　　一个社会在多大程度上尊重残疾人生存和发展的权利,多大程度上满足残疾人的各种特殊需要,这是社会文明程度的重要标志之一。为了使残障人士融入普通人的社会生活,社会要尽可能地为他们提供支持条件,这种支持条件包括人文观念的文明化、法律法规的健全化、社会保障制度的完善化等。比如,社会要为有障碍的人士修建各种无障碍设施,尽可能使他们的生活方便,正是正常人的观念、态度和行为模式的改变,残障人士无障碍地融入社会生活才具有可能性和现实性。是我们首先靠近了残障人士,才能使他们靠近社会,以至于最后融入社会成为可能。如果没有社会向他们迈出关键的第一步,那么作为弱势群体的他们,可能永远会被隔离在正常的社会生活之外。

　　一个坐在轮椅上的肢体残疾人士能否去商场购物,能否乘坐公交车?他们能不能去,不取决于残障本身,而是取决于商场是否为他们修建了无障碍通道。同此道理,孤独症学生能否上学,不取决于孤独症儿童的障碍本身,而是取决于学校、教师对孤独症儿童的接纳程度,取决于我们是否给孤独症孩子修建了走进学校的"无障碍通道"。

因为孤独症的康复必须在社会融合教育中实现,这就需要政府、社会给这个有特殊需要的弱势群体提供进入普通学校就读的教育机会和教育条件。对于这个特殊群体的社会功能康复,教育救助比经济救助有更加特别的重大意义!

接纳孤独症学生就读的学校,特别是愿意接纳孤独症学生的教师,他们无疑怀有对孤独症学生的爱与责任,所以,他们才能够宽容、理解孤独症学生,给予他们更多的教导和关怀。但是,这些教师本身也背负着不同寻常的压力,他们也需要关怀、理解和支持。接受孤独症学生就读,学校和教师需要哪些支持呢?他们需要的是全社会能够理解这项工作的价值和意义,他们需要的是教育管理部门在业绩评价时的认可,他们需要的是来自同事的配合与协助,他们需要的是更合理的激励机制,他们需要的是"孤独症社会融合教育"的专业学习和指导。

○ "普校社会融合教育"时代的到来

没有具体、实在而强有力的支持,面对孤独症学生给教师的管理和教学带来的特殊困难和特殊挑战,教师们光有爱心,也很难对孤独症学生施以恰当的教育。过去的30多年,由于社会对孤独症康复常识普及程度不足,普通学校的教师还普遍缺乏对孤独症康复真相的认知,所以,遇到如此特殊的学生,教师通常会建议家长给孩子看病、吃药,或者建议家长给孩子做智力鉴定、找心理医生、去特殊学校等。由于没有给予教师"孤独症社会融合教育"方法上的支持,面对孤独症学生教育的复杂性、长期性、艰巨性,有的教师难免对孤独症学生上学的信心不大,有的教师抱着放任的态度,使孤独症学生虽然勉强"随班",却没有实质性的"就读"。

上学固然是孤独症学生康复的需要,但普通教育是面向全体、面向一般的教育,一个孤独症学生占用教师过多的时间和精力,必然会给全班的教育工作带来影响。正因为如此,如同幼儿园融合教育一样,接受孤独症学生就读,也一样要处理好"面向全体和个别教育"的关系,其有效的解决方法仍然是给孤独症学生以特殊的辅助资源,必要的时候,让家长走进学校、走进课堂。这是孤独症学生"普校社会融合教育"成功个案普遍采用的方法,经过实践检验,它也是最行之有效的方法。这一措施在实际操作中虽然还有一定的困难,但可喜的是,经过家长的不断努力,国家对孤独症学生的"普校社会融合教育"政策正在层层推进的过程中,特别是对资源教师、辅助教师、家长陪读的角色及角色责任已经得到确立与认可。

翻开教育法规,我们不难找到特殊儿童享受全纳教育、随班就读的依据;走进学校,我们又切实触摸到了法律赋予孤独症学生全纳教育、随班就读的切实保障。虽然,走进普通学校的孤独症学生家长,不少仍在经历、感受着布满荆棘的求学之旅,还有很多孤独症孩子的父母,他们在学校的围墙之外望眼欲穿,祈盼着普校为自己的孩子上学开启大门,但我们相信,中国孤独症的诊断与康复走过了30多年的历史,今天,孤独症学生"普校社会融合教育"的时代已经到来了!

如果在孤独症孩子入学、上学的问题上,家长不再寄希望于靠运气遇到一个好学校、好校长、好老师,健全的法律和制度能让孤独症学生接受"普校社会融合教育"成为他们受教育的权利,成为他们社会性康复的自主选择,成为多数孤独症孩子的现实生活,那么,我们离孤独症孩子社会性康复潜能最大化的理想就已经不远了!从另一个意义上看,校长和教师接受孤独症学生就读不仅仅是简单地救助了几个孤独症学生。迎接孤独症学生就读的挑战,具有促进国家教育事业发展与进步的重大意义!

孤独症学生"普校社会融合教育"操作的第一步

○ 孤独症孩子的第一次"社会分化"

无论孩子程度如何,刚刚走上早期训练道路的父母,一个核心目标就是经过康复训练以后,孩子能够上正常学校。但是,伴随着学前训练即将结束,很多家长会陷入一种焦虑:"我的孩子能不能上普通小学呢?"进入普通小学就读,几乎成了孤独症圈内默认的检验早期康复成败、检验孩子早期康复效果的"金标准"。事实上,让孩子进入普通学校就读,并不是每个家庭都能如愿的。在学前教育结束的最后一年,父母开始考虑孩子的就读去向,孤独症群体在这个时候出现了第一次"社会分化"。

所谓"社会分化",意思是按照国家的强制要求,孤独症学生正式进入义务教育阶段。相较学前康复,义务教育的强制色彩更为明显。在国家多种义务教育途径的选择面前,孤独症学生将出现分流、分化。

其实,这种分化在学前教育阶段就已经显现了。在辅助下接受过幼儿园融合教育的孩子,一般会将目标锁定在普通小学。因为有幼儿园融合教育的经历,这些孩子的行为习惯、适应能力等,都会更接近在普通学校随班就读的要求。障碍严重到无法进入幼儿园融合的孩子,一般来说进入普通小学的困难也会比较大。幼儿园是一个具有弹性的、较为宽松的融合教育环境,幼儿园保教结合,教育教学与生活、游戏融为一体,而小学、中学的教育则以高度集中化的班级桌面教学为主要教育形式,其规范性、强制性要远远超过幼儿园，学生还要承担相应的学习任务。在学校里，行为的规矩性和学习的强制性要比幼儿园大幅度提高，孤独症孩子会感觉到压力很大，他们对学校生活的适应难度也相应地增加了很多。

只有一部分孤独症孩子有望实现上普通学校的目标。进入普通小学，让家长内心有所期待，更多的却是担心与压力。从为孩子找学校的那一天起，也就开始了一个孤独症家庭充满煎熬、悲喜交加的求学历程。还有很多孩子的程度与普校的要求有较大的差距，这部分孩子，一般家长会考虑将他们送进特殊学校或者继续留在康复机构。除了障碍程度特别严重的孩子，一般特殊学校不会拒绝孤独症学生就读。最难决策去向的是障碍程度中等，比上不足、比下有余的孩子，他们的综合能力低于普通学校的要求，但学习潜能又高于特殊学校智力落后严重的学生，进普通学校非常勉强，进特殊学校又不甘心，在学校选择问题上，往往会让父母在两难中犹豫不决。

面对普通学校和特殊学校，在"我的孩子上什么学校更合适"的十字路口，孩子自身的能力、家长的辅助支持力度、学校的接纳程度共同决定着一个孩子的去向。并不是程度较好的孩子一定能够顺利进入普通学校，关键看家长对学校的攻关协调能力，看学校在多大程度上接纳孩子。也有很多孩子自身的程度虽然差一些，但是，如果家长的辅助支持很得力，能够弥补孩子能力的不足，那么，普校仍然可以接纳孩子就读。

这一次的分化，其实是社会标准对孩子早期康复程度，特别是对他们社会性发展程度的一次考核。这次分化的意义在于，由于孩子从此进入了不同的教育环境，由于他们从此将完成不同的教育过程，这将使他们以后可能达到的康复目标的层次有所不同，这将影响孩子成年以后社会性发展的最终高度。上学犹如一个分水岭，将孩子的未来分成了不同的发展趋向，也正是因为如此，几乎所有的家长都把能够上普通学校看得非常重要。

选择学校的思路

支撑上学的"三角形"

能否进入普通学校,一方面要考虑孩子的程度,另一方面要考虑家长的支持能力,还要考虑学校的接纳状况。这是三个互相补充、互相制约的因素,其相互关系如下图所示。

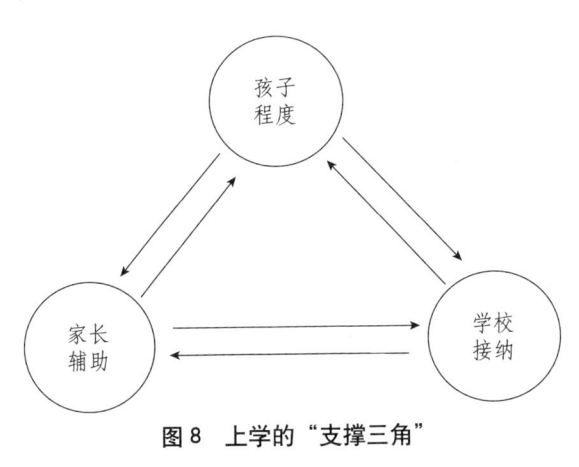

图 8 上学的"支撑三角"

孩子自身的能力越差,对家长的辅助支持能力要求越高,要求学校的接纳程度越高。有的家长、老师过于强调孩子本人的能力状况,列出了孩子上普通学校需要达到的各项"能力标尺"。其实不能忽略的是,两个能力状态接近、相似的孩子,因为家长的辅助支持力度和学校的接纳条件的差异,会使他们上学的道路有很大区别。一个自身程度很好的孩子,也可能会因为家长辅助支持不到位,因为学校缺少宽容,上学之路充满坎坷,甚至半途而废,这样的例子很多。因此,在孩子能力一定的前提下,能不能上学、上什么学校,主要取决于外部条件。在能否上学的问题上,我们需要看到孩子之间的差距,也需要看到外因条件的重要性。

不可忽略孤独症孩子的潜能

孩子的能力该怎样评估?是看孩子的现实能力,还是看潜在能力呢?比如,一个6岁半的孤独症女孩,在父母的陪同下进行了入小学的"面试",孩子能够回答老师的提问,坚持配合大约 20 分钟的时间,"面试"顺利通过。但是,母亲知道,孩子从来不会主动提问,有古怪的动作和自言自语行为,书写能力很差,不会模仿,不会收拾自己的学习用品,几乎没有集体注意能力……从初始起点看,这个孩子上普通学校合格吗?事实证明,她入学以后,确实遇到了很多困难。但是,因为有家长的得力辅助,她能够跟班学习,课业合格,刚入学时的许多问题行为也逐渐被矫正过来。因此,具备较好的理解能力,是孩子完成正常学业的基础条件,入学时即便在语言、注意力、行为、情绪等方面有一定的障碍,随着学业能力的提高,许多问题可能会逐渐消退。所以,判断一个孤独症孩子是否适合进入普通学校,不仅要看孩子当时学会了些什么,更主要的是看孩子有可能学会什么。

给孩子一个机会

有一些父母犹豫让孩子上特殊学校还是上普通学校,一般建议家长先选择普通学校,给孩子也给自己一个尝试的机会。假如孩子在普通学校就读确实困难很大、无法坚持,再考虑转入特殊学校。如果直接选择特殊学校,孩子的康复潜能很可能被教育环境所限制。

选择什么样的普通学校,最重要的原则是考虑学校的接纳程度,将接纳程度高、便于沟通的学校列为首选。一般来说,进入户籍所在地学校比进入非户籍所在地学校难度要小,沟通要相对容易。如果经济条件容许,可以不考虑学校的位置和距离。学校的品牌、规模、知名度等,一般对孤独症学生不具有实质性的意义。

孤独症学生"普校社会融合教育"中的分化与就读方式选择

○ 普校与特校,两种就读环境的比较

由于孤独症学生对普通学校的人际环境、教育内容、教学模式的适应困难较大,由此决定了孤独症学生在普通学校里接受义务教育必须满足两个条件:一是必须有就读的辅助措施,给他们以个别化支持;二是必须有适合他们的个别化教育教学目标。孤独症学生普校融合教育的效果,取决于家长、教师对这两点的把握。所有在普通学校就读的孤独症学生,由于他们获得家庭和学校支持的力度不同,决定了他们与学校环境的协调程度不同,决定了他们能够坚持普通教育的时间长短不同。同为孤独症学生,在普通学校里会有不同的就读历程,会显现出不同的发展轨迹。而就是这段历程,将影响他们成年以后社会性水平的最终高度。

如果孩子自身程度较重,或家庭、学校支持条件不足,一部分孤独症儿童必须在特殊学校接受义务教育。目前,在全国特殊教育资源分配不平衡的状态下,很多孤独症儿童家庭所在地还没有特殊教育学校。有的特殊教育学校,其教育内容、教学方式等,对于孤独症孩子尚缺乏针对性,距促进孤独症学生社会性康复的需要还有一定的距离。特别要注意的是,特殊学校是为特殊儿童提供的就读环境,学生享受着特殊的宽容与保护,特殊学校给予孩子的是一种"改变环境,适应学生"的教育,加之孤独症学生在特殊学校里失去了正常同龄群体氛围的熏陶,没有与正常同伴交往的机会,缺少正常儿童社会行为模仿的榜样，也没有与常态社会碰撞而带来的压力，这对他们的社会功能康复有其不利影响的一面。

普通学校的孤独症孩子，家长的主导心态是"教"，而特殊学校的孤独症孩子，部分家长的主导心态则是"养"，甚至不再期待孩子学会什么，主要为了让孩子有一个去处和安置之所。在特殊学校里，因为较少与学校环境的激烈碰撞，家长比较心平气和，更加倾向于接受孩子的客观障碍。这种状态下，孩子的康复潜能很可能得不到有效的开发。有的家长感慨地说："其实，特殊教育更加不适合孤独症孩子的康复。"

○ 普校孤独症学生的大致分类

到了入学年龄，如果对孩子自身的能力进行评估，每个孤独症学生都有社会性发展程度和智力发展水平两项主要指标，综合这两项，我们可以将达到学龄阶段的孤独症孩子分为：

● 较好程度——包括两种情况：一是智力发展正常，社会功能障碍较轻；二是智力发展正常，社会功能障碍中等。这部分孩子可以完成普校的义务教育，他们中的一部分还能够接受高中教育，甚至能完成高等教育。他们可以实现基本独立就业，最终实现社会生活自立。这部分人数较少，估计不超过孤独症患者整体数量的20%。

● 中等程度——包括两种情况：一是智力轻度落后，社会功能障碍较轻；二是智力轻度落后，社会功能障碍中等。他们基本可以完成普校义务教育过程，后续教育应该选择职业高中、各类技术学校，不适宜上普通高中。适合他们的高等教育是民办大学，最好是高等职业教育。他们可以实现辅助性就业，可以做到社会生活自理。需要说明的是，在就读和就业过程中，给予这部分孩子的辅助力度要超过较好程度的孩子。这部分孩子的数量要大于程度较好的孩子，约为孤独症群体的30%。

● 中下程度——智力明显落后，社会功能障碍中等至严重。他们中的一部分孩子在辅助的情况下可以在普通小学随班就读，但是不具有在普通中学接受教育的能力。义务教育的后几年，他们通常适宜在特殊学校完成。实现家庭生活自理是这部分孩子的目标。

○ 不一样的孩子，不一样的问题

从孤独症学生对学校生活适应程度的角度看，还可以把他们大致分为以下几种：问题行为较轻，学业较好的孤独症学生；问题行为较轻，学业困难较大的孤独症学生；问题行为较重，学业尚可的孤独症学生；还有就是双重困难的孤独症学生。

问题行为较轻，学业较好的孤独症学生

这类学生在上学的最初几年，老师会清晰地看到他们和普通学生在行为表现上的差异。在老师还无法控制他们的时候，老师会被他们的异常所困扰，怀疑他们是否可以和普通学生一起读书。但是，随着年级的升高，随着对他们了解的逐步加深，随着他们本身各种异常的逐渐消减，老师一般会越来越相信他们的学习潜能。特别是升入中学以后，他们的异常还会持续递减，且会更加显示出学习方面的潜能。他们的注意力、情绪和行为控制能力也会不同程度地改善，老师对他们的信心会不断提升。虽然这些孩子始终会有自己的认知特点，有自己的思维、行为方式特点，但是，这不会构成他们和环境之间的显著冲突，一般经过家长和学校沟通，学校能够坚持接纳的态度和做法。这些孩子需要特殊辅助，经过辅助，他们基本能够参与学校的各项活动。经过辅助，这些孩子中有的整体课业成绩在合格以上，有的单科成绩突出。这样的孤独症学生常具有在某一个方面超过普通孩子的优点，在老师和同学眼中，他们只不过是"怪学生"，但不是差学生，更不是坏学生。

这些孩子坚持完成普通教育的难点主要有以下几方面：

第一，家长的期望值比较高，甚至要求他们和普通学生完全一样，特别是在功课上一般不会降低要求。这些孩子一方面表现出了学习的潜能，另一方面，他们在学习过程中，要比普通学生付出加倍的努力，课业对于他们实际上还是一个沉重的负担，完成同样的学习任务，他们所用的时间和精力往往是普通学生的几倍。孩子本身的社会经验不足，心理年龄幼稚，让他们参与社会生活实践是教育者的一项重要任务，这样一来，追求课业成绩和丰富社会实践两者在时间上会有严重的冲突，在两者的平衡和取舍之间，家长往往处于矛盾和困惑之中。

第二，这些孩子的社会交往能力与普通学生还有较大的差距。他们期待着交往，也会有主动沟通的意愿和行为，但是，他们总是徘徊在同龄人友谊的边缘，很难与同学建立比较亲密的朋友关系。他们不会给别人带来困扰，反而乐于助人，但是，因为无法实现与同龄人精神、情感层面的深度融合，他们很难得到同龄人平等的认同和接纳。他们自我防卫能力薄弱，常常遭遇嘲笑、讽刺、歧视和故意攻击，因此，在学校的身心安全，特别是心理安全，是家长最为担心的问题之一。

第三，他们的自我意识发展比较好，有对自尊和荣誉的追求，希望自己被老师和同学认可，但是，他们的自我愿望和现实能力之间存在比较大的差距，因而他们会不断遭遇心理挫折。一方面，我们要启发教育他们建立自信，另一方面，在与普通学生的比较和竞争中，他们又难免遭遇挫败。对家长来说，一方面希望孩子参与同伴的社会交往，另一方面又担心他们因为失败而自卑，这使家长深感矛盾。孩子达到一定年龄后，他们会知道自己和其他同学不一样，会很认真努力地改变自己，但是，他们在同龄人中的处境总是不如人意。接纳自己、克服自卑，是他们面临的又一困难。

在学校里，他们或许是最勤奋的学生，也是压力最大的学生。针对他们的能力状况，可能他们并不需要家长或陪读人员自始至终在校内陪读，但是，他们始终需要学业辅助，他们始终需要心理健康的辅导。课业和心理辅导的主要执行者应该是家长，父母需要经常和孩子对话，以补充他们与同龄人交往的不足。也可以选择社会性优秀的孩子做同辈学长，比如在校大学生等，到家庭中为孩子辅导功课，倾听孩子诉说心愿和苦恼，或者带领孩子走出家门，参加社会活动，其效果也是非常不错的。到了小学高年级以后，随着自我意识的发展，心理健康辅导甚至一日不可或缺，这种辅导以孩子日常生活、学习、人际交往中的事件为核心，通过随时随地的对话，主要达到帮助孩子提高社会认知、排解疏导情绪、正确认识自己的目的。

让孩子写日记，释放心理压力，也是帮助他们心理成长的好办法。教师需要了解他们"不是不愿意做好，而是不能做好"的特点，应该将他们与普通学生区别对待，给予他们特殊的理解、关怀和保护，这会对他们的康复起到关键性的作用。对他们的学业成绩不要追求面面俱到，保证主要学科的成绩即可。允许他们晚一步学会，允许他们完成义务教育的整个过程比普通孩子延长一些，这些都是对他们特殊性的尊重。经过辅助，没有特别的意外，这类学生完成义务教育的可能性是最大的。

问题行为较轻，学业困难较大的孤独症学生

这类学生同时存在社会性缺陷和智力障碍，行为规范和认知能力两者比较而言，他们认知能力落后的特点更为突出。老师会感觉到他们的明显异常，因为智力落后，老师对他们接受普通教育的信心不足。他们对规则有一定的理解和执行能力，行为和情绪可以控制，甚至有的孩子比较安静。虽然他们的理解能力较差，但是，因为他们基本上不会影响班级整体教学秩序，因而这类学生一般可以被学校、教师接受。考虑到他们的学习困难，学校不建议他们作为普通学生正常就读，因而他们多数会按照"特殊学生随班就读"的规定随班就读。因为没有成绩上的要求，这部分学生的学习容易被教师忽略，只要不影响班级，教师对他们的课堂学习行为一般不加约束和干预。这部分学生选择普通学校时，家长能够预知孩子的学业困难，一般抱着试一试的心理。低年级时家长会非常努力地辅助孩子的功课，但是，学业上的差距无论怎样努力都无法缩小，而且会越来越大。当孩子在课堂上完全是在"听天书"的时候，家长和老师都会质疑孩子上学的意义。整体看，在普通学校里，恰当的教育让他们在社会认知、社会情感和社会行为上的进步超过在文化课上的收获。一般他们可以完成普通小学的教育过程，有的可以上完中学。学习困难较大的孩子，中学可以考虑在特殊学校里完成。

这类学生在普通学校遇到的主要困难如下：

第一，学习困难。因为孩子大部分课程或者主要课程听不懂，通过个别辅助和反复复读，仍然不能跟上同班同学的进度、难度，家长会有明显的"孩子在学校里混日子"的感觉，这会让家长丧失信心。但是，他们又不是什么都学不会，他们的理解能力高于同龄特殊学校的学生，这种"高不成，低不就"的局面，使家长处于进退两难的冲突中。

第二，同学的歧视。他们几乎没有任何优势，因为能力显著落后，他们在班级中被另眼看待，所以，在同学眼中他们是特殊的学生，被同学在主观态度上排除于群体之外。他们的语言表达能力不足，转述和告状都有一定的困难，家长对他们在校的处境忧心忡忡。在学校，他们可能会遭遇各种歧视，甚至是人身攻击。

第三，自我意识障碍。因为智力障碍严重影响了他们自我意识的发展，他们中的大多数自我意识模糊，可能至小学高年级仍然没有自我形象、自我荣誉的概念，他们对于自己的与众不同可能会在较晚的时候感觉到。他们会体验到歧视，但是不能理解真正的原因。他们喜欢父母的表扬，但是不太理解社会标准和家庭标准的区别。培养他们的自我意识，是教育者面临的一个主要困难。

这部分孩子家长的心理矛盾是最突出的，无论孩子怎么跳也够不着学校的要求，因而家长无法理解坚持在普校随班就读的意义。从一段时间看，从某些方面看，孩子在普通学校就读弊大于利时，可以视情况决定是否让这些孩子坚持普校融合教育。但是，即便是五年级的年龄在上四年级甚至三年级，在普通学校里，对孩子的社会性发展也有一定的积极促进作用。

问题行为较重，学业尚可的孤独症学生

这类学生在问题行为和认知能力两个方面比较起来，理解能力相对比较好。这部分孩子在家庭教育中，家长比较重视智力开发，入学以后，家长往往也将他们的功课要求放在首要地位。他们在学科成绩上表现出来的潜能始终在激励家长不放松功课，父母相信只要功夫到，一般难度的功课他们是可以学会的。但是，他们的情绪和行为问题严重，比如，他们有的很刻板，有的行为很古怪，这与他们的课业能力形成不和谐的组合。他们能够学会初中的文化课内容，但是，其心理、行为和社会认知却如同小学生一样幼稚。他们具有严重的自我中心化的表达方式，通常还伴随高度的心理焦虑。虽然他们能意识到自己的问题，也有自主调节的愿望，但是，他们对"自我"过度敏感，致使自己不能完全走出病态情绪的纠缠。这部分孩子因为社会行为幼稚，与同龄人的差距较大，与同学相处起来有相当大的难度。

他们上学过程的起伏波动最大，也就是说，在他们身上，突发事件、情绪波折对学业的延续有比较大的干扰，因而，他们常常会中断学业，待调理好情绪以后继续返回学校。这部分孩子虽然上学的过程很艰难，但一般他们能坚持完成普校义务教育。也有的孩子在学业中断以后难以返回学校，中途转向特殊学校。总体看来，对这部分学生，普通学校宽容他们的难度比较大，但是，特殊学校又确实不能满足他们的认知学习的需要，更不能满足他们社会性康复的需要。这类孩子的整体社会功能仍然要好于完全在特殊学校就读的孤独症学生。

这类学生在普通学校遇到的主要困难如下：

第一，异常情绪和问题行为对集体教学的干扰。这也是家长和老师感到最苦恼的地方。这部分孩子自闭的程度比较严重，他们的一些怪异行为长期不能消退，又非常容易发生情绪波动，而且难以调节。一旦情绪爆发，他们就会做出影响集体教学的举动，比如大声叫喊、敲击桌子、故意舞动肢体、怪笑、发出古怪的声音、说出与情景不符合的言语、课堂上突然起立走出教室等。这些失常往往会引起班级同学的好奇，分散全班的注意力，影响班级的教学秩序。虽然他们的学习成绩可以达到合格，但他们是班级里不受欢迎的学生，他们甚至受到班级其他学生家长的排斥。他们的行为、情绪问题一直以来使家长高度紧张，在孩子上学期间，时刻担心他们在学校发生不当行为而失去上学的机会。

第二，交往和自我意识显著落后于同龄人。他们虽然身在同学之中，却游离于同学之外。虽然他们的成绩合格，但是同学会将他们视为另类而不会给予他们平等、友善的对待，他们常因为对环境的影响而招致同学的不满。他们虽然可以一直坚持到义务教育完成，但是，直至升入中学，他们对人际关系的认知都比较模糊。他们自己不清楚自己和其他同学的不同，不清楚别人对自己的看法。在交往中，他们的自我中心化非常严重。他们期待着优秀的成绩，却不能解释自己的现实能力和优秀成绩之间的关系。

第三，学习困难。他们具有接受、理解知识的潜能，但是，在学习过程中，他们受到自身心理缺陷的严重干扰，比如注意力涣散、过度焦虑等，这使他们常常无法专心于学习内容本身。在学习上，他们需要自始至终的一对一的辅助，有的孩子虽然有学习愿望，投入学习的时间很长，却没有对等的学习效率。他们属于"速度慢，但能教会"的孩子，这是家长始终坚持让他们在普通学校就读的原因之一。这也是他们不同于智力落后学生的特点。

这种类型的孤独症学生，显然在普通学校就读的困难最大。维系其情绪和行为正常是辅助他们完成学业的最艰巨、也是最主要的工作。他们在普通学校读书，家长首先应该将主要精力放在情绪疏导、矫正行为和自我意识培养方面。很多家长的做法正好相反，因为这些孩子"速度慢，但能教会"，家长往往会将主要精力用在功课辅导上。到了小学中高年级以后，他们的功课困难加大，由于惯性作用，家长和孩子可能还会一直在学科成绩上拼搏，这会大量挤占对孩子进行社会功能训练的时间。这类孩子可能有合格的学业成绩，但是，有的孩子直至中学毕业都没有独立购物的经历，他们的社会生活能力与他们的学业成绩之间形成了较大的反差，这是家长教育的失误。如果功课的压力越来越大，孩子的情绪不但没有得到改善，反而可能会刺激他们负面情绪的聚集，导致干扰环境的行为不断出现。因而，这种类型的学生家长，更应该摆正孩子社会性全面发展与学习成绩之间的关系，遵循"在学习成绩上量力而行，在社会性发展上积极促进"的原则，更关注他们社会情感、自我意识的教育。

总体看，这类学生的特殊性明显，很难得到同龄人的理解和宽容，因而他们的交流对象始终是父母。这部分孩子只要在就读时着重解决情绪和行为问题，他们基本可以在普通学校完成义务教育。

双重困难的孤独症学生

还有一种类型的孤独症学生，他们的社会性和智力水平都很差，在家长全力辅助的条件下，尝试性地进入普通小学以后，他们仍然会出现严重的随班就读困难，难以继续坚持学习。一般在低年级读完以后，他们可以考虑转入特殊学校。

从孤独症学生对学校生活适应程度的角度看，这是几种基本类型。也有的学生情况比较复杂，在一个孤独症学生身上可能存在几种状态的特点。教师和家长必须清楚的是，判定孤独症学生对学校生活的适应有两个方面的主要指标：一是他们的社会性程度，二是他们的学业能力。

随班就读还是正常就读

一旦进入普通学校融合，课业无疑是上学的主旋律，不管孩子自身程度如何，功课都是家长最大的关注点。因为学业占用的时间过多，孤独症学生本来应该大量实践的社会生活似乎不能兼顾，于是，很多上学的孩子功课跟不上，社会功能也没有得到应有的训练，这是家长心里最大的矛盾、最大的焦虑。那么，针对孤独症学生的普校社会融合教育，应该怎样规划和把握孤独症学生上学的目标呢？怎样处理学业成绩和社会功能提高的关系呢？

随班就读与正常就读

"随班就读"一词专指在普通学校的普通班级中，接收残疾儿童与普通儿童一起接受教育的形式。随班就读的特殊学生，需要按照规定办理相关手续，学校认定后，对其纳入"随班就读"的管理。对随班就读学生的考核要求，应该包括思想品德、文化知识、缺陷矫正和补偿及社会适应能力等方面。但是，学校对随班就读学生的学习成绩考核，可以不采用普通学生的考核标准。

所谓"正常就读"，是指部分智力发展接近正常的孤独症学生经过特殊辅助，学业能力达到普通学生的水平，这部分孤独症学生如果没有办理随班就读的相关手续，学校在教育管理上，特别是在学业成绩考核上，都会将他们视为普通学生。也就是说，正常就读的孤独症学生不享受随班就读的待遇，他们需要和正常学生按同样的标准进行考试，并把他们的考试成绩记入学校对教师工作业绩的考核。这种情况的孤独症学生，可以说是正常就读的特殊学生。

在普校社会融合教育操作实践中，孤独症学生为什么会有这两种不同的就读形式和就读选择呢？这一方面是孤独症类型的复杂性造成的，另一方面是孤独症学生家长对随班就读的实际操作状况的忧虑造成的。

孤独症学生是否需要随班就读

孤独症学生的障碍和单纯智力落后学生有许多不同。由于孤独症类型的复杂性，其中有一部分孤独症学生的智力在正常或者基本正常范围，在普通学校就读时，这类孤独症学生虽然有不同程度的社会功能障碍，但是经过特殊辅助，他们在学业成绩上可以达到正常学生的水平，如果按照随班就读的标准去对待这部分孤独症学生，那么，这部分学生的学习潜能很可能就被埋没了。对这种智力正常，但是社会功能有障碍的学生，正确的做法是通过辅助改善他们的社会功能，而不是通过随班就读降低对他们的学业要求。因此，选择正常就读，对他们的康复可能会更加合适。

其实，如果随班就读的要求能在实践中得到全面、完整的落实，随班就读对孤独症学生是最恰当不过的。但是，在实际的操作中，孤独症学生的随班就读难免遭遇尴尬。家长担心的是随班就读在操作中会成为极少数教师忽略孤独症学生的理由，因为有些教师认为"只要他不影响班级的教学，其他的要求基本就可以放弃了"。

随班就读可能导致教师对孤独症学生的学习较少给予要求和指导，结果很容易变成随班就"混"。有的随班就读变成了孤独症学生只是在形式上混在了普通学生中，教师对他们一方面放弃了与普通学生同样的管理和要求，另一方面又没有给他们特殊的教育目标和特殊的教育措施，这样一来，孤独症学生上学就没有真正起到上学的实际作用。家长正是因为担心出现这种情况，所以大多倾向于让孩子正常就读。但是，从学校和老师的角度看，大多更倾向于让孤独症学生采取随班就读的融合安置方式。

这种担心给孤独症学生家长造成了心理困惑，一些家长在孩子就读方式的选择上，往往不知道应该如何把握。一般来说，具备下列条件的孤独症学生可以选择正常就读：

第一，智力大致在正常范围的孩子。虽然他们学会一个知识点比普通学生慢一些，学习过程也要比普通学生长一些，但是经过特殊辅助，他们能够跟上班级的课程。

第二，家长有较好的辅助能力，能够满足孩子课业辅导和心理辅导的需要。

第三，学校接纳程度较好，就读环境比较宽松。

缺少其中的任何一个条件，正常就读都难以为继。

大多数具有智力障碍和社会功能障碍的孤独症学生，应该考虑选择随班就读。随班就读对孩子的学习成绩可以不采用普通学生的考核标准，这样就可以让学校、教师更容易接纳孤独症学生，可以降低家长与学校的沟通难度，也可以降低孩子、家长承受的压力。

孤独症学生是否需要随班就读？回答这个问题，要针对每个学生、每个家庭、每个学校的不同情况，具体问题具体分析。特殊学生不一定都需要随班就读，没有随班就读，他们也仍然需要个别辅助、因材施教。而对于一部分确实学业能力不足的孤独症学生，随班就读是一个合适的就读方式。

孤独症学生"普校社会融合教育"阶段的目标

上学是学校这一特定场合中的"孤独症社会融合教育",因而,它同样需要"孤独症社会融合教育"理念的指导,同样需要落地"孤独症社会融合教育"的教育内容。不同的是,就读时期,孩子处于特定的年龄阶段,身在特定的普通学校环境,学校又有特定的学习任务,因而家长和教师都应该考虑怎样将社会功能康复的任务与上学的过程结合起来,在充分利用上学这一康复形式的前提下,最大限度地实现改善孤独症学生社会功能的目标。

特别值得注意的是,孩子上学以后,家庭这一孤独症主要康复场所的作用不但不能削弱,反而更需要加强。家庭中的生活主题训练、课堂桌面训练与随机教育训练三种社会性教育形式,同样适用于上学的孤独症孩子。与学前阶段不同的是,家长需要处理好孩子的课业与社会功能训练之间的关系,利用学校环境与家庭教育的合力,着重实现孩子在生活能力、思维能力和自我意识三方面的发展与突破。

○ 常抓生活能力,积累社会经验

对于普通学生来说,只要不是人为造成其正常社会生活的长期剥离,一般来说,他们的生活能力和社会经验并不需要特别培养,它会伴随学生知识的积累和生活阅历的增加而自然习得,但对于孤独症学生并非如此。由于孤独症学生主观上的动机缺失、行为被动和客观上家庭长期的过度保护,再加上一贯以来家长对孤独症康复目标理解上的偏差,很多孤独症孩子的早期训练以形式技能、知识学习为主要内容，以此替代了更有康复价值的生活自理能力的培养，其结果是严重地弱化了孤独症孩子的生活能力。

上学以后，这种惯性作用会继续存在。孤独症学生一方面在生活上养尊处优，生活自理训练往往被剥夺得所剩无几，另一方面，此时的家长还有了一个过去没有的冠冕堂皇的理由——"孩子课业太忙了，学习压力太大了"。因而，上学会大量地挤占孩子生活自理和社会活动所需要的时间，很多孩子的社会经验几乎是一片空白，长此以往，虽然有的孤独症学生在某个学科上可能有不错的成绩，但是因为他们自理能力低下和社会经验奇缺，其生存适应能力要远远低于普通学生。

家长要切记，功课不能完全取代孩子生活经验的积累。其实，在生活中解决问题，何尝不是孤独症学生学习任何功课的最终落点呢？孩子在学校里学习的所有功课，都是为了提高他们理解生活、理解社会、理解人与人的关系的水平，最终是为了改善他们的社会功能。一个接受了普通义务教育的孤独症孩子，他们学会具有相当难度的功课，主要不在于将来他们会用他们的特长、知识去谋生，而在于通过接受普通教育的过程，培养他们对社会的理解能力，为他们参与社会生活、提高生存能力打基础。不管孩子在哪里就读，提高社会性发展水平、改善社会功能，自始至终都是孤独症孩子接受教育的最终目的。

反过来，在参与中体验生活，在体验中积累生活经验，在生活中增加孩子的感性认识，这又是孤独症孩子学习各类功课的必要准备。因为，感知是建立理性认识的前提条件。比如，没有生活中对边和角的大量感知，孩子就无法理解课堂上老师讲的几何知识。在生活自理中，孩子可以感觉、体验到大量的物和物之间的关系、人和物之间的关系，特别是自觉主动地让孩子从各个层面、各个角度接触社会，参与人与人之间的互动，更是孩子理解社会常识、学习语言等学科的必要基础。一个孤独症孩子动手操作的机会越多，自理能力越强；对社会生活的了解越多、参与机会越多，对学业的支持也就越有力。

在普通学校就读的孩子，为了有时间做功课，家长会替孩子做事、替孩子生活，这绝对有违提高孩子社会功能的康复目标。

踩准思维能力主线，构建社会思维方式

智力水平是决定孤独症康复最终效果的重要因素，而智力的核心则是思维能力。培养思维能力可以有多种角度、多个宽度、多级难度，进入普校的孤独症学生，其课业要求不同于特殊学校、不同于康复机构，在思维理解能力的要求上相应地也要以普通学生为参照，不忘逻辑思维能力和社会化思维方式的培养。

学业、交往与逻辑思维能力

逻辑思维是一种抽象符号思维，它以词汇、句子等符号为载体形式，以观察、比较、概括、推理为黄金线索，以概括性和间接性为主要特点。正是通过逻辑思维，人们才可以认识事物间的本质特征和相互关系。逻辑思维有理论型和经验型两种。

理论型逻辑思维是运用科学的概念、原理、定律、公式等进行判断推理，科学、理论工作者的逻辑思维多属于这一类型。客观事物之间的联系是有规律的，认识它们之间的逻辑联系，这是一个人思维能力的反映。比如，"所有的金属都是可以导电的，铁是金属，铁是可以导电的"，这就是理论型逻辑推理。普通学校各个学科的教学，低年级通常从经验型逻辑思维起步，但是随着年级的升高，需逐步走向理论型逻辑思维，到小学高年级，胜任学业必须具有理论型逻辑思维能力。孩子的理论型逻辑思维能力是他们学业融合的认知基础，因此，在各门功课的学习过程中，家长和教师要结合学习内容，贯穿逻辑思维能力培养，引导他们理解客观事物之间的多层次、多角度的逻辑关系。这是家长、教师辅助孤独症孩子上学过程中要努力完成的重要任务。

经验型逻辑思维是依生活中的实际经验和日常概念而进行判断推理，通过判断推理才能解决生活和工作中的实际问题，通常我们把经验型逻辑称为"生活逻辑"。孤独症学生应主要结合社会生活，优先培养经验型逻辑思维。例如：由于不同的利益关系，会形成不同的人际关系；遇到不同的困难，按照生活逻辑可以向不同的人寻求帮助；母亲为什么对自己严厉，而邻居家的

阿姨却对自己非常和蔼，到底是母亲爱自己，还是阿姨更爱自己；等等。如果缺乏对生活逻辑的理解，必然会影响学生向理论型逻辑的提升。大部分孤独症学生的学业困难比较大，有些学生的思维能力达不到课业要求，究其原因，光从生活逻辑层面看，很多孤独症学生的感知经验已经显示出了十分欠缺的状态。

总体上，普校社会融合教育对孤独症学生逻辑思维的要求比较高，一门学科就是一套逻辑体系。这更需要家长善于抓住日常生活中的各种素材，随时随地对孤独症孩子进行经验型逻辑思维训练，千万不能忽略生活逻辑，直接生硬地强调让孩子去解决书本上的理论型逻辑思维的难题。

没有经验型逻辑思维做基础，不光影响孩子的学业融合，还会导致孤独症学生对人际关系的认知混乱。生活逻辑需要建立在生活感知和社会经验的基础之上，一个生活不能自理、社会经验几乎空白的孩子，很难理解生活现象中的逻辑关系，也就是我们常说的，很难了解"事之常理"，很难懂得"人之常情"。不"通人情"，不"达事理"，对孤独症孩子普校就读的过程、效果，都会有直接且严重的不良影响。比如，这样的孩子在班级中被边缘化现象非常严重，难以真正被其他社会化的同学所接纳。

需要提醒的是，很多家长不是从经验型思维培养的角度着手，而总试图从"要做多少训练游戏""给孩子找多少个交往伙伴"上下功夫，寄希望于通过这些措施促进孤独症孩子与同学之间关系的建立与改善。最终的结果往往是离开了外力辅助、离开了家长构建的关系圈，孩子仍然无法真正理解真实社会中人与人之间的关系。当然，最终其社会交往能力的发展也难如父母所愿。

思维方式社会化

所谓"思维方式"，是指思考问题的一般立场、角度。心理学家皮亚杰认为，思维方式不成熟有两个方面：一是"自我中心化"，即不能从对方的角度思考，不能从客观的角度思考；二是"客体中心化"，主要表现为不能从两个角度思考，不能从相反的角度思考，不能从相对性的角度思考等。随着心理的发展，儿童的思维方式会逐渐脱中心化，也就是说，思维方式会逐渐走向社会化。一个社会化的人，在人际交往中，应该能站在对方的角度思考，能理解别人的感受、观点与自己不同，能参照别人的感受、观点、态度调节自己的行为，包括能从多角度思考问题，能从相对性角度理解问题，总之，社会人的深层含义即思维方式社会化。

孤独症儿童思维方式的发展受阻，他们会顽固地停滞在自我中心化阶段。在人际关系中，他们不能站在对方的角度思考问题，常常以自己的主观意愿来理解原本客观存在的各种现实；他们在处理问题上，单维扫描，难以考虑两个以上的因素；他们难以理解事物的特点会随着背景的不同、随着参照物的不同而产生变化。培养他们的社会化思维方式，是孤独症学生"普校社会融合教育"的重点目标。

社会化思维方式的教育，不但渗透在孩子的家庭日常生活中，也渗透在学校学习过程中。在社会化思维方式培养中，需要重点启发孩子理解下述关系：

- 不同的人在不同的空间，所能看到的东西是不一样的。
- 同一个物体，因为比较的对象不同，其特点是会发生变化的。
- 对于同一件事物，别人的主观感受可能和"我"是不一样的。
- 对于同一件事物，别人的态度和观点可能和"我"是不相同的。
- 不同的人，与同一个人的关系是不一样的。
- 同一个人，与不同的人之间的关系是不一样的。

丰富的家庭生活、丰富的学校生活、丰富的学科知识，都为思维方式训练提供了很好的条件。社会化的思维方式是孤独症学生从自我封闭走向与社会融合的关键性飞跃。遗憾的是，在学前孤独症康复训练阶段，很少有家长、康复教师自觉地对孩子实施有计划、有目的的思维方式训练。到上学这一阶段，如果再忽略思维方式问题，不但会使普校融合严重受阻，更会让孤独症孩子深陷孤独而难以自拔。

○ 突破自我认知，升级行为自控

认识自我、接纳自我、控制自我，这是每个在普通学校就读的孤独症学生不能回避的"大功课"。可以说，我们对孤独症学生所实施的一切社会性教育，都是在为孩子解开自我之谜做准备，也只有当孤独症学生知道了"我与别人不同"的时候，当他们能够接纳自我特点的时候，特别是当他们能够按照一定的社会标准主动调节自我的时候，其社会性康复才完成了最为关键的一步。

"自我"就像一个社会人的"中枢神经"。和其他残障比较起来，孤独症恰好是"中枢神经"严重受损。让孤独症患者完成自我认知、自我接纳、自我控制，比其他任何残障的康复更为困难。检验孤独症社会性康复的成效，恰好要看孤独症患者对"自我"的认知和对"自我"的态度。这是一个对孩子、对教育者都充满风险与挑战的课题，它需要家长和教师具有较高的教育艺术，在比较、评价、鼓励、反思中，让孩子用理性最终接受自我的特点，这将是学校教育最为卓著的成绩。

○ 课业量力而行，成绩尽力而为

绝大多数孤独症学生都有学习困难，而且有的学习困难相当大，致使孩子每天为了追赶功课，忙于作业而疲于奔命。有的家长说："现在教的这些东西，我的孩子一辈子也用不到，孩子又学得这么吃力，到底应不应该学、值不值得学呢？"

功课的价值

怎么看学校功课"有价值"还是"没有价值"？怎么理解学业和社会性发展之间的关系？如果我们按照功课的直接有用性来判断课业内容的价值，这是狭隘的。功课的有用性可以从三个层次划分：

第一，可以直接应用的知识。有些功课的内容和生活直接有关，和孩子解决问题直接有关，它是一种可以直接拿来应用在生活中的知识。比如，功课中有一部分本身就是关于人际关系、社会规则的教育内容，也有一部分是关于生活常识的教育内容。对于学习这部分知识，家长认为是有意义的。

第二，支持应用知识的背景知识。有一部分知识看起来和孩子的生活没有直接的关系，但是，这些知识为孩子理解社会、理解自然现象等提供了背景知识。比如，一个孤独症学生懂得节约用水的道理，能够计算出自己家中一年电费的总额，能够独立完成购买生活用品的过程，并理解索要购物凭证的意义，这些能力并不是在学校中的哪一门功课中学会的，但是，所有的功课都在为孩子理解社会生活、理解人际关系等做着不同角度、不同层次的准备，为他们步入社会生活提供了背景知识。

第三，不能直接应用的、更为抽象的基础知识。在知识学习过程中，不管其具体内容是什么，学习过程必然要渗透对学生思维能力的培养。孩子能够理解数学中数与数之间的抽象关系、理解几何中形与数的抽象关系，表明孩子自身的思维能力得到了锻炼和提高。

课业的取舍

普校就读的孤独症学生在学业能力方面具有很大的差异性。但是，无论对于何种方式就读的孤独症学生，完成学业任务的总体原则都是在孩子力所能及的前提下量力而行。

面对孤独症学生普遍存在的学业困难，以下几个问题请家长注意：

● 对不同程度孤独症学生的学业要求要有所区别，不提倡进行比较。对孤独症学生与普通学生的学业要求更要区别对待，不能将孤独症学生和普通学生进行比较。

● 如果能力达不到，不要求孩子将主要精力甚至全部时间用在追随课业上，量力而行即可。部分时间在家庭中给予一对一的个别课业辅导，其效果明显优于学校中的集体教学。

● 不要求孩子学习全部的课程，要有所选择、有所取舍。比如，可以让孩子只学习主要课程或者感兴趣的课程，或者孩子能够学会、学懂的课程。

● 注意培养孩子的学习优势。如果孩子比较喜欢一两门功课，成绩相对也比较好，要特别注意优势培养，因为优势关系到孩子的自信、自尊，关系到同学评价。

● 难得有孩子喜欢上学，但起码不能让孩子厌烦、厌倦、恐惧、抗拒上学。作业量需要根据孩子的程度适当安排，让他们少做机械的、重复性的作业，比如抄写生字等，适当增加理解性作业的数量，比如语文中阅读类型的题目。

● 不能为了作业、为了成绩惩罚孩子，这容易造成孩子厌学。孩子不理解、不明白的时候，告诉孩子怎么做，不宜用逼、审、考的方法教孩子。

● 在孩子的理解潜能基本达到极限的时候，不再强求孩子学会。可以转移学习的内容，降低难度上的要求。比如，将重点转移到应用已经学会的知识来解决问题，转移到生活能力、交往能力、社会经验的学习上。

● 对低年级孩子，快乐是对学习最好的强化。孤独症学生学习，需要三个基本思路：第一，需要强化（物质或者精神）；第二，需要让孩子理解上学是必要的、不容商量的，久而久之，孩子只要不太反感，一些孩子能形成上学的习惯；第三，需要理解上学的意义，让他们知道知识有什么用处。对中学以上的学生，特别是高中以上的学生，要重点转向让孩子理解学习与生存的关系，让孩子知道为什么学习。孩子不反感学习，比学习成绩更重要。

● 家长教育孩子对待成绩的态度时，千万要结合自我意识的培养同步进行。根据不同孩子自我意识发展的不同程度，来决定怎样教育孩子正确对待自己的学习成绩。

● 在上学极其困难、难以坚持的情况下，不管是什么原因，都不要强迫孩子。给孩子适当的休息时间，比如申请长期或者短期休学，合适的时候再恢复学业，可能会有利于学业的继续。

当然，社会生活经验、思维能力、自我意识、学业成绩之间具有互相渗透、相辅相成的联系，关键是看老师和家长能否自觉、主动地处理好几方面的关系。仔细思考，我们会发现，达到孤独症学生普校就读的目的，既在学校就读之中又在学校教育之外，既在学业之中又在功课之外。其实，就读的过程本来也是生活的过程，是孩子心理成长的过程，是孤独症孩子社会性康复的过程。为了追赶、完成功课而舍弃、忽略社会性的发展是不可取的。

每个家长、教师切记：学业是载体，不是目标本身；上学是过程，不是目的本身。

孤独症学生"普校社会融合教育"挫折的原因

"普校社会融合教育"挫折指的是在普通学校就读的孤独症学生尚有继续就读的可能,却因为各种原因,中途停止了上学。

如前所说,一个孩子选择什么样的学校就读,和孩子自身的情况、家长的辅助能力及学校的接纳程度关系最为密切。同是在普通学校就读,这三个条件的差异,决定了孩子和家长在就读这条道路上的经历不同,决定了他们付出的艰辛不同,决定了孩子社会功能康复的效果也有很大的不同。也就是说,一个孤独症学生在普通学校就读的道路上能走多远,和这几个因素有密切关联。其中,孩子的自身障碍程度是我们不能控制的因素,在这一条件一定的情况下,孤独症学生的学业挫折又和哪些因素有关呢?

○ 就读挫折,与家长的上学辅助失误有关

孤独症儿童学前干预的社会资源很丰富,很多家长已经习惯了依靠机构老师、依靠专业人员,而当孩子进入普校以后,支持孤独症学生上学的社会资源反而大幅度地减少了,每个家长几乎都在孤军奋战,面临的困难和压力骤然增加了很多。

如前所述,几乎所有的孤独症学生在普通学校就读都需要辅助,而这种辅助不仅仅是帮助孩子应对功课,辅助是伴随孩子心理成长需要进行的长期的、全方位的教育、引导和支持。对孤独症孩子的教育,往往更讲究方法,比如,帮助他们应对青春期遇到的性困扰,帮助他们实现自我意识的发展,

帮助他们跨越人际交往的障碍。这往往比传授知识、训练技能本身重要得多，难度也大得多。

大多数家长因自身条件的局限，难以胜任对学龄期孤独症学生的心理辅助。除此之外，在怎样和老师沟通、孩子出现了退步怎么办、孩子遭到歧视怎么处理等问题上，家长任何一次决策失误，都可能造成孩子的就读挫折，甚至可能致使孩子出现不可逆转的滑坡。

一位母亲，在普校陪读3年，但是后来孩子非常厌学。究其原因，3年当中，母亲因为孩子不做功课，经常动手打孩子。3年当中，令母亲焦虑的另外一件事情就是，自己的孩子从来不和其他学生一起玩。每逢有机会，母亲都在同学中发起、组织各种游戏活动，遗憾的是，3年下来，其他学生都很喜欢和母亲交往，唯独自己的孩子依旧孤独地在一旁自得其乐。试想，做功课的动机是打出来的吗？孩子厌学，这是母亲打孩子的原因，还是根本就是母亲打出来的结果呢？参与同龄人的游戏，这本不是孤独症孩子交往学习的重点，他们能够学会、也更应该学会的是工具性交往，妈妈却将陪读的重点放在了推动孩子参加游戏活动上，孩子能够学会的同伴之间的工具性交往反而没有下功夫去教。本末倒置，这是这位母亲在辅助自己的孤独症孩子随班就读时出现的两个严重的战略失误。

一位父亲，将辅助孩子就读的绝大部分精力用在了功课上，随着青春期的到来，孩子出现了一些让人尴尬的行为。依照孩子的理解能力，这本该是自我角色认知教育的恰当时机，但是，父子每天仍然为了追赶功课一起埋头苦读到深夜。孩子读完了小学，升入了普通中学，开学伊始，孩子就因为行为怪异而自己无法控制在学校招致了很多学生的围观，老师不得不"善意"地告知父亲："这里可能不适合你的孩子。"6年的小学时光，为了功课、作业，父亲忽略了孩子自我意识、思维能力、生活自理的培养，忽略了孩子的社会功能。升入中学，问题越来越明显，当父母逐渐醒悟的时候，已经错过了很多教育的大好机会。

在上学的得与失之间，该怎样考量、怎样取舍？

对于上学的孤独症孩子，其教育难度在于，孩子本身在成长、在发展、在变化，孩子的社会性越好、理解程度越好，某种意义上说，意味着孩子面临的问题反而会越多。特别是当孩子意识到自己和环境的冲突以后，帮助孩子协调他们的心理矛盾，促进他们自我意识的成长，就会成为辅助孩子就读、辅助孩子成长的一个关键内容。但往往在这个时候，家长自身的能力大多不能满足孩子成长的需要。

考察每一个从普通学校走出来的孤独症学生，背后无不是家长的正确辅助在维系孩子的就读历程。虽然孤独症孩子在读书的过程中会出现各种各样的问题，但是只要家长辅助得当，会极大地增加他们完成义务教育的可能性，反之，就读受挫的可能性就会增大。

○ 就读挫折，与上学时遭遇突发事件有关

孤独症孩子和普通学生一起就读，随着年级的升高，同龄人社会交往范围、社会交往能力、社会交往经验都在同步增长，但是孤独症学生在社会性方面的发展速度很难和普通学生一样保持同频增长，因而我们会看到，有的孤独症学生随着年级的升高，其社会性与同龄人的差距不但没有缩小，反而越来越大。但是，因为他们和普通学生一起就读，社会对他们的要求往往会按照同龄人的水平同等看待，这就意味着社会对他们的要求在一天天提高，给予他们的宽容在一天天降低。虽然家长可以对孩子进行大量的辅助和监控，但因为同龄人变得越来越复杂了，人际内容变得越来越复杂了，家长的管理和控制就变得越来越困难了。到了中学以后，孤独症孩子在上学的过程中遇到家长无法控制的突发事件的机会大大增加，如果孩子没有自主解决的能力，这些事件给孩子带来的不利影响，足以让一个孤独症学生中断就读。

在中学阶段，弱势学生往往是同学故意欺负、恶作剧的对象，如果班级里有孤独症学生，他们往往在劫难逃。而且中学生欺负弱者的手段更隐蔽，方式也在升级。一个随班就读的孤独症中学生，在学校的楼道里，曾经被几个男孩恶意围攻殴打，身心受到了严重伤害。类似恶性突发事件，家长和老师管控起来有一定的难度，一旦发生，处理不当，可能成为孤独症学生终止就读的不正常原因。

就读挫折，与孩子的"性表现"不当有关

孤独症学生能否继续就读，和他们的青春期发育有关。孤独症孩子入学年龄一般比正常孩子晚一两年，在班级中，他们的身高通常会超过其他学生，到了小学中高年级，他们有的就会显现出第二性征，不管是男孩还是女孩，该有的生理现象会如期而至。他们生理的成熟会和他们幼稚的心理、低下的社会功能形成鲜明的反差。在他们还不会按照社会规范处理青春期特有的生理反应的时候，他们不免会遭遇同学的挑衅、戏弄。还有的孤独症学生不懂得回避，没有"私密意识"，甚至在课堂上发生自慰行为，这些都会给他们坚持就读带来困扰。

一个五年级的孤独症男生，受到老师批评以后，竟然当众脱掉自己的裤子，以暴露生殖器作为表达不满的方式。即便再宽容的环境，这种行为只要发生一次，孩子继续就读可能会因这一行为而被一票否决。所以，从早期康复起，就必须将性教育纳入孤独症康复教育的计划内，未雨绸缪。关于怎样对孤独症学生进行性教育，见《孤独症社会融合教育》相关内容。

就读挫折，与环境排斥有关

通过随班就读实现孤独症儿童的社会功能康复，不但需要家长配合学校，更需要学校、老师和同学的理解、宽容和接纳，这是一个孤独症孩子在普通学校就读的必要前提。令人欣慰的是，与 30 多年前相比，随着公民人文素质的提高，已经有越来越多的健全人知道了作为一个文明的现代人，应该怎样以自己的博爱之心面对一个需要帮助的特殊孩子。但是也应该看到，并不是每个孤独症孩子都能很幸运地被好校长、好老师所接纳。一个孤独症学生会给教师带来班级管理上的压力，或者给教师带来教学业绩考核上的压力。有的教师自觉这些压力无法排解和平衡的时候，难免会在主观态度上排斥孤独症学生，有时会通过对孤独症学生的言语、表情和行动表现出来。也有的教师通常会将这种压力转嫁到家长身上，比如，会劝孩子退学，或者拒绝家长提出的针对孤独症学生的个别化教育请求，有的教师甚至可能会坚

持这样的态度——如果不出具智力落后或者残疾证明,那就要求孤独症学生处处和普通学生一样。还有的教师虽然"接受"了孤独症学生,但是给家长订立了苛刻的"协议",比如,"只要接到老师的电话,家长必须保证随叫随到"。事实上,这等于让一个孤独症孩子的就读之路无法继续下去。更需注意的是,教师的态度会影响全班学生对孤独症孩子的态度。曾经有一位孤独症学生家长在家长会上遭遇了全班学生家长的"围攻",身处此境,必然会给孤独症孩子的家长、孩子本人坚持就读带来巨大的心理压力。

进入普通学校的孤独症学生,他们要和普通学生一样学习,还要努力克服自己的社会性障碍,困难可想而知。孤独症学生家长要千辛万苦地辅助孩子上学,十年如一日,百折不挠,他们的艰难可想而知。面对别人的不解、排斥、冷漠,甚至是歧视,他们的艰难处境可想而知!但是,营造一个接纳孤独症学生就读的客观环境,不是家长一方努力就可以实现的,它特别需要学校、教师的支持。

○ 这时候可以退出普校就读

我们提倡孤独症孩子在普通学校就读,更呼吁全社会给予孤独症孩子就读以法律、制度上的保障。从家长的角度讲,家长要量力而为,综合孩子、家庭、环境接纳等各种条件进行判断,当就读对孩子的康复弊大于利的时候,不要勉强坚持。从孩子自身的情况看,当一个孤独症学生对自己所学的课业基本上听不懂,经过家庭特殊辅助也学不会,这时基本不适宜再继续跟班就读。当家长自身对孩子的辅助能力、家长对学校的公关能力实在无法为孩子创造就读的基本条件时,不适宜让孩子继续留在普通学校。

综合上述几个因素,我们提倡障碍程度中等或障碍程度较轻的孤独症儿童在普通学校上学。但事实上,目前普通学校的教育内容、教育方法和孤独症学生社会功能康复的个别化需要并不完全适合。不过,在社会还没给孤独症孩子提供更完善、更恰当的社会融合教育环境之前,进入普通学校,对于一部分孤独症孩子,仍然是一种比较好的选择。

孤独症学生"普校社会融合教育"对教师的期待

教师，是支持每一个孤独症孩子在普通学校就读的关键角色。

教师从事的是塑造人之灵魂的崇高事业。"教书育人"，意味着教师以"传道授业解惑"来播撒精神文明的种子；"为人师表"，赞誉了教师作为学识、道德与情操的楷模而展现的令人敬仰之风范。当面对孤独症学生的时候，"教师"这一称呼又增添了一份新的内涵、一份新的责任——一个接纳孤独症学生的老师，就是一个孤独症学生康复的希望之光，是一个孤独症家庭走向新生的幸福之源。没有任何一个富有高尚情感的教师会漠视一个家庭遭遇孤独症的巨大不幸，没有任何一个富有爱心的老师会拒绝一个苦难家庭真诚恳切的求助，没有任何一个恪守职业道德的老师对着一个残缺的孩子内心会无动于衷。然而，一个孤独症学生的确有太多的与众不同，当法律赋予了孩子接受教育的权利以后，最需要获得帮助和支持的是孤独症学生的老师们。以下建议，希望能助老师教育孤独症学生一臂之力。

从接纳开始

接纳，是老师基于爱心与责任感，对孤独症学生的障碍以及他们的特殊康复需要，在给予理解的基础上而产生的对孤独症学生的宽容与接受的心理态度和情感。这种接纳的态度和情感渗透于教师对孤独症学生实施教育的言谈举止中，也表现在教师与家长的沟通交流中，并通过教师身体力行的表率作用，影响其他学生、学生家长。总体看，教师对孤独症学生的接纳程度越高，孤独症学生就读的成效越好。

近10年来，虽然走进普校的孤独症孩子越来越多，但很多教师还没有亲自教过如此特殊的学生。孤独症学生的特殊性，会给一个普通学校的教师带来心理习惯、思维习惯和教育习惯上的挑战。普通学校中的特殊教育，特别是教育具有社会功能障碍的孤独症学生，很多时候需要教师超常规思维、超常规施教。

教师首先要了解孤独症的真相，理解孤独症学生明明和普通孩子不一样，家长为什么会克服重重困难，让孩子在普通学校就读，这是教师接纳孤独症学生的前提。往往，在教师还不完全理解孤独症学生就读原因的时候，在教师还不懂得应该怎样控制这些孩子的行为和情绪的时候，在教师还没有带好孤独症学生的把握的时候，其自信心会受到一定的考验。担心他们影响班级教学、担心他们对其他学生造成伤害，这是教师不愿意接纳孤独症学生最主要的原因。其实，教师如果率先从情感和态度上接纳孤独症学生，孤独症学生就读中的具体问题或许没有教师预想的那么困难。

教师的接纳，不但有利于孤独症学生的社会功能康复，而且有利于促进教师自身教育理念和教育能力的提升。同时，班级中有一个需要大家共同关爱的有特殊需要的同学，也有利于对其他学生的健康人格教育。

接纳，会提升教师自身的职业成就感和快乐体验

一份相同的工作，却可以有完全不同的主观体验。一个工地上，很多工人在搬石头盖房子。一位学者从工地路过，他停下来问其中一个工人："你在干什么呢？"工人很累，放下沉重的石头说："你可不知道啊，我每天都在搬这些讨厌的石头！"学者又换了一个人问了同样的问题："你在干什么呢？"这个人却挺直腰杆自豪地说："你可不知道啊，我在盖一座宫殿啊！"

教师教孤独症学生也是如此。看似繁重而平凡的劳动，其意义不是在"搬石头"，而是在"盖宫殿"。一位普通教师在自己的从教生涯中，也许不能自主地决定是否有机会教育一个孤独症学生，但是，当我们真的接受了一个孤独症学生的时候，我们能够决定的是用什么样的心态去面对这个特殊的学生。理解工作的意义，毫无疑问，会给自己带来快乐和价值感。越是枯燥、艰难的工作，越需要我们理解其意义，从而变成一种支撑我们自己的精神力量。教育一个孤独症学生，有快乐可言吗？烦恼源于排斥，而主动接受这一特殊的教育工作的挑战，就是产生快乐的心理源泉。

教师的接纳，是"治愈"孤独症学生的最好良方

交往障碍是孤独症学生的最大困难，他人的冷漠、歧视和拒绝，只会让他们越发远离人群。他们的表达能力严重不足，很多孤独症学生几乎没有和同学之间的沟通，这会加剧他们在学校的不安全感，使他们的情绪和问题行为增加，这样一来，也会给老师的管理和教育带来更大的困难。孤独症学生有认知理解障碍，他们的学习能力大多低于普通学生，教师拒绝的态度会加剧他们厌学，加剧他们对学习的畏难情绪。而教师的接纳，让孤独症学生在情感和心理上形成对教师的好感、信任，甚至依恋，这会消除他们的紧张情绪，减少他们的焦虑和恐惧心理。在情绪的良性循环中，他们的理解能力、行为表现、情绪状态等都会处于较正常状态，他们的学业潜能也会正常发挥出来。进入教师和孤独症学生情感互动的良性循环，反而会减少教师在教育孤独症学生时的难度。孤独症学生也喜欢、渴望老师的表扬，表扬往往会激励他们做得更好。因而，有的时候，教师要控制、管理、教育好孤独症学生，接纳的效果往往事半功倍，而拒绝他们、排斥他们反而会适得其反。

曾经有很多孤独症学生，因为他们的障碍，在班级中没有其他学生一样的地位，如同集体中的边缘人，甚至受到同学的歧视。他们没有和其他学生一样同等参与活动的机会，也难以得到老师的表扬。但是，他们被认可的愿望是非常强烈的，一旦得到教师哪怕是点滴的积极评价，也会如同病弱之苗逢甘露，催生他们社会情感、自我意识的成长。虽然他们和其他学生不同，但是他们也需要在自己的水平上获得充分的发展。尽可能地给孤独症学生提供参加活动的机会和表现能力的机会，教师对孤独症学生的信任、期待和鼓励，对他们社会性的进步至关重要。

教师对"罗森塔尔效应"应该不陌生。1968年，美国心理学家罗森塔尔发表了题为《教室中的皮革马利翁》的报告，讲的是罗森塔尔在一所小学做的一个双盲实验。他告知教师,要测量学生的学习潜能,但是测验时教师不参加。而后他交给教师一张名单,告诉教师这几个学生经过测验,有十分优越的学习潜能。教师一看,名单上的学生有的学习较好,有的学习较差。可是,罗森塔尔告诉教师这几个学生经他测定,确实都有十分优越的学习潜能。一年以后,罗森塔尔再次来到学校调查那几名学生的学习成绩,教师告诉罗森塔尔:"专家的鉴定很准确,现在这几个学生学习成绩都很好,其中一些原来学习成绩较差的学生,现在的成绩已经显著提高了。"这个时候,罗森塔尔才告诉教师,一年以前,他根本就没有测量学生,名单上那几个学生是他从学生名册中随机抽取的。那么,这些学生为什么会出现显著的进步呢?这是因为教师相信了心理学家的话,于是对这些被告知有很大学习潜能的学生抱有很高期望,教师的这种信任会通过和这些学生交往时的语言、态度、情感和行为自然而然地流露出来,这些学生接收来自教师的积极信息越来越多,这就是他们的学习成绩显著提高的真正原因。

这个实验结果是发人深思的。有的教师主动将这一原理应用到孤独症学生的教育上,从很多孤独症学生的就读情况看,这种"罗森塔尔效应"是显著的。给孤独症学生以关怀、期待和鼓励,对一些孤独症学生的社会性潜能的开发有强烈的影响。

接纳特殊学生,是对普通学生人文精神的最好教育

教师教书为了育人,而育人在育精神,精神贵在文明,教会学生"文明",是比教会一个公式、一个定理更重要、更艰巨的教育任务。对身边有特殊需要同学的接纳与关怀,是一个学生对他人、对社会的责任教育的启蒙。人类之间的互助,这一朴素而永恒的道德教育恰好是通过教师的言传身教、率先垂范而感染、传递给每个学生的。如果一个学生用父母的血汗钱对千里之外遭受灾害的难民"慷慨解囊",而对自己身边的弱者、对自己身边需要特殊帮助的同学漠不关心、麻木不仁,甚至嘲弄、歧视,如此现象则值得教育者深思。爱心与责任,是一个学生做人教育的关键,当我们的校园、我们的班级中需要学生为一个孤独症同学付出爱与责任的时候,这不是"育人"的最好机会、最好课堂吗?

很多老师善于调动学生的积极性，给他们机会帮助老师完成管理、辅助孤独症学生的任务，让他们做老师的助手，这不但减轻了教师的负担，同时也培养了学生们的责任感，锻炼了普通学生的能力，不失为一举多得的好办法。有一位教师，在班里成立了一个爱心小组，小组由4名学生组成，小组的职责就是帮助班里的一个孤独症学生。而且老师规定，将参与到小组中作为对学生的奖励措施，小组成员不固定，定时轮换，表现好的学生才可能进入爱心小组，由此调动了全班同学的积极性，大家把进入爱心小组作为一种荣誉。由于教师导向正确，每个进入小组的同学都努力"工作"，在这个过程中，这些孩子学会了"负责"，学会了"宽容"，学会了"理解"，学会了"助人为乐"。其中一位同学的家长感慨地说："如果没有这个机会，我的孩子可能再过多少年也不知道怎样去照顾别人。"

特别是在小学阶段，教师的接纳态度决定全班学生对孤独症学生的态度，教师本身的言传身教对其他学生具有很好的导向作用。让全班理解为什么孤独症学生需要帮助，理解应该怎样帮助孤独症学生，这是教师给学生上的一堂深刻而又生动的品德教育课。

老师的微笑就是给予孤独症学生走向康复最热情的激励，老师的微笑就是孤独症学生父母永远珍藏的记忆。

给他们个别化的教育

"有教无类""因材施教"，教好一个孤独症学生，教师将会更深刻地领会为师之道。将这一原则与孤独症学生的教育对号入座，那就是给孤独症学生个别化的教育。然而，孤独症学生的就读和其他障碍学生的就读有哪些不同呢？孤独症学生在就读中会遇到哪些问题呢？这些具体问题应该怎样应对呢？做好孤独症学生的教师，对此应该心中有数。

孤独症学生上学目标的个别化

教师首先应该理解孤独症学生个别化的上学目标。孤独症学生进入普通学校就读，主要借助正常群体社会氛围的长期熏陶，借助普通学生的社会行为的示范作用，发展孤独症学生的社会认知能力、人际交往能力和自省自控能力，改善他们的社会功能，逐渐让他们走出自我封闭的世界。如果理解了这一点，教师也就理解了为什么孤独症学生学习困难，而家长却坚持让他们上普通学校。这是一个不同于普通学生的上学目标，所以，不能完全用是否能够完成作业、是否学业合格来判定、理解他们是否应该上学。孤独症学生就读，第一位的任务是促进他们社会功能的发展。因而，并不是功课跟不上，孤独症学生上学就没有意义，也不是因为他们行为有问题、交往有困难，就要将他们排斥在集体活动之外。反过来，正是因为他们的社会功能薄弱，他们才需要更多的机会参与校园内、班级内的人际交往活动，以此获得社会交往经验。

孤独症学生教育方法的个别化

孤独症学生和其他障碍学生不同。智力障碍学生主要表现为学习困难，肢体残障学生的主要困难是活动能力受限，总体看，这些特殊学生的社会认知、社会情感和社会行为是正常的，所以，他们就读的困难更多地表现在他们自己面临的困扰上。比如，他们能够意识到自己和其他同学的不同，会产生自卑心理，因而他们可能会显得性格孤僻。因为一些生理功能不健全，他们参加一些学校活动会受到限制。自己力所不能及的活动，他们需要老师和同学的帮助。但是，他们能够理解帮助的意义，并对他人怀有歉意、感谢等正常的情感态度。他们不会影响全班的教学，不会影响集体活动的秩序。他们会主动调节自己，努力使自己被同伴和班级接受。他们具有主动适应环境的内驱力，在班级中，他们一般会较多地赢得教师、同学的同情和帮助。

而孤独症学生却大有不同，他们的生理功能基本是健全的，但有着不同程度的社会性障碍，最主要表现为他们在处理自己与他人、自己与集体的关系上出现了困扰。因为孤独症学生的情绪和行为异常，甚至会有极端情绪、极端行为，使得他们会对课堂环境造成一定的影响。比如，有的孤独症学生上课时会突然叫喊。他们对人际关系认知困难，沟通能力又显著落后，使得他们不能主动协调自己和老师、自己和同学的关系。比如，有的孤独症学生以强制性搂抱同学或者拉扯同学的衣服等表达交流的愿望。因而，他们在班级中往往不是令人同情，而是遭遇排斥。孤独症学生的社会功能障碍的表现还有不稳定的特点，也就是说，一个孤独症学生会因为当时的客观环境刺激，会因为人际交往情景的变化等原因，致使情绪大起大落，或者行为失控，这种不稳定性让教师感觉到难以预测、难以把握，有时候他们的变化突如其来，也让教师措手不及。

理解孤独症障碍的特点，对于教师来说是必要的。比如，有的孤独症学生上课嘴里发出声音，或者用物品敲打课桌椅等，不了解他们的教师会以为他们是故意捣乱，其实，这是他们不由自主的自我沉迷之状。有的孤独症学生在学校完成功课有困难，负责任的教师会将他们和其他学生一起留在学校内，直到完成作业才允许其回家，但实际上，他们不能主动地利用时间，也没有主动完成作业的能力，不管在学校滞留多长时间，他们可能依然不能改正作业，最有效的办法是让他们提前放学，由家长单独辅助完成作业。有时会看到他们有不恰当的动作，比如拉扯、搂抱，那是因为他们不懂得正确的沟通方式。这些都说明孤独症学生的任何异常都有原因，找准原因，教师才能对症下药。

把握孤独症学生发展进步的趋势，无疑能够增加教师的信心。孤独症学生具有一个明显特点，那就是螺旋式进步。每个孤独症学生都不是直线发展的，一段时间，他们会出现超过我们预料的上好表现，这会令我们欢欣鼓舞，但是，第二天可能又会出现倒退，这种曲折前进的趋势具有普遍性。一个在小学随班就读的孤独症学生，一年级时问题百出，由于家长和学校的密切合作，孩子取得了相当大的进步，进入二年级初期，孩子的进步简直可以用突飞猛进来形容。于是，教师和家长商量，准备让孩子加入少先队，但是，教师和家长还没来得及高兴，孩子突然又出现了反复，这让教师感觉到非常沮丧，甚至对家长说"再这样下去就退学"。其实，在退步之后，孩子还会继续进步，如果教师不了解这个规律，可能就此对孩子失去信心。而如果我们在退步期不气馁、不灰心，能够继续坚持教育，一段时间以后，他们再次进步，会迈上一个新的台阶。很多孩子的学业中断是因为教师不了解这个规律，没有给他们留继续等待提高的余地，这不能不说是非常遗憾的。

在孤独症学生的教育上，处处需要应用"因材施教"的原则和方法。比如，孤独症学生的心理发展落后于他们的实际年龄，在必要的时候要允许他们的发展比正常学生慢一拍。掌握某一个知识点，他们需要更多的重复，需要更长的时间，但是这不等于他们学不会。明确地告诉孤独症学生"应该怎么做"，而不是只告诉他们"不能怎么做"，前者的效果更好。有的时候教师习惯使用启发的方式引导学生思考，但是，孤独症学生对语言的理解能力有限，他们的主动性又很欠缺，教师启发以后，可能会让他们茫然而不知所措，这个时候，直接告诉他们怎么做是最好的办法。孤独症学生渴望而且特别需要得到教师的鼓励和赞扬，但是，如果按照普通学生的标准去要求他们，很可能他们永远也得不到表扬，那么给他们与众不同的个别化标准，让他们体验成功，让他们同样有得到表扬的机会，就是一个教师高超的教育艺术的体现……

总之，因材施教的前提是了解孤独症学生，把握孤独症社会性教育的规律。当教师做到这些以后，教师处于教育孤独症学生的主动地位是完全有可能的。

一个孤独症学生在普通学校里就读，可能充满曲折，但是坚持下来的孩子，会给教师一个惊喜。毕业的时候再和他们入学时比较，很多教师会得出"判若两人"的结论。对于一个教师来说，这不是自己的辛勤劳动换来的巨大成就吗？

○ 让家长走进教室

学校教育和家庭教育互相配合、互相支持、互相贯通，这一现代教育的基本原则，必须淋漓尽致地贯彻在孤独症学生就读的过程中。事实上，没有家庭的支持，没有家长与老师的默契配合，一个孤独症学生要实现在普通学校里就读，那是不可想象的。从孩子入学前和学校、教师的沟通开始，从帮助教师了解什么是孤独症开始，家长就进入了与学校和教师的合作。孤独症学生难以独立应对学校的环境，特别是孩子上学初期的每一个细节，可能都需要家长亲自辅助，支持到位。因而，利用、依靠家长这一人力资源，解决孤独症学生上学的各种困难，是教师一个很好的选择。

反过来，孤独症学生就读，需要教师积极主动地为他们营造班级小环境，需要容忍他们有个别化的就读目标，并能够尽可能针对他们的特点做到因材施教。这就要求家长积极主动地去协助老师，积极主动地分担其在教育孤独症学生时遇到的特殊困难，使老师接受、教育孤独症学生成为可能。

必要的陪读

教师任何时候都需要将主要精力放在班级大多数学生的教育上，保证大多数学生的正常学习，保证学生在学校一日生活的有序进行。有余力的时候，教师才能满足特殊学生的个别化教育需要，这是合乎情理的。让教学和管理任务繁重的教师用更多的时间和精力去照顾个别孤独症学生的个别需要，显然不切实际。那么，当教师无法处理教学面向大多数和兼顾孤独症学生个别需要的时候，矛盾就产生了。如果没有得当的协调办法，劝退孤独症学生、忽略孤独症学生，就成了教师不得已的做法。怎么处理这个矛盾呢？最好的解决办法就是给孤独症学生一对一的特殊辅助。

特殊辅助中有一种形式就是专门的辅助人员在教室中、课堂上给孤独症学生提供一对一的现场支持，也就是陪读。特殊辅助是"孤独症社会融合教育"的普遍原则，在学校就读中，个别辅助支持更不能缺少，这是保障孤独症学生真正实现普校就读的最重要策略。

陪读可以解决几个层面的问题：

第一，当孤独症学生情绪和行为问题严重，干扰课堂秩序时，陪读人员可以针对孤独症学生进行个别的行为调节，必要的时候，可以将孤独症学生带离教室，等待其情绪平稳以后，再进入教室。这种辅助主要是为了保证班级教学秩序不受到干扰，保证教师的教学顺利进行。

第二，有些孤独症学生没有情绪和行为问题，表现安静、遵守规矩，但是，他们课堂听讲缺乏注意力。当他们上课走神而陷入游离时，个别辅助能帮助他们维持课堂注意力，提高他们的学习效率，促进他们进入真正意义上的就读。

第三，在校园课间活动中，辅助人员需要监管孤独症学生的安全，给他们的交往和行为规范的学习提供现场指导。陪读人员也可以帮助其他学生认识孤独症学生的特点，帮助其他学生学会和孤独症学生相处的方法。

分析就读成功的孤独症学生，其中，个别辅助是一个必要条件。恰当的特殊辅助，可以有效地提高孤独症学生就读的质量。那么，谁来担当辅助人员呢？现阶段，在普通学校还不能提供辅助人员的情况下，家长走进校园、走进教室、走进课堂就是解决问题最现实的方案。

当陪读人员走进教室

目前支持普校就读的个别辅助资源，或者由家庭提供，或者由学校提供。家庭提供就读辅助支持的人员，或者是家长本人，或者是家庭聘用代替家长到学校的家庭教师，两类人员我们都称为"家长陪读"。

家长走进教室、走进课堂，无疑是打破常规的做法，在操作中通常会遇到较大的阻力。这些阻力来自学校，也来自教师。陪读人员走进教室，使原来相对封闭的教学和管理过程处于开放状态，教师的心理习惯上非常不适应，是可想而知的。在学生中有家长或者非教师的成年人在场，会干扰教师对自身的角色定位，对家长的戒备心理会让经验不足的教师失去自信。这是陪读人员进入教室后，教师需要克服的最大的心理障碍。

其实，家长和教师要互相解读对方心理，站在对方的角度思考。教师可能不了解，一个孤独症学生的家长对于学校能够接纳孩子、接纳家长的心理感受只有一个，那就是感激。家长进入教室，其实是一种无奈，每个家长从主观上并不愿意这样做，在教室中的陪读家长，其主要心理是自卑和无奈，他们除了关注自己的孩子，无暇他顾也无心他顾。如果能够建立家长和教师之间的信任关系、互助关系，完全可以让家长进入教室产生一举多得的效果。有的孤独症学生家长成了教师最好的助手，在辅助孩子的空当帮助教师处理了很多事务，甚至可以辅导其他学生的功课，协助班级的管理等。

有的教师很担心家长在教室中会影响其他同学正常学习。其实，一般进入教室辅助都是从孤独症学生一入学就开始的，只要教师导向正确，孩子们接受了家长在班级中的存在，他们会习以为常。有的家长还能做到融入班级后，自然而然成为班级里的一分子。

家长进入教室陪读具有暂时性，随着孩子的成长，随着孤独症学生问题的减少，随着他们社会功能的改善，可以在适当的时候撤销陪读。陪读的目的是为了不陪读。借助陪读人员的桥梁作用，很多孤独症学生可以逐渐适应学校生活，最后实现独立上学。至于什么样的学生需要家长在教室内陪读，需要陪读多长时间，要因人而异，最短的可能只有几天而已，长的也有的需要两三年。家长们最期待的是有一天，学校能够提供满足孤独症学生需要的辅助教师（资源教师）。到了那一天，孤独症学生家长也会同普通学生的家长一样，将孩子放心地交给学校，安心地离开教室。

没有个别辅助的随班就读，难免演变成随班就"混"，这是家长和教师都要关注陪读的原因。

资源教师

据统计，到2004年，在普通学校随班就读和在普通学校附设的特教班就读的残疾儿童在校生人数已占特殊教育在校生总数的66.23%。也就是说，在接受教育的特殊儿童中，三分之二以上进入了普通学校，其中也包括许多孤独症儿童。一些普通学校建立了"特殊教育资源教室"，并配备了资源教师。资源教室的设置是对特殊学生的一种支持措施。特殊学生大部分时间在普通班学习一般课程，部分时间到资源教室接受资源教师或特殊教育人员的辅导。

资源教室至少有四种功能：评量、教学、咨询与在职培训。

● 评量。主要是对特殊学生进行评价、测量，根据特殊学生的个别状况，制订个别化的教育计划。

● 教学。资源教师对特殊学生进行个别化的教学辅导，主要包括三个方面：第一，基本学科辅导，如语文、数学等；第二，语言沟通技能辅导；第三，社会与情感发展辅导。

● 咨询。为普通班教师和特殊学生家长提供咨询，向普通班教师提供辅导教材和教学方法支持。

● 在职培训。是指资源教师对普通班教师进行有关特殊教育方面的培训。

如果孤独症儿童进入的普通学校已经设置了资源教室和资源教师，这也是孤独症学生在普通学校就读的一个重要的支持资源。孤独症学生所在班级的教师应该积极地获取学校资源教室和资源教师的专业支持。班级教师、资源教师和孤独症家长三方应该默契配合，为孤独症学生制订个别化的教育计划和教育措施，并由资源教师对孤独症学生进行个别化的教育辅导，包括学科课程的补救教学、学习方法的指导、问题行为的矫治和心理障碍的疏导等。

遗憾的是，目前普通学校资源教室的服务对象主要是感官残疾、智力落后的特殊学生，而孤独症学生的个别化教学辅导具有其特殊性，就全国范围看，懂得孤独症社会性康复教育的资源教师还很少，难以满足孤独症学生对特殊辅助的需要。这也是目前仍然需要家长亲自陪读的一个原因。从长远看，随着国家特殊教育的发展，孤独症学生"普校社会融合教育"一定会享有比家长更加专业化的辅助支持资源。

当孤独症孩子走进学校以后，看到能够支持孤独症学生就读的资源教室，看到能够满足孤独症学生特殊辅助需要的资源教师，这是孤独症学生家长无限的期待与渴望！

正常就读宽容接纳，随班就读名副其实

如前所述，孤独症学生实际上有两种就读方式可以选择：正常就读和随班就读。无论选择哪种就读方式，所有孤独症学生就读的首要目的都是通过就读过程，改善、提高其社会功能，目标是一致的。

对待正常就读的孤独症学生，教师可能出现的偏差是忽略正常就读的孤独症学生的特殊性。在实际操作中，有的教师以为孤独症学生如果没有办理随班就读，那么在教学管理和成绩要求上，他们就要和普通学生一样。其实，教师应该知道，不是因为正常就读，这些孤独症学生的障碍就不存在了。这些正常就读的孤独症学生，他们有比较好的智力基础，在课业的要求上，可以适用和普通学生同样的标准，他们能够达到合格水平。但是，他们的社会功能障碍依然是明显的，也就是说，他们的学习过程和普通学生是不一样的。比如，他们的学习动机、学习的自主性要落后于普通学生，他们的课堂注意力障碍可能会很大，他们的课堂学习效率会很低，必要时他们也需要家长在课堂上一对一的特殊辅助等。教师仍然要充分考虑到他们的特殊性，容忍他们比普通学生晚一步学会。总之，在教学方法上，他们仍然特别需要教师因人施教。

正常就读的孤独症学生，他们实际上也存在不同程度的学习困难和社会功能障碍，但是他们又不享受随班就读的政策，所以，不管是学生本人还是家长，往往压力更大。他们更需要教师的理解和宽容。不是有障碍就一定要选择随班就读，不是正常就读就不能有特殊的辅助措施，教师要把握好这个尺度，防止出现对正常就读的误解。应该说，他们是"正常就读的特殊学生"。

正常就读方式只适合一部分孤独症学生。那些智力明显落后，学习困难较大的孤独症学生，教师可以建议他们随班就读。通常，在一个孤独症学生难以达到普通教育基本要求的时候，解决问题的办法有两个：第一个办法应该是加强辅助支持，用特殊的一对一辅助方式补充他们能力的不足，而不是降低对他们的要求；第二个办法是对在特殊辅助以后跟班仍然困难的学生，建议他们随班就读，按照随班就读的政策对他们适用单独的标准和要求。我们的建议是：先从第一个办法着手，如果确实还存在很大差距，再考虑随班就读。如果一入学就随班就读，或者孤独症学生一出现困难就建议家长随班就读，可能并不适合部分孤独症学生的具体情况。

从现实情况看，随班就读基本上有三种不同的状况。

第一种是"形式随班就读"。孤独症学生人在班级里，但是，教师并没有针对他们的个别化教育措施，随班就读流于形式，变成了随班就"混"。

第二种是"社会融入式随班就读"。孤独症学生除了和普通学生在文化课的考核上有不同的标准之外，教师重视让他们和普通学生一起活动、一起学习，促进他们和班级同学之间有尽量多的互动和交往。这个层次的随班就读，能够提高孤独症学生的社会认知和交往能力，这是我们希望的随班就读，它基本上实现了孤独症学生就读的目的。

防止将随班就读理解成"因为他们是特殊的学生，所以，他们可以不必参加学校、班级的活动"。有的时候有的教师会从班级荣誉考虑，特意要求孤独症学生回避，或者限制孤独症学生参与班级和学校的活动，教育机会的削减，恰好和通过随班就读促进孤独症学生社会功能康复的宗旨相违背。

第三种是"教育效果式随班就读"。这是高水平、高要求的随班就读，在教师的个别教育下，孤独症学生不仅能够实现社会交往的学习，而且能发挥出最大的学习潜能，取得最大程度的学习效果，真正实现学有所得。

孤独症学生需要一对一的辅助支持，需要教师更多的鼓励，需要给他们足够的练习和积累。孤独症学生的学习障碍不仅是因为思维理解能力落后，更主要的是动机、兴趣、习惯、控制能力等非智力上都有障碍。比如，他们集体注意力薄弱，无论是课堂听讲还是课堂练习，都需要辅助人员的监督和提醒，所以，他们特别需要被"重视"的个别辅助支持。具备一对一辅助支持，许多孤独症学生的功课就能够跟上，能合格完成义务教育课程，这是孤独症学生和单纯性智力落后学生的不同点。

学校、教师、家长之间应该精诚合作，对孩子宽容而不忽略，理解而不放任。通过随班就读，让孩子真正做到学有所得，真正实现社会功能康复的目标，这是孤独症学生随班就读的最佳效果。

孤独症学生"普校社会融合教育"操作给家长的建议

○ 入学

学前准备

孩子上学,家长面临最尖锐的矛盾就是进入学校集体环境以后,孩子的行为因为其独特性,会和他人产生或大或小的冲突。所以,上学首先要求的不是孩子的知识和技能水平,而是孩子要认知、理解自己和班级同学的关系,认知、理解自己和老师的关系,要求孩子具有根据自己对人际关系的认知进而把握和调整自己行为的能力。也就是说,上学考验的是孩子的社会性。

社会性指标不合格,孩子完全可能被拒之门外。相反,社会性发展良好,即便在认知、运动、语言、精细动作等方面有所欠缺,孩子依然具有进入普通学校的可能性。因而,孤独症儿童上学,必须具备一个基本前提条件:情绪可控,不干扰老师的教学,没有严重的攻击他人的行为。

入学准备训练还包括基本的生活自理或者半自理能力,比如会自己找到厕所并进行大小便处理,会表达自己的生理需要,能听懂简单的集体指令,知道学校的重要规范,会自己找到教室、找到座位,识别铃声的意义,知道上课和下课的区别,会模仿其他人行动,管理自己的学习用品,具备握笔写字的能力,有简单的功能语言,能回答简单的问题,肢体运动基本协调等。

孤独症儿童入学前应该有一到两年的学前准备。学前准备的途径主要有学前班、幼儿园大班、社会提供的各种以儿童为对象的集体教学形式的培训班等。这些资源都不具备的，可以让孩子复读一年级。这些途径各具特色，比较而言，学前班更适合孤独症孩子。

第一，学前班和上学的要求更为接近。上学前班达到的目的是认知学校环境，认识学校规则、功能、人员，了解上学的过程，知道学校生活的内容，知道自己在学校应该做什么、怎么做。

第二，学前班和幼儿园不同，幼儿园一日生活包括学习、生活等方方面面，而学前班将主要时间和精力集中在学习文化课和接受学校生活规则的教育上，重点比较突出。

第三，从自我意识教育的角度看，在学校里，孩子的角色是学生，让孩子感觉到这个角色，并用角色意识教育孩子，培养角色行为，这有利于促进孩子对成为学生的期待。在幼儿园，孩子的角色是幼儿，其角色要求和学生不同。

> **特别说明：**
> 国家教育改革对学前准备的要求在不断变化，不管如何更新、升级"学前班"，学前准备的目的是不变的，即为幼儿适应小学的生活和学习要求做准备。上学的孤独症儿童要按照当前教育部门学前准备的规定，做好普校就读准备。另外，孤独症儿童康复机构也可以为孤独症儿童开设"普校社会融合教育"支持课程，专门为孤独症儿童提供入学准备服务。

入学年龄

孤独症儿童心理发展落后于正常儿童，所以，入学的年龄应该容许晚一到两年，主要目的是给孩子学前的发展留下更充足的时间。具有一到两年的年龄优势，孩子各方面相对成熟一些，入学以后的困难就相对少一些。当然，晚入学，学前准备时间应该用来促进孩子的社会性与智力发展，而非自然等待。自然等待不但不能让孩子进步，有些孩子还可能退化。

入学前可以充分发展孩子的认知，减少入学以后的课业困难，也可以为入学以后其他问题的解决留下时间和精力。需要注意的是，入学以后，集体环境中应该给孩子创造某方面的优势，或者是课业，或者是其他才艺、技能等，这样可以使孩子在集体中赢得好的评价、增加自信。

选择学校和选择教师

环境对孤独症儿童的发展至关重要，因而，接受普通教育的孩子在选择什么样的学校、什么样的教师的问题上会产生许多矛盾、困扰。每当面临选择的关键时刻，家长往往会权衡再三。其实，对孤独症儿童而言，学校"好"与"不好"的标准只有一个，那就是依学校接纳的程度判断。优选环境宽松、比较容易接纳孩子的学校。

因为学校类型不同，地理位置不同，教育者人文理念不同等，都会造成其对特殊学生接纳程度的影响。有些学校招生对象相对宽容，还有的学校有过孤独症学生教育教学经验，或者学校现有孤独症学生，这些都是选择学校时应该考虑的因素。总之，应该尽量把孩子入学的难度、上学的难度降低。

选择好的班主任比选择学校更为重要，特别是在小学。班主任老师的主导作用、权威地位很明显，班主任老师本身对孩子接纳度高，会对其他家长、老师、学生起到表率作用。在班主任的导向下，班级容易形成对孤独症儿童的友好氛围，这种环境对孤独症儿童的成长难能可贵。

○ 陪读

普校融合对陪读人员的要求

陪读是在大环境中为孩子创造小环境的有效途径。事实证明，孤独症儿童上学陪读是非常必要的，经过这一过渡，很多孩子能够最终适应独立上学、独立应对学校的各种问题。当然，陪同孤独症儿童上学绝非易事，它是对辅助人员毅力与智慧的考验。一般承担陪读任务的是母亲、祖父母或者家庭保教人员，无论是谁，要达到辅助支持的效果，需要具备以下条件：

● 有足够的时间，足够的耐心、责任心，特别是有足够的能力陪同孩子就读，包括在校陪同上课、家庭功课辅导，疏导孩子的情绪，帮助孩子克服与环境不相容的各种行为问题，为孩子实现持续的学校融合创造条件。

● 有较好的交际能力，通过与学校管理者、教师的沟通，与其他学生的沟通，与学生家长的沟通，为孩子创造安全、良好的人际环境。

● 尊重孤独症儿童的心理特点，懂得认知发展规律，按照心理发展规律的客观要求辅导孩子的学业。

● 有良好的心理素质，能够正确面对融合辅助工作承受的挫折和压力，有较好的管理情绪的能力。

陪读的目的

陪读人员对孤独症儿童的个别辅助可以减轻教师在学生管理上的压力和负担，降低学校接纳孩子的难度。孤独症孩子有特殊行为，需要老师的特殊关照，在老师不具备这一条件的情况下，陪读人员可以对孩子进行特别管理。

陪读可以直接起到对孩子安全保护的作用。孤独症孩子没有鉴别侵害和自我保护的能力，同时，不当的交流方式会使其他孩子误解其行为，所以，陪读可以防止同学之间的相互伤害。

陪读人员是孩子独立融入学校生活的拐杖，是环境、他人和孩子之间的桥梁，陪读的重点是帮助孩子处理好和环境之间的矛盾，在孩子不能理解、不能处理的问题上，帮助他理解和处理，但是，严禁包办代替。陪读的重点是让孩子懂得学校生活的各种要求和规则，顺利过好学校的一日生活，逐渐理解上学的意义，处理好和同学的关系，帮助孩子提升自我管理的能力。

学校是社会性教育的主渠道，通过辅助进入普通学校学习的儿童，将来更有可能实现社会生活自理、社会生活自立。

陪读的形式和消退

一般而言，再好的孩子都要有一个陪读的过程，陪读的方式、时间的长短可以不同。陪读可以近距离全程陪，随着孩子的进步，可以远距离监督陪。可以在重点问题上重点陪，可以直接陪，可以间接陪。陪读没有确定的形式，要根据孩子的具体情况而定。用什么形式陪读，只有一个考量——在孩子需要支持的时候辅助能够及时到位即可。

消退的原则是逐步撤销。从辅助时间到辅助方式、辅助内容、辅助程度都应该递减，依照具体情况而定。当辅助减少以后发现孩子退步，应该马上恢复辅助，过一段时间再撤。同学也可以起到辅助的作用，同学辅助是家长辅助撤销的一个过渡环节，一般同学辅助成功的，家长基本可以撤离。

为了减少学校接纳的难度和孩子适应上的难度，上学的起步可以从一节、两节课开始，逐渐延伸到主要课程，延伸到半日就读，直至全天在校。

延长孩子普校就读时间

孤独症孩子入学要推迟至少一到两年，整个普校社会融合教育过程应该延长一到两年。在小学和中学，可能的话，都应该给孩子适当的复读机会。因为，即使孤独症孩子课业成绩优秀，其心理发展水平也要显著低于同龄学生。社会性发展需要经验的累积，复读的主要目的是给孩子的心理成熟、给孩子的社会性发展留下更多的时间。

小学复读一般在低年级较为合适，不容易造成同学的歧视，也不容易造成孩子的自卑。初中复读一般毕业前一年较好。当然，这是一般规律，是否复读、何时复读，还要看其他条件，比如，孩子本人是否接受、原班级接纳孩子的情况、班主任老师的态度等。综合考虑，应在利大于弊的情况下，合理安排孩子复读。

○ **与老师的沟通**

老师是班级的灵魂与主导，权威地位决定了老师在学生教育过程中的决定性作用。老师对某一个孩子的态度，会对全班学生的态度形成重要导向，因此与老师沟通好，是每个孤独症家长的重要日常工作。

一致的教育理念

最重要的沟通不是哪个具体问题的解决方案，而应该是针对有特殊需要的孩子，家长和老师是否有一致的观念和态度，以后孩子一切问题的处理，都要立足于这个基本态度。

是否要和老师讲孩子的情况呢？一定要让老师了解孩子的情况，以什么方式、在什么时候让老师了解最好，和老师讲到什么程度，都要视情况而定。了解情况是老师因材施教的前提。但是，在让老师了解情况的前提下，还要给老师鼓励和信心，让老师知道孩子的潜能，知道孩子是可教育的。

高功能孤独症一般智力基本正常，可以直接告诉老师孩子的主要问题是社会性落后，是交往性障碍或心理发展滞后，并告知老师这是可以通过教育得到有效改变的。另外，还必须通过孩子的其他方面的成就，比如认知或者其他优异技能的表现等帮助老师树立信心。

解决老师的后顾之忧

事实上，接受一个孤独症孩子会给老师的教育工作带来很多麻烦，增加老师的工作负担。作为家长要充分理解老师，并给予精神和物质补偿。补偿的方式，要依据人的心理需要而定，具体分析教师的需要。大多数老师希望家长认可自己的工作成果，需要一种精神强化。

辅助人员需要做的是给老师提供具体方法、措施，让老师接受孩子。告诉老师我们能协助老师做些什么，当孩子出现何种情况时应该如何处理，让老师心中有数。还可以把老师担心的问题一一列出来，讨论解决的办法。

与老师沟通的技巧

第一，动之以情。真诚相待，感动老师。老师大多数具有责任感和同情心，可以坦诚地和老师交流孩子的情况。以我们的真诚，换取老师的真诚，如果老师仍然做不到，应该考虑老师的实际困难。

第二，晓之以理，说服老师。教育是一门科学，也是一门艺术，辅助人员不要做外行人。"为了孩子再学一个专业"，就是说家长要成为教育的行家。家长和老师沟通，自己先要讲教育的"道"、讲育人的"理"。

第三，相信老师的经验和能力，先按照老师的办法做，如果不奏效，再给老师提出参考意见。建议老师试试换一个方法，更有利于老师接受家长的建议。

第四，任何措施和方法不能只对自己的孩子有利，要考虑到对老师的工作、对其他的孩子和自己的孩子都有利才可行。

第五，把孩子可能发生的情况和可能的原因及一般的处理方法事先和老师沟通，以免老师措手不及。

孤独症学生就读中的安全保护

在普校读书的孤独症孩子因为能力有限，难以实现自我安全保护。父母很担心孩子受到侵害，应该怎么解决这个问题呢？

人身伤害危险

在学校威胁孩子人身安全的因素主要有：

第一，来自其他同学有意或无意的程度不同的人身伤害，如推搡、摔碰、冲撞，甚至围攻、殴打等，还有一些带有人身侵害性质的恶作剧，如往孤独症儿童的衣领里倒冷水、故意藏匿或毁坏孩子的学习用品等。这是最主要的一种伤害，因为它是人为的、不可预测的，这种伤害行为的后果不但威胁孩子的人身安全，而且会对孤独症儿童造成严重的心理伤害。年级升高以后，同学的侵害可能由攻击性动作转化成攻击性语言，给孤独症孩子的识别和防卫都带来困难。

第二，来自物质环境的潜在不安全因素，如教室空间狭小、课桌椅的棱角对运动协调能力差的孩子会造成磕碰。如果教室在楼上，那么对于缺乏危险意识的孩子，窗户防护可能就是家长要注意的一个重要问题了。

第三，学校组织的一些课堂教学以外的活动，由于空间、时间及要求的变化，造成孤独症学生应变上的困难，因而带来的一些不安全因素。如要求学生自己携带椅子下楼走到操场，一些孤独症孩子可能无法完成这个任务，在这个过程中发生跌落、摔伤等情况。再比如，孤独症儿童参加春游、公共娱乐场所聚会等校外活动时，是否知道紧跟班级的队伍，是否知道按照指定的时间、地点集合等，都关系到他们的安全。

人身安全的被动保护

刚上学的小龄孤独症儿童，应主要采用被动保护的办法，但同时要注意抓住一切机会，不失时机地教育孩子树立主动保护意识，并学习主动保护技能。

所谓被动保护，就是指家长要利用自己、老师及学生等一切人力资源，为孩子创造安全的人际环境，将人为的无意、故意伤害事件减少到最低限度，并对来自其他方面的潜在危险做好预防。

第一，与老师有效沟通，使老师对孩子表现出宽容、理解和接纳的态度，避免老师对孤独症儿童的歧视、排斥、冷落和忽视。老师对孤独症儿童的亲近态度，实际上对其他学生来说是一种导向和示范，这样会减少其他学生对孤独症儿童的侵害行为。学生更愿意与老师保持一致，通过友善地对待孤独症儿童而得到老师的表扬。对教师动之以情和晓之以理的沟通非常必要，因为，孤独症儿童的安全也是教师的责任之一，如果伤害事件不幸发生了，那么被伤害的不仅是孤独症孩子，还有老师本身，这一点父母必须心中有数。老师的愿望是每一个学生平安，任何一个理智的、有责任心的、聪明的老师都会积极引导学生，给孤独症儿童以特别的关照。

第二，家长介入学校生活。陪读是早期解决安全保护的一个有效方法。辅助人员的存在，本身就可以避免侵害行为的发生。家长在学校的频繁出入、和老师的频繁接触，会给其他学生一种心理暗示，使其他学生不敢肆无忌惮实施侵害。家长在与其他学生的接触中，应该不失时机地让同学了解孤独症儿童，建立对他们的友好态度，并且把如何与孤独症儿童相处的办法告诉其他学生。

第三，因为大多数孤独症儿童不会告状，这就要利用同学资源，鼓励其他学生在伤害事件发生后向老师及家长报告。无论老师还是家长，知道后一定要在查明事实的基础上采用主动的态度解决问题。这样做的好处是，将来会得到更多孩子的积极配合。更为重要的是，告诉孤独症儿童告状是惩处对方的前提，这是有意识地向主动保护过渡的必要环节。

在孩子处于被动保护时，不可忽视的是，被动保护是暂时的，我们的目标是让孩子学会主动保护，所以在被动保护的过程中，每一个环节都应该告诉孩子正确的做法是什么，每一次的强调都是一次积累，每一次事件的处理都应该是孩子的学习过程。如果没有这样的意识与做法，那么孩子可能永远学不会主动保护。

第四，做好预防。提前估计孩子的特点、能力，尽可能周到地预估将发生的伤害可能，做好预防工作。提前告诉老师处理的办法。如校外活动时，为了保证路上的安全，可以要求家长特别护送，对于程度好一些的孩子，可以建议老师指派有责任心的学生在活动过程中进行一对一管理，如果有特别的要求时要明确地对老师讲清楚，可以特殊处理孤独症孩子的问题。如学校扫除时，给孤独症孩子安排一些简单的任务等。如果遇到孩子暂时还没有能力完成的事情，可以由别人代为完成。

人身安全的自我保护

随着孩子各个方面的改善与经验的增加，要让孩子学习主动保护自己的安全。只有学会主动保护，孩子在学校的安全才能真正有保证。主动保护是指孤独症儿童能够依靠自己的能力处理与自己的人身安全有关的问题。孤独症儿童的自我保护能力归根到底是交往能力的反映，如果孩子能够学会向老师、同学、家长告知自己的困难处境，寻求帮助，恰当应对对方的恶意侵害，学会善意地表达自己的沟通愿望，那么主动保护将成为可能。

学习自我保护可以分成以下步骤：

第一，先让孩子学会识别侵害行为。孤独症儿童识别侵害行为不能只给概念。有的家长不断地在家中对孩子强调"不能让别人欺负你""欺负你要告诉老师"等，但是，什么叫欺负？仅从概念出发，孩子无法理解，不如在每一次侵害发生时明确地指给他看，并且告诉孩子这样的行为就是欺负人，是不容许的。只有孩子能识别什么是侵害行为，下一步才能教育他怎样保护自己。

识别侵害行为有一定困难，因为构成侵害有两个基本条件。一是行为必须给对方造成不同程度的损害，而损害又分为身体的和心理的，如动手打人和张口骂人，其伤害结果是不同的。打人，自然会造成生理性伤害，而骂人伤害的就是人的心理了。构成侵害还必须有另一个条件——主观故意性。我们首先要教会孩子识别造成身体伤害的事件，这类事件行为特征明显，造成的后果便于识别，而对于骂人、挖苦、讥讽等，要识别对方的态度和语言对于孤独症的孩子有一定的难度，如果孩子不能识别，也就说明主观上他并没有受到伤害，可以暂时忽视。在识别伤害性行为时，识别故意与非故意又是一个难点，这时候，要先识别行为本身，然后区别动机。非故意的甚至是善意的出发点，也可能造成后果上的"侵害"，认识水平、思维方式将决定孩子对这一问题识别的成败。

第二，在孩子基本学会识别人身伤害以后，自我消极保护的一个办法就是提前回避可能发生的侵害，如避免接触有不良行为习惯的同学，在侵害即将发生时主动走开等。

第三，教会孩子在侵害发生以后向家长、老师告状。由于识别上的困难，孩子可能会把别人的友好表示也当成恶意行为，出现告状不当是必然的。家长和老师一方面要支持孩子告状，另一方面要借机教育孩子如何正确识别。

第四，教会孩子侵害发生以后恰当反击。这是最高水平的、最直接的自我保护。需要注意的是，孤独症儿童在反击时可能会有把握方式及尺度上的困难，过度反击可能会造成对对方的伤害。

第五，应该看到，有些人为伤害的起因是由孤独症儿童的不当交往方式引起的，如用推拉等方式表达自己的交往要求，因其超越了常规，往往被其他孩子误解，因而引起对方反击。解决问题的根本方法是教会孤独症孩子正确地表达自己的要求，学会用社会认可的渠道、方式与他人沟通。

对学校环境中的其他不安全因素，主动自我保护的方法是让孩子学会在遇到困难时判断自己的实际能力与完成任务之间的差距，如果确实经过努力仍然无法完成，要用语言向老师提出自己的困难及要求，避免在完成任务过程中发生伤害。小学低年级以被动保护为主，中年级应是两种保护方式共用阶段，高年级应以主动保护为主。

心理安全的被动保护

孤独症儿童在校学习期间的心理安全感主要是指孩子对学校生活的主导性情绪体验，即学校生活对孤独症儿童来说主要是愉快的、放松的，还是紧张的、恐惧的、压抑的。如果孩子的心情长时间被负面情绪左右，孩子的心理安全就会出现问题，必须加以解决。

家长、老师应创造有利于孩子心理健康成长的人文环境，给孤独症儿童较多的关注、理解和支持，创造较为宽松的学习环境，让孩子尽可能地放松自己，具有心理安全感。

具体措施如下：

第一，首先要强调的仍然是教师接纳和宽容的态度，教师的爱抚、慈祥的目光和举动，都能被孤独症儿童感知。避免对老师的畏惧，是心理安全感的第一步。

第二，老师、家长要给孩子准确定位，确立合适的目标、确立合适的要求，让孩子经过努力能完成任务、感受成功、增强自信，从而达到心理上的放松。如果目标高了，孩子达不到要求，必然体验失败，造成心理压力。

第三，教师把较容易的任务交给孤独症孩子完成，创造其成功的机会，在孩子完成任务后，及时给予公开的赞扬，如令全班同学鼓掌鼓励。另外，孤独症儿童有自己特殊的长处，家长要说服老师用好这一长处，提供让其表现的机会。

第四，家长和老师要鼓励其他学生与孤独症儿童友好接触，提供善意帮助，并引导孤独症儿童理解同伴的态度。

第五，合理疏导情绪，帮助孩子释放心理压力。当孩子感觉不愉快时，可以暂时回避学校生活，或者减轻孩子的负担。如果孩子由于对学校生活不满，或者对于自己的无能而产生情绪问题，家长要表示理解，并进行劝解与疏导。

心理安全的自我保护

心理安全的自我保护要求孩子有一定程度的自我心理调节能力，用社会化的思维方式认识问题。当孩子经过努力仍然不能成功时，毫无疑问会产生沮丧感、挫折感，要从这种心境中走出来，需要自我调节。在遭到别人的贬义评价时，孩子要能够正确地认识自己，能够客观、全面地看待自己的特点，这些都是主动自我心理保护的方法。到了青春期，如果教育得当的话，孤独症孩子可以一定程度地做到自我心理保护。

第一，在小学中高年级，可以适当告诉孩子人与人的区别，让孩子在生活中观察具有不同特点的人。可以和学校的教育内容结合，有些人文类课程会涉及这些内容。

第二，积极发展孩子的自我意识，让孩子学会评价别人和自我评价，让孩子学习接纳自己的特点。

第三，和孩子一起观看影视作品，理解人物命运，丰富孩子对人生的认识。

第四，给孩子提供更多的处理人际关系的经验，在孩子和别人交往的时候，家长要及时指导，及时帮助孩子总结。

第五，到高中阶段，要教育孩子学习辩证思维，正确对待一个问题的两个方面，建立社会化的思维方式。

第六，让孩子充分地和他人交流，把自己的感受、想法及时说出来。当孩子有感受和想法时，家长要给予理解、疏导。也许孩子这个时候有自己信任的人，鼓励孩子和别人建立这种信任关系，当遇到挫折的时候可以主动排解、合理宣泄。

第七，让孩子写日记，这也是一种心理自我安慰的方式。

第八，和孩子谈心，进行心理调适，这种调适应该是常规性的，而不是孩子出现问题以后再进行。让孩子感受亲情、感受信任、感受自我能力，这是正面建设健康心理的好办法。

第九，高中后期，孩子的自我意识逐渐成熟，客观地认识自己，形成对自己的合理期待，确立合理的目标，这是减少挫折感最好的方式。

孤独症学生"普校社会融合教育"的过程，实际上就是孩子社会化的过程。自我保护、正当防卫是社会化的一个表现，因为本质上它就是在处理人与人之间的关系。孤独症儿童要学习处理的人际关系主要有两个方向：第一，学习如何接受对方的善意表示，如何向对方表示自己的善意；第二，学习如何恰当应对对方的恶意行为，有效地进行自我保护。在特定的人际环境中，如果说第一个方面的学习关系着孩子的发展问题，那么，第二个方面的学习就关系着孩子的安全问题。

> **特别说明：**
> 家长在孩子的安全问题上不要过于敏感。比如，有些时候，孤独症儿童对心理侵害识别起来有困难，事情发生之后，孩子自己并没有感受到侵害，但是家长的敏感性却很强。在这种情况下，往往由于家长的心理承受底线出现问题，主动让孩子回避了与环境的矛盾，这也许会对孩子的发展造成不良的影响。

○ 课业辅导

绝大部分孤独症学生都会出现课业困难，只是困难程度有所不同。当一个孩子自身的能力和家庭辅助能力综合起来也达不到完成学业的最低要求时，可以采取"上学不应试"的策略。因为，孤独症儿童整体发展不平衡，学业能力差的孩子，也许其他方面可以和班级相融合。这时候，既利用学校的环境优势，又避免学业压力过大，就是一个较好的处理方式。

还有的孤独症儿童在低年级时，经过辅助学业成绩可以跟上同伴，但是随着年级升高，知识难度加大，孩子的学业困难会越来越严重，以至于因为学业成绩不佳，父母和孩子的冲突也越来越多，最后甚至造成孩子厌学，放弃学业。还有另外一种情况，有的孩子某学科成绩非常好，比如，外语成绩好的孤独症学生在就读的孤独症儿童中不占少数，但是他们其他学科的成绩又非常不好，学科发展极端不平衡。即便是整体学业成绩较好的孩子，达到相同的成绩水平，孤独症儿童自身和家长也要付出比同班其他学生多得多的努力。

孤独症儿童在普通学校是有特别需要的学生，这种特别需要的一个含义是，他们除了完成普通学生要完成的学业外，其他任何方面都处在持续不断的训练中。每一种训练都需要时间，而学业将占去孩子几乎所有的时间，甚至连休息的时间都要用来学习，于是，怎样处理好学业和全面发展的关系，就成了困扰很多家长的问题。

社会性第一，课业第二

上学是孩子社会化的过程，而不是目的。发展孩子的社会性，是需要通过上学来实现的。如果认清了这一点，那么，只要能让孩子实现社会性发展，一切手段和过程都是可取的，上学只是手段之一。这是每一个就读的孤独症儿童家长应该反复明确的问题。上学，首先是孩子要面对社会化课题的一个又一个考验，在解决一个又一个的社会化课题中，孩子实现着社会性的进步。

进入学校，就是进入了一个群体，就要产生自我和他人的关系，对自己和同学关系、和班级关系、和老师关系的认知、理解和把握，是典型的社会性问题。孩子知道个人行为对班级课堂的影响，知道自己在班级中的地位，知道其他同学如何看待自己，知道自己的行为和班级荣誉的关系，知道怎么让同学喜欢自己，等等，这些要比学业本身重要得多。功课可以离开班级进行学习，而社会性的提升必须依靠孩子在人与人的关系中学习。学业成绩和社会性发展相关不相等，一般而言，学业成就和社会性水平正相关，但是，学业成绩和社会适应能力之间不能实现自动转化，特别是对孤独症学生更是如此。所以，将学业自觉主动地和孩子的社会性发展联系起来，这是最为重要的环节。如果仅仅为了追求成绩而忽略了孩子的全面发展，绝对不可取。

愉快强化学习

一个行为如果和愉快联系起来，愉快本身就强化了这个行为，以后这个行为发生的频率就会增加；如果一个行为和不愉快的体验联系在一起，以后这个行为发生的频率就会降低，甚至消失。这是行为学中一个基本的原理。学习是一种高级行为，这个原理在学习行为上更加适用。

学习是一项艰苦的脑力劳动，正常孩子都很难有学习的愉快体验，如何让孤独症孩子愉快学习呢？学业目标是否合适，作业量是否合适，老师的评价是否合适，家长在辅导作业时的态度等，都是和孩子情绪体验有关的因素。辅导时辅助人员应情绪愉悦，在愉快的气氛中学习，在愉快的气氛中结束，为下一次的课业辅导打好基础。

快乐的情绪对认知的效果影响是很大的。消除孩子学习中的抗拒情绪需要想办法，如每一次辅导学习时跟孩子约定的时间不可过长，家长说到做到，让孩子有一个期待，到时间要休息，不可在孩子表现好的情况下没完没了地加码。再如让孩子在学新的功课以前先复习旧的较为容易的知识，提升自信和兴趣等。在孩子出现情绪反应时，如果实在没有办法平复，学习可以暂停，千万不可让孩子边哭边闹边学习。

理解"学习的意义"

对学习行为的强化，除了愉快体验以外，认知调节也很重要，那就是让孩子认识学习的意义。

人类任何一个行为都需要动机的支配，没有"没有动机的行为"。孤独症儿童在学习上的被动，主要是动机缺失造成的，而学习动机来自两个方面，一是自发的学习兴趣，二是认识学习的功利目的。有的孤独症儿童有认知兴趣，但是这种兴趣是畸形的，他们可能对某一个领域、某一个问题相当有兴趣，过度的"兴趣"往往带有孤独症自我刺激的色彩。与正常人的兴趣不同，他们自己产生对某问题的"兴趣"后难以转移。因为对某一方面的"兴趣"，会造成过于专注而排斥其他认知对象的学习，这样的兴趣可以引导、可以利用，不宜助长。学校的学习并不能完全从孩子的兴趣出发，很多都是孩子不喜欢的内容，这就需要让孩子理解学习的意义。"不是喜欢学，而是需要学"，家长让孩子理解这个道理非常关键，如果不是这样的话，那么，学习就是家长的需要，而不是孩子的需要。我们更多的智慧用在了如何让孩子理解概念，如何让孩子做对题目，怎样教会一个具体的知识上，而很少想办法让孩子理解学习的意义。

理解学习的意义并非给孩子讲抽象的、远期的大道理，而要从具体的、现实的、孩子能感知的事物中让孩子去体验。做法就是给孩子机会，让孩子在生活中找到学习的用处，进而让孩子理解学习的意义。要注意到孩子求学的根本目的是通过认知促进社会化发展，促进孩子解决问题能力的提高，不是单纯为了一个好的成绩或者家长的面子而学习。不实现知识向能力的转化，学习就失去了意义。当然，并不是所有的知识都能马上实现这种转化，也不是所有的知识都能直接实现这种转化，但是，只要我们注意到这一点，树立这样一个观念，在能够转化的时候、能够转化的地方，让孩子做到了、看到了、理解了、感受到了，不需要一一列举，孩子也是可以理解学习的意义的。

让孩子"成功"

畏难、害怕失败和不自信是孤独症儿童多少都具有的心理状态，这是他们做事被动、谨小慎微、逃避竞争的原因之一。鼓励和赞扬是孩子的心理需要，课业中家长的鼓励和赞扬不同于早期行为矫正的强化。因为，早期行为矫正中家长应用强化的时候，孩子本身没有获得强化的主动意识，也不理解强化的意义，那时候的强化，对很多孩子来说是一个外附的东西，是家长控制和塑造孩子行为的手段。而上学的孩子对鼓励的需要、对赞扬的需要是自觉主动的心理性需要，对赞扬的渴望是孩子自我意识发展的结果，赞扬可以培养孩子的自尊、自信。在学业面前，如果孩子总是失败，那么，挫折会让孩子更加畏惧学习。

怎样让孩子获得成功呢？

第一，学业目标要正确、合理。家长要处理好过程和结果的关系。对孤独症孩子学业的要求"尽其力，不计其功"可能更合适一些。只要孩子认真、努力，我们要重视过程，孤独症孩子学业成绩和其他学生没有可比性，就是孤独症儿童之间成绩也不具有可比性。只要孩子在自己水平的基础上，做出了自己的努力，结果是次要的。孩子的学业目标、各门功课的目标，要适合孩子的情况，目标合理，让孩子容易成功，这是鼓励孩子继续学习的好办法。

第二，学习辅导方法要慎用启发式、巧用启发式、科学地运用启发式。启发式教学是教育正常学生提倡的一个方法，而启发式的基础是孩子的求知欲望和主动性，这两点都是孤独症孩子的致命弱点，所以，对孤独症学生启发的结果往往是"启而不发，发而不动"，启发不当，往往就成了对孩子的"审讯"。孤独症孩子因为兴趣缺乏，本来学习活动就非常被动，启发要求学生思索、克服困难，对孤独症孩子有些勉为其难，启发的结果往往是让孩子体验挫折，因为孩子常常答不上来，所以，让孩子体验成功，灌输式方法或许更适合大多数孤独症儿童。

课业辅导人员

课业辅导人员可以由家长亲自担任，也可以由其他人担任。课业辅导人员必须了解孩子的情况，要懂得和孩子的交流技巧，懂得孤独症孩子的特点，特别是了解他们在认知方面的特殊性。

父母亲自辅导的好处是他们了解孩子，在与孩子的交流中，父母所注入的殷切情感是独一无二的。但是，正因为如此，父母的情绪色彩也最明显，这往往会成为孩子认知的一个负面影响因素。其他人员在辅导课业时，对孩子更客观、更宽容，一般而言学习气氛会更适宜。但要注意的是，在其他人员辅助课业的时候，家长要做好培训、衔接工作，要对辅助人员进行再辅助，也就是说，要教会别人怎样教孤独症孩子。

抓主要矛盾

孩子、家长的时间和精力有限，需要学习的科目很多，如果面面俱到，家长和孩子都会疲于奔命。在这种情况下要抓主要矛盾，不是所有课业都要求孩子学习，不是什么功课都要给孩子辅导。根据孩子的接受能力，一般要依次按照语文、数学、其他学科的顺序投入精力，也可以根据孩子的具体情况而定。

因特殊的"材"施特殊的"教"

在学业辅导上，孤独症孩子的以下特点要特别关注：

第一，注意力问题。孤独症儿童的注意力短暂，在学校集体课堂上完成听讲并学会很不现实，需要辅助人员在课堂外进行个别教学。提前预习或者课后复习都是可以的，如能够提前预习会更好一些。

随着年级的升高，孩子的课堂注意时间会不断延长，但是仍然需要个别提醒来维持课堂注意力。在课业辅导时排除干扰，声音的、视觉的、触觉的干扰都需排除，以使孩子更专心。课业辅导时间不宜太长，小学不超过30分钟，起步时甚至可以更短。注意间断性休息，每段间隔不宜过长。家长要知足，让孩子有盼头。

第二，温故知新。孤独症孩子一般会抗拒新知识的学习，在新知识面前有畏难情绪，一般课业辅导时，准备让孩子接受新知识之前，以先复习旧知识为宜。旧知识会给孩子愉快的体验，给孩子自信，所以，在接受新知识前留一定时间做孩子胜任的功课，然后再带出新的知识，难度和内容比例要合适，孩子会减少抗拒心理和行为。总之，要以旧带新，不能一次全学习新的、难的内容，否则会让孩子感到困难太大而退缩。

第三，顿悟现象。孤独症孩子在认知上有一种顿悟现象，一个新的知识点可能长时间学不会，家长不要放弃，最后可能会发生顿悟。看起来，孩子总是比常人慢半拍，要经得起等待的煎熬。孩子一旦学会了，会比其他孩子更牢固地掌握。

第四，形象思维。形象思维是幼儿思维的特点，由于孤独症儿童的整体心理能力落后，和同年龄儿童相比，他们的思维能力也要相应落后。升入小学以后，随着年级的升高，要求学生从形象思维向抽象思维发展的时候，孤独症孩子明显落伍。虽然他们可以和同龄人学相同的知识，但是领悟过程要相对慢一些。他们对知识的理解更依赖于动作和形象的支撑，所以，在辅导孩子学习抽象知识的时候，要注意从动作和形象教学入手。

如何辅导语文

在"孤独症社会融合教育"体系中,语言教育是重点学科之一。学前孤独症康复机构称其为"语言康复",以矫正、培养、提高孤独症儿童的口头语言理解能力及口头语言表达能力为重点。进入义务教育阶段,语言教育升级为语文学科教学。语文教学的侧重点为书面语言理解能力及书面语言表达能力的培养。书面文字阅读理解与书面作文能力提高是语文学科教学的难点和重点,自然更是孤独症学生语文学习的"拦路虎"。以下就阅读理解和作文辅导方法给家长提出参考建议。

学前语言康复及学龄低年级语文字、词、句教学辅导,读者可参看甄岳来主讲,业内自媒体传播平台"ALSOLIFE"发布的线上社会性康复教育系列课程之"孤独症儿童思维能力培养起步"。

语文的"可贵"

语文既是孤独症学生社会性康复教育的重点,又是学业辅助的重点,原因是:

第一,语言本身就是社会功能之一,是孩子交往和解决问题的工具,在生活中的应用最为广泛。语文学科的学习内容比较具体且形象,容易引起孩子的学习兴趣。

第二,语文是对日常口语表达的规范,反过来,学习语文又会促进孩子的语言表达,当孩子下功夫学习语文的时候,其口头语言表达能力相应会得到提升。

第三,语文的内容是社会生活的反映,通过语文的学习可以拓展孩子的生活知识、社会认知,对孩子的社会性发展极具促进作用。

第四,语言是工具,语文是孩子学习其他学科的基础,比如解数学的应用题,很多孩子的困难源于语言文字上的障碍。

第五,语文的学习具有促进孩子思维发展的作用,从词汇的抽象概括到语法的掌握,再到阅读理解、作文,都需要依靠孩子的思维能力。反过来,学习语文也具有训练思维的作用。

辅导阅读的逻辑

孤独症孩子机械记忆一般较好，越是规则的、确定的内容，他们越喜欢，学起来也越轻松，比如词语的记忆、书写，但是对词汇的理解和应用会产生较大困难。语文学习的重点不要放在机械记忆词语上，应该放在理解上。

语文学习既在课堂之内，又在课堂之外。生活感知、生活经历、生活体验对语文学习影响很大，所以，辅导语文要在生活中拓展孩子的视野，丰富孩子的知识。语文学习要接地气，让孩子知道学习语文的意义就是在生活中用语文解决问题。应用是语文学习的动机，也是语文学习的结果。

集中体现孩子语文理解能力的就是阅读。

阅读是孤独症儿童语文学习的一大难关，随着年级的升高，阅读和作文的比重在语文中越来越大，大多数孩子的语文成绩会越来越差，这是一个普遍现象。

阅读能力是儿童对文章内容和文章结构的分析理解能力。阅读能力和两个问题直接相关：一是和社会知识、社会经验的多少有关，因为文章内容是社会生活的反映；二是和概括能力、逻辑推导能力有关，因为不管是文章的结构本身，还是文章所表达的事件本身，都具有内在的逻辑关系。没有概括能力，没有逻辑思维，无法实现对文章的理解。

孤独症学生一般善于记忆，孩子的概括能力、逻辑分析能力都比较差，再加上由于其社会性发展迟缓，孩子严重缺乏社会知识和社会经验，造成了对很多阅读内容无法理解，对文章的逻辑结构难以抽象概括，这是他们阅读困难的根源。

提高孩子的阅读能力，建议家长、老师从以下几点入手：

第一，及时给孩子补充所欠缺的社会知识。成年人读文章，如果知识内容完全是陌生的，也同样会产生阅读分析上的障碍，因此，培养孩子的阅读能力，最基础的工作是尽可能地丰富孩子的社会知识和社会经验，如果在阅读篇目中碰到超出孩子社会知识经验范围的内容，应该先给孩子传授相关的社会知识，为孩子理解阅读的内容先做好知识背景的补充和准备。

第二,注重平时对孩子进行抽象概括能力的培养。在阅读过程中,孩子需要对文章中所表达的内容进行抽象概括,也需要对文章的写作特点、写作方法进行抽象概括,抽象概括能力是阅读能力的核心。例如,概括中心思想、概括段落大意、概括事件的内在逻辑关系、概括文章结构的逻辑关系等,这些都是典型的抽象概括能力的运用。因此,家长要在平时各种生活化的训练中,注重儿童抽象概括能力的培养。

第三,阅读辅导时要给孩子多讲解一些文章的结构(构成)规律。比如,一篇叙事文会有几个基本的要素,即人物、时间、地点、事件、结果、原因。又比如,中小学的叙事文开门见山点明事件,然后是叙述事情起因,展开事件发展过程,再然后是叙述事件结果,表达中心思想。结尾要么是首尾呼应,要么是表达主题思想,这个规律要给孩子总结出来。还要教会孩子一些文章分析的基本方法。比如,如何在阅读中注意上段和下段的逻辑关系,如何注意段落中上下句的逻辑关系,如何在全篇中找出重点段落,如何在重点段落中找出重点句子,等等。

作文辅导思路

作文是语文基础知识的综合应用,其核心成分是孩子要把自己的所见、所闻、所思、所想转化成合乎语法的语句,线性展开,有顺序地表述出来。作文也是普通学生感觉到困难的问题,作文是以书面文字为载体的思想表达方式,那么写好作文,就必须有思想内容和表达内容的方式。对孤独症学生来说,作文内容是一大难点,表达方式又是一大难点。

"作文",每一个成年人在日常生活中都会应用到,但是,要求父母都有辅导作文的能力,特别是辅导孤独症学生写作文,是一个难度较大的课题,它不像辅导孩子计算、默写生字那样单纯。作文的能力是对孩子社会性水平的检验,因为作文的内容反映的是孩子的社会认知和社会情感,作文的形式又是孩子思维能力的直观反映。孤独症学生和同龄学生比较,可能在有些非社会认知上,他们毫不逊色,但是,作文,显然"作"的是人与人关系的"文",不是数与数之间关系的"文",也不是文字笔画顺序的"文",所以,一般他们的作文能力要比普通学生差很多。"作文"是孩子以书面语言的形式，分析、整理自己的社会经验，表达自己的社会情感的过程，同时，它也是这个过程的物质结果。因而，辅导孤独症学生写作文，从根本上说就是三大任务：提高孩子的社会认知能力，发展孩子的社会情感，训练孩子的思维能力。

从实用性的角度看，为了适应社会，为了解决问题，孩子应该具有基本的作文能力。例如会写简单的记叙文和应用文。

怎样辅导孩子写作文？

方法1 平时多引导孩子参与生活，观察生活，积累作文素材，让孩子的作文有内容可写。例如，多引导孩子参加家庭的各种活动，力所能及地让孩子参与社会活动，丰富孩子对社会生活的了解和认识。只有参与还不够，事前要对孩子进行提示和引导，事件发生以后要有回忆和总结，要主动给孩子归纳事件的基本要素，特别是要提炼出事件的意义，因为事件过程孩子会很清楚。作文不但要叙述事件本身，还要概括事件的意义，这也是锻炼孩子的抽象思维。

方法2 注意孩子的口头作文练习。引导孩子对一日生活进行语言表述，比如，领孩子去一次动物园，让孩子边看边讲，看到了什么，看到的动物是什么样的；比如，带孩子去亲友家，回家后让孩子讲讲走亲访友的过程，哪怕三言两语，也让孩子讲出来。要随时锻炼孩子将思维转化成语言。作文是个积累的过程。

方法3 引导孩子养成写观察日记的习惯。可以记"流水账"，也可以只描述单独一件事情，或者单独的物品。对自己生活的感知进行深加工，为孩子写作文时言之有物、言之有理提供材料上的支持。

方法4 从小学低年级起，多引导孩子看图说话、看图讲述，孩子看了图，感受到了图画的形象内容，再用语言表述出来，这就是锻炼孩子把自己的见闻和感受转化成语句的能力。看图讲述不但要讲述画面中"有什么""做什么"，还要讲述画面中人物之间、事物之间的逻辑关系。

方法5 多给孩子讲故事、读范文，引导孩子模仿故事中的事件结构，模仿范文中的表述方法，可以提高孩子在作文当中谋篇布局、遣词造句的技能。让孩子头脑里储备一些范文，在遇到类似体裁的时候能够借鉴。另外，让孩子给大人讲故事、读范文，也是一个很好的方法。听别人讲和给别人讲是两种心理过程，高年级的孩子可以尝试给大人讲。

方法6　作文能力是一种语言运用的实践能力，最重要的是让孩子多写多练，即使是正常儿童，作文能力也是练出来的。孤独症学生练的过程要更长一些，练得要更多一些。

怎样辅导数学

数学为义务教育的重点基础学科。在"孤独症社会融合教育"体系中，数学教育从学前起就设置为重要的康复教育内容之一。一般的孤独症康复机构通常不设专门的数学教育课程。进入义务教育阶段，当数学升级为"重点基础学科"之后，由于在学前没有特意培养孩子的数学思维能力，如果家长再没有数学思维培养的意识，或欠缺数学辅导的专业能力，让孤独症学生适应学校数学教学的进度、难度，孩子的学习困难可想而知。

数学是一个严谨的逻辑体系，以下仅就辅导孤独症学生学习数学的某些基本思路和方法，给家长和教师提出几点建议。

学前数学教育及学龄低年级数学教学辅导，请读者参考甄岳来主讲，业内自媒体传播平台"ALSOLIFE"发布的线上社会性康复教育系列课程之"孤独症儿童思维能力培养起步"。

数学教育的误区

语言的刺激可以说从孩子一出生就开始了，但是数概念的形成要迟好几年。其原因是：第一，数概念的形成依赖于孩子动手操作，要有丰富的感知过程、有充足的感觉体验才行，如果孩子没有动手摆弄过物品，光用语言来教，那不是真正意义上的"数"。孩子会说"100"，他只是会说标识"100"这个数的语音符号，不代表他知道100的意义。第二，数概念的形成需要孩子抽象概括能力的发展。"3"是什么？"3"什么都是，又什么都不是，它是将事物的形状、颜色、大小、高矮、味道等各种各样的具体属性、特征都去除以后所保留下来的唯一要素。3只老虎、3个人、3支铅笔、3座高楼，

"3"不在老虎中，也不在高楼中，是通过点数的动作把数过的物体划成一个集合，形成的一个抽象概念。

如果不了解这个规律，在数学教育中，就不可避免地会犯一些错误。比如，用语言教数学而不是用动作、操作教数学。说教多于操作，这在数学教育中是最忌讳的。再比如，以简单的唱数（数数，从1数到100）代替数概念的教育，误以为会数到100就是孩子具备数学能力。还有，在不理解的情况下，让孩子记忆算式、圆周率等。

这样辅导数学

第一，用动作、形象教数学。

数概念产生于动作，而不产生于语言。孤独症儿童对客观世界视而不见，导致他们感知觉缺乏，十分不利于形成数的概念。

早期，在正常儿童摆弄各种物品的时候，也正是孤独症儿童沉迷于自我世界的时候，无意义的刻板动作和对玩具不正常的摆弄方式，再加上思维的空白，使他们根本不可能对客观世界产生指向性的探索，而数概念的萌芽恰恰是在孩子对物质关系的探索中发生的。毫无疑问，孤独症儿童要突破数的概念，必须补上感知觉欠缺这一课。所以，教数学，一定要先和孩子一起"玩"，一起摆弄各种物品。当然，这是在成人的指导下有目的的"玩"，目的是让孩子感知"一个""又一个"，感知"两个合在一起"的意义，感知"多"与"少"的区别，感知形状、大小、长短、薄厚等。和孩子一起动手摆弄的过程自始至终不能离开语言。感知可以通过视觉、触觉、听觉等各种方式、渠道进行。如"看见两架飞机""拿着两根香蕉""听到两声铃声"都是感知。在孩子感知的同时，成人一定要用语言帮助他们将感知到的东西有意识地和数量连在一起。身体运动过程也可以教数学，如"跑三步""跳两下""拍三次"等。数学教育千万不能离开感知觉，先有感知觉，在此基础上将感知与数、量词相连接。感知觉的外部操作是内化的前提，数最终要摆脱具体形象的东西，上升为抽象的符号。孤独症儿童学习数学要长期依靠动作和形象，到了小学高年级仍需如此，给孩子理解数量关系更多的形象支撑，是辅导数学的一个要领。

第二，让数学在生活中有用。

不管教什么，都要强调知识与应用之间的关系，要让孩子知道学习数学与生活有关，对成人来说，必须看到数学与孩子的社会化进程有关。在生活中要抓住一切时机，让孩子体验"数"的用处。比如，吃饭的时候，要求他准备碗筷，碗筷的数目要一样多，碗筷的数目要和用餐的人一样多，如果少了，立刻让孩子明白其结果是什么。让孩子学习正确使用人民币购买东西，应用数学知识解决购物问题。诸如此类的生活中的数学教育，辅助人员要动脑筋、想办法，给孩子创设机会。脱离生活的数学，就像脱离生活的故事，孩子是不感兴趣的，对他们来说，也是没有实际意义的。

第三，突破应用题。

孤独症儿童数学学习的难点在于应用题。对于将给定的算式计算出结果，孤独症儿童一般不存在太大障碍，但是算式代表的意义是什么呢？孩子是不理解的。应用题的关键点就是在文字表述中找出数与数之间的关系，这个转换过程孩子不能完成，应用题就无法完成。算式计算是计算技能，而实现文字表述向算式表述的转换是一种思维能力，孩子要理解数量之间的关系，要理解文字和算式之间的关系，才能实现这一转换。所以，教会应用题，需要注意的是：

● 在数概念形成阶段，一方面要注意数的抽象性，同时，要注意将抽象的数和具体实物进行反向联系。比如，理解数字"8"可以代表的事物有哪些。

● 先理解表述关系的文字，如"比""加""和""减"等，让孩子将表示数量关系的语言符号转化成数学算式。"3与2的和是多少"，让孩子列出算式，这是比应用题难度小的练习，孤独症学生要着重巩固这个步骤。

● 让孩子练习将算式逆向还原，也就是说，当看到一个算式以后，将算式转换成应用题表述。

● 口述应用题。口头表述简单应用题，让孩子列出算式。孩子理解这种转换联系以后，应用题的学习将会取得进步。

● 多步应用题要先分解步骤。本来应用题就是根据数量关系建立数学表达方式的过程，孩子理解数量关系有难度，加上如果这种数量关系不是直接的，而是间接的，那么转换成数学表达式就更难了。一步应用题的稳固很重要，可以将难题分解成若干个小的步骤，让孩子逐一完成，然后贯通整个题目。多给孩子列举一些同类型题目，依靠悟性，一般中等难度的应用题孩子是可以学习的。小学中高年级的孤独症学生，对于中等难度以上的题目，可以不要求孩子完成。

第四，适当倒退。

数学的逻辑关系很严谨，当理解新的知识有困难的时候，需适当倒退，巩固旧的知识，在新旧的衔接上多下功夫。没有上一个阶梯的准备，下一个阶梯孩子很难迈上去。所以，在接受新知识有困难的时候，与其生硬地教孩子新的知识，不如退回到旧知识上，旧知识越巩固，新知识接受起来就越容易。每一个步骤都要确信孩子基本巩固下来以后再继续进行，即使花再多的时间也要这样做。

孤独症学生的职业教育

职业准备教育是孤独症人士整体教育历程的组成部分。进入职业准备阶段的孤独症人士，不仅包括普校社会融合教育毕业、肄业的孤独症学生，还包括没有普校就读经历的孤独症人士，比如特殊学校的学生、康复机构的适龄孤独症人士等。无论前期受教育经历如何，以下建议涉及孤独症人士职业准备的共性问题。

○ 适当延长普校就读总时长

走完义务教育历程的孤独症学生，后续的职业教育是每个家长面临的下一个课题。孤独症学生社会性显著落后的特点带有终身性，直至义务教育结束，他们仍然会显得很幼稚，仍然带有自己的心理、情绪、行为特点，因而，孤独症学生需要比普通学生用更长的时间去学习社会适应。义务教育结束以后，他们的社会认知还缺乏深度和广度，他们的社会经验还严重不足，他们灵活变通的能力还有相当大的局限性，因而他们需要更长的心智养成期，需要更长的社会性培育期。适当延长义务教育的时间，对他们是必要的、合理的安排，义务教育结束以后，用各种形式、走各种途径、想各种办法，尽可能地继续延长他们后续的在校学习时间，同样也是非常必要的。

○ 衔接职业教育

高中也可以看成是大学的预备教育，高中教育应试的特点很明显。高中教育更强调知识的系统性、理论性，高中教育的目标，高中教育的难度、强度，与孤独症学生水平之间的现实差距很大，所以一般来说，孤独症学生进入普通高中是不适宜的。初中毕业以后，孤独症学生更适宜衔接职业高中、中等技术学校接受职业技术教育。职业教育在学校和专业选择上可以根据孩子的兴趣、特点做到扬长避短，家长和孩子在选择学校和专业时，都有一定的自主权。职业学校的课业压力减轻了，但是，孤独症孩子社会性康复所需要的人际环境条件依然存在。就读职业学校，由于减轻了课业压力，相对来讲，就提高了孤独症孩子的自信心，特别是它为孩子丰富生活内容、增长社会经验、发展社会适应、锻炼交往能力提供了宝贵的时间。降低学业的难度，扩展社会生活的宽度，这正好适合孤独症学生的需要。

一般情况下，社会功能康复较好，智商在 70 分以上的孤独症学生，完成中等职业教育是可能的。本着尽可能延长他们的职业准备期的思路，中等职业教育结束以后，应该继续创造条件，使他们继续接受高等职业教育，尽可能推迟走向社会的时间。使孤独症学生先天不足的社会性得到充分发育，对于他们进入社会以后的命运走向有着至关重要的影响。

○ 孤独症学生职业教育的含义

孤独症学生的职业教育不等于技能教育。其职业准备的全部含义在于，首先是教育孩子理解职业的意义，提高孩子的人际交往和社会适应能力，其次才是具体职业技能的准备。绝不能将这两者颠倒。

孤独症学生进入职场的障碍，首先不是具体劳动技能缺乏，而是他们的社会性障碍，是他们的人际关系理解障碍。一个成年孤独症人士学会了修理电器，这一技能能否作为他的职业技术呢？在职业关系中修理电器，包括了孤独症人士和电器本身的关系，他必须能够诊断电器的问题，具有排除电器障碍所需要的知识和动手能力。但是，在职业中修理电器最根本的意义是"我"在为客户服务，"我"必须信守与客户之间的承诺，"我"要对客户收费合理，"我"要按时将电器交付给客户，保证时间和质量，让客户对"我"满意。显然，修理电器，其实是处理"修理电器"的行为而建立的"我"和客户之间的关系，只有"我"让客户满意，客户才能够给"我"劳动报酬。从这层意义上说，孤独症人士要胜任工作，首先要学会理解"我"和客户的关系，如果没有对这层关系的认识，一个具体的技能本身并不具有职业意义。通俗地说，孤独症学生的职业教育，难点不是教会他们"做什么"，而是让他们理解"我为什么要做这件事"。因此，孤独症孩子各个阶段的教育目标，都应该将其社会性水平、人际关系认知能力放在首位。

总之，提高社会功能如同孤独症康复道路上永不熄灭的航标灯，不管上什么学，都只是孤独症孩子在社会功能康复的航向上逐渐接近康复目标的一段旅程。上学只是实现康复的过程，并不是目的本身，实现社会功能的改善，才是每个孤独症孩子上学的最终目标。

（李蕊承担了本章的写作、修订、编审工作）